KB214923

**정치 공간에
그리스도인으로 서기**

정치 공간에 그리스도인으로 서기

초판 1쇄 발행 │ 2022년 1월 17일

지 은 이 │ 고성제
펴 낸 이 │ 이한민
펴 낸 곳 │ 아르카

등록번호 │ 제307-2017-18호
등록일자 │ 2017년 3월 22일
주   소 │ 서울 성북구 숭인로2길 61 길음동부센트레빌 106-1805
전   화 │ 010-9510-7383
이 메 일 │ arca_pub@naver.com

홈페이지 │ www.arca.kr
블 로 그 │ arca_pub.blog.me
페이스북 │ fb.me/ARCApulishing

책   값 │ 뒤표지에 있습니다
I S B N │ 979-11-89393-30-4 03230

아르카ARCA는 기독출판사이며 방주ARK의 라틴어입니다(창 6:15).
네가 만들 방주는 이러하니 … 새가 그 종류대로, 가축이 그 종류대로,
땅에 기는 모든 것이 그 종류대로 각기 둘씩 네게로 나아오리니 그 생명을 보존하게 하라 _창 6:15,20

Taking a Christian
Stance in a Political Fog

'너는 어느 편'인지 묻는 당신에게

✝
정치
공간에

그리스도인으로
서기

고성제 지음

🌀 아르카

추천사

저는 현장 목회에서 은퇴한 지 3년 된 목사입니다. 지난 몇 년 동안 이념 논쟁을 국민의 행복보다 먼저 생각하는 듯한 정치권을 지켜보아왔습니다. 그리고 정치권이 제시하는 이념 논쟁에 빠져, 그리스도인의 본분을 잊고 좌로 우로 치우치는 성도들을 보아왔습니다. 이런 상황에서, '내가 현역에 있다면 어떤 설교를 해야 할 것인가?' 하는 생각을 많이 했습니다. 고성제 목사님의 책을 읽으면서, 내가 현역에 있었다면 내 성도들에게 꼭 하고 싶은 그 설교를 고 목사님이 했다는 생각을 했습니다.

우리 그리스도인들은 좌측에 설 수도 있고, 우측에 설 수도 있습니다. 그러나 거기가 우리의 최종 자리는 아닙니다. 우리는 좌우에 있는 세상 문화에 휘둘리지 않고, 하나님의 인도하심을 따라 구별된 길을 가면서, 하나님을 드러내도록 부름을 받은 사람들입니다. 그런데 우리가 이념 논쟁에서 벗어나지 못하고 어느 한쪽 입장에 함몰되어서 그것이 절대 진리인 것처럼 생각하며, 말씀까지도 자신의 이데올로기로 해석하려고 한다면 바른 그리스도인의 길을 갈 수 없을 것입니다.

저자가 강조하는 것처럼, 정치는 그리스도인에게 피해가야 할 더러운 현실이 아닙니다. 하나님은 우리를 정치가 숨 쉬고 있는 공간에 살게 하셨습니다. 그리고 그 속에서 우리가 세상에 물들지 않고 구별된 자로서 하나님을 드러내는 자가 되기를 원하십니다. 이 책은 그런 길을 가야 하는 우리에게 큰 도움이 될 것이라고 생각합니다.

박은조 _ 은혜샘물교회 은퇴목사, 글로벌 문도하우스 원장, 중국 선교회 이사장, 아프간 선교회 이사장

요즘 한국교회 강단에서 정치에 대해 설교하는 것은 낯설고 위험한 일입니다. 저 역시 이 혼란한 세상 속에서 그리스도인다운 처신이 무엇인지 마땅히 선포해야 함에도 불구하고 회피한 것이 사실입니다. 하지만 저자가 이 시대를 살아가는 성도들을 향한 사랑과 목양의 마음으로 혼란의 한복판에서 이 말씀을 준비하고 전하신 모습을 보면서 진정한 용기가 무엇인지 배웁니다. 이 책을 보면서 정치 역시 그리스도인의 거룩함이 이루어져야 하는 영역이라는 사실을 다시 한번 확인했습니다. 단순히 원리만 이야기하는 겉핥기식 책이 아닙니다. 복음에 근거한 정치적 원리에 더해 그리스도인이 삶으로 걸어가야 할 방향까지 제시합니다. 창조, 타락, 구속의 관점으로 정치적 기준을 제시하고, 예수 그리스도로 중심을 잡도록 세상의 균형추가 되는 방법을 제시하고 있습니다. 개인의 거룩을 넘어 하나님 나라의 모델하우스인 교회가 어떤 정치적 지향점을 가져야 하는지도 알려줍니다. 이를 위해 저자가 얼마나 고심하며 연구했는지 느낄 수 있었습니다. 그가 말하는 정치에 참여하는 그리스도인은 비겁하지도, 무지하지도, 순진하지도 않습니다. 담대합니

다. 그리스도인이 정치 영역에서 어떤 용기를 내야 하는지 알 수 있는 좋은 책입니다. 좌냐 우냐, 혹은 내 편이냐 아니냐를 묻는 물음 앞에서 그리스도인답게 처신하는 법을 속시원히 풀어주어 정말 감사한 마음입니다. 세상의 혼란과 아픔을 외면하지 말고 이 땅에서 함께 살아가는 그리스도인이 되기 위해 함께 읽자고 권하고 싶습니다.

이인호 _ 더사랑의교회 담임목사, (사)복음과 도시 이사장

고성제 목사님의 매우 '뜨거운' 책이 나왔다. 복음으로 세상을 품는 뜨거운 열정이 책으로 나왔다는 뜻이다. 대한민국은 지금 심각한 분열을 겪고 있다. 전쟁으로 인한 남북간의 분열보다 더 심한 분열이 대한민국에서 일어나고 있다. 그 원인을 몇 개 단어로 요약하기란 불가능하다. 원인을 분석하는 일은 많은 학자들과 정치논평가들에 의해 계속해서 이루어지고 있지만, 대안과 해결책을 말하는 이는 매우 적고 그 내용 또한 미약하다. 대안과 해결책 또한 어느 한쪽에 치우친 생각일 경우가 많기 때문이다. 목회자조차 세상의 정치로 인한 갈등에 대하여 성경적으로 치우침 없는 생각을 정리한다는 것이 매우 어려운 문제이다. 그래서 설교의 주제가 되는 것은 더욱 위험한 일이다. 그런데 고성제 목사님은 이 어려운 일을 해내셨다. 사회의 수많은 갈등의 정수리를 복음으로 타격하는 일을 해내신 것이다. 고 목사님의 이러한 모험은 자신의 판단력을 과신해서 이루어진 일이 아니다. 복음의 능력을 믿었기 때문이다.

복음은 불편한 진실이다. 하나님의 진노 아래 있는 죄인된 인간의 불편함이 드러나지 않고는 하나님의 사랑으로 품어주시는 구원의 역사는 발

견되지 않는다. 모든 갈등들은 많은 에피소드(episode)들로 나타나지만, 사실 그 이면에는 갈등의 근본적인 진앙지(epicenter)가 있다. 복음은 언제나 세상의 갈등의 진앙지를 타격하고 치유한다.

그리스도인으로서 정치를 바라보는 것은 복음이라는 렌즈로 바라보는 것이다. 고성제 목사님의 귀한 메시지는 그리스도인의 책임있는 사회적 책임을 복음의 시선으로 잘 안내해주셨다. 정치를 혐오과 분열의 장으로만 내버려둘 것이 아니라 거룩과 화평의 장으로 변화시킬 책임을 끌어안고 세상으로 나아가는 귀한 지혜를 얻게 되었다.

이재훈 _온누리교회 담임목사, The Gospel Coalition Korea 이사장

이 책은 누구도 쉽게 다루지 못하는 '정치'라는 주제에 대해 성경의 권위를 바탕으로 당당하게 쓴 책이다. 사실 많은 성도들이 정치라는 주제 앞에 서면 전혀 성경적이지 않은 태도를 보인다. 아예 어느 진영 사람인 것처럼 말하고 생각하든지, 아니면 철저하게 신앙과 정치를 분리시켜 생각하고 있다. 이런 우리에게 이 책은 묵직한 돌직구를 날린다. 성경적 세계관에 근거해서 좌우로 치우치지 않은 바른 관점을 제시한다. 특히 레위기의 가르침을 좌우로 치우치지 않는 바른 길로 제시하는 것이 참 신선하게 다가온다. 사실 저자의 글은 책상에서 책 몇 권을 참고해서 쓴 게 아니다. 그의 글은 그의 삶이고 곧 그의 신앙고백이다. 그는 평소에 이렇게 생각하고 설교하고 그렇게 살아가고 있다. 그래서 그의 글에는 수려한 수식어 대신 진솔한 신앙고백이 묻어난다.

이규현 _은혜의동산교회 담임목사, City to City Korea 이사장

마음 깊이 신뢰하고 좋아하는 분의 책을 추천하려니 벌써 설렌다. 더구나 자신과 자신의 교회를 넘어 교회와 시대 사이에 끼어 있는 신자들을 위한 안타까운 목양으로, 시대와 대화하려 힘쓰는 분의 책이어서 더 설렌다. 혼란스런 정치적 이슈에 대한 통찰과 해석을 회피할 수 없다는 그의 확신이 좋다. 엄연한 현실에 지긋이 눈을 감고 소위 복음적 순수성을 고수하려는 태도를 슬퍼하는 그의 열망이 고맙다. 〈정치 공간에 그리스도인으로 서기〉라는 이슈가 한 건강한 복음주의 목회자를 통해 진지하고 성실한 필치로 다뤄졌다는 사실만으로도 우리는 심히 고마워해야 하지만, 그가 펼치는 논리가 결국 복음의 깊은 샘에 닿아 있으므로, 우리는 안심되는 마음으로 기대할 수 있다.

정갑신 _예수향남교회 담임목사

정치가 삶에 미치는 영향력을 생각할 때 정치에 관한 대화를 나누는 것은 매우 필요하다. 하지만 이 주제를 언급하는 것은 아주 조심스럽다. 이념이라는 프레임에 갇혀 오해와 분쟁으로 갈 가능성이 많기 때문이다. 그래서 이 주제는 매우 필요하지만 언급하지 않거나, 한쪽으로 기울어진 거친 소리들을 피하며 살게 된다. 이것이 한국 사회의 현실이고 교회도 별로 다르지 않다. 그런데 이 책은 정치라는 극도로 예민한 주제를 강단에서 어떻게 다룰 수 있는지, 교회 안에서 어떻게 건강한 담론으로 만들어갈 수 있는지를 잘 보여준다. 이념이 지닌 우상적 성격을 설득력 있게 드러내면서 진영논리의 함정에서 벗어나게 해주기 때문이다. 정치에 대한 성경적 가르침을 탁월하게 제시하여 좌로나 우로나 치우치지 않는 균형감각을 가지고 이념적 실상과 한계를 명쾌하게 드러냄으로, 이념이 아니라 복음으로 생각하게 해주기 때문이다. 성경을 통한 복음적 대안을 한국의 정치 현실에 대한 현장감 있는 분석과 함께 제시함으로 구체적이며 실제적 대안을 찾게 해주는 것은 이 책의 큰 강점이다. 정치에 대한 성경적 관점으로 무장되어 하늘나라 시민이면서 땅의 성숙한 시민으로 사는 것, 복음이 이념을 초월하는 참된 대안임을 확신하며 이념이 아닌 성경이 제시하는 길을 걷는 것, 이것이 한국 사회 속에서 그리스도인이 빛과 소금이 되는 길이 아닌가? 이런 점에서 이 책은 너무나 필요하고 한국의 모든 그리스도인들이 읽어야 할 매우 중요한 책이다.

정현구 _서울영동교회 담임목사

저자로부터 추천사를 요청받고서 "고 목사님이 이런 책을 썼다고!" 하는 의아함부터 나에게 생겼다. 궁금했다. '뭐라고 썼을까? 이거 누구도 쉽게 도전하지 않는 도발인데'라는 생각을 갖고 차분하게 읽을수록 저자의 고민을 알아가고, 목사로서 무엇을 안내하려는지 알 것 같았다. 시대의 아픔을 명징하게 찾아 근원부터 제시하고, 구별된 길을 걸으라고 다정하게 도전하는 목자의 마음에서 따뜻한 선지자를 만난 기분을 얻었다. 큰 위로를 받았다. 양비론이 아니라, 시대를 분별하며 우리가 갈 길을 적극적으로 안내하는 저자로 인하여 우리 교회와 사회가 함께 있어도 불편하지 않은 사람들로 채워질 것 같다. 사랑 안에서 진리를 추구하는 자들로 인하여…. 모두 읽어보세요. 혹 빠져 들어가요.

김병년 _다드림교회 담임목사, 〈복음과 상황〉 발행인

차례

Taking a Christian
Stance in a Political Fog

PART
1

그리스도인으로서
정치 바라보기

그리스도인의 생각의 출발점

공동체 : 하나님나라 분양 위한 모델하우스

시대의 질문을 피하지 않는 마음으로

이 책은 최근 몇 년간, 온 나라가 두 쪽으로 나뉘어 극도로 갈등하던 두 번의 시기에 강단에서 선포되었던 내용을 정리한 것이다. 그 첫 번째 시기는 '조국 사태'로 온 나라가 갈등하던 그 갈등의 절정기, 수많은 인파가 광화문과 서초동에 모여 극도의 분노를 뿜어대던 2019년 9월부터 10월이었다. 두 진영의 적대감은 하늘을 찌를 듯해서, 조금이라도 정치에 관련된 설교를 하는 것은 너무 조심스럽고 위험하게 느껴질 때였다. 하지만 그렇다고, 온 나라가 요동치고 힘들어하고 있는 때, 교회는 마치 아무 일도 없다는 듯이, 보통 때와 하나도 다를 것 없는 주제의 설교를 하고 있다는 것도 민망한 일이었다. 사람들은 답을 원하고 길을 묻는데, 그런 일 자체가 아예 없다는 듯이 말씀을 전하는 것도 그렇고, 일부 목사들이 그저 자신의 정치적 소견에 불과

한 말을 강단에서 쏟아내는 것을 보는 것도 힘든 일이었다.

"길은 뭘까? 이런 때, 목사는 무엇을 말해야 할까?"

고심하고 또 고심하다가, 교회에 4개월간의 연구기간을 요청했다. 하지만 필자는 곧 후회했다. 신청할 때는 내가 (현실 정치와 사람들의 다양한 생각에 대해) 모르는 것이 너무나 많고, 무엇을 어떻게 말해야 하는지도 모르는데, 마음에 부담은 있어서 신청했지만, 이제는 4개월 후에 무언가를 설교해야 하는 상황이 된 것이기 때문이다.

많이 힘들어하는 가운데 기도하면서 마음에 든 생각은 '원리를 설교해야 한다'라는 것이었다. 구체적인 생각은 각자에게 맡기고, 그리스도인으로서 우리가 어떻게, 어떤 가치에 입각해서 이 문제를 생각해야 하는지, 그 원리를 설교하는 것이 중요하다고 생각했다.

그렇게 힘들어하며 연구기간을 지난 후, 마침내 2019년 9월 '이렇게 혼란한 때에 길은 어디에'라는 주제로 설교를 '감행'했다. 처음엔 너무나 부담스러워 딱 한 번만 설교하려 했지만, 하나님께서 감동을 주셔서 한 번의 설교 준비에 더 많은 생각을 부어주셨고, 마침내 8회에 걸쳐 설교할 수 있었다.

당시 그 일은 설교자인 나에게도 말할 수 없이 긴장되는 일이었지만, 우리 교회의 교역자들에게도 그랬던 모양이다. 그들은 '오늘 우리 교회는 완전히 두 쪽 나고 큰 시험에 빠질지 모른다'라는 생각이 들어 저들끼리 특별 기도를 요청했다고 한다. 하지만 첫날의 설교 후에는 긴장의 끈을 내려놓았다고 한다. 설교 중에 성도들의 마음이 부드러워지는 것을 느꼈기 때문이다. 이후 8주간, 그리고 그 후의 오늘까지 교회 안에서 불미스러운 일은 일어나지 않았다. 오히려 교회 안에 있는 '양 진영'의 사람들 사이에서 긴장도는 이전보다 훨씬 낮아졌다. 모두가 자신들이 취하고 있는 입장이 불변의 진리가 아니라는 사실에 대해 납득했고, 그것 때문에 공동체의 평화를 잃을 정도로 가서는 안 되겠다는 생각을 한 것 같았다. 기독교적인 기준과 가치는 양 진영의 그것과 다르다는 것도 이해하게 된 것 같았다. 이제 자신과 다른 생각을 어느 만큼은 존중하며, 참고 들을 만큼 된 것도 같았다. (이 부분에 대해서는 관련 기사인 필자의 인터뷰 '이념을 절대화하지 말고 성경 따라 화평과 평화 일구라', 기독신문 2217호를 참조하라.)

필자가 정치와 관련하여 두 번째로 설교를 한 것은 2021년 1월 첫 주부터 약 10주간이었다. 이 두 번째 시기는 '코로나 발생 기간의 광화문 집회를 둘러싼 방역당국과 교계의 갈등', '소상공인과 서민생활 지지를 위한 기본소득 논쟁', '검찰 개혁 방법을 둘러싼 법무장관과 검찰총장 사이의 충돌', '원전폐쇄를 둘러싼 감사원 감사로 인한 갈등', '검찰총장의 사퇴' 등 복잡한 정치적 사건들이 이미 진행되었거나 한참 진행 중인 상태였다. 각종 여론 조사의 결과는 우리 사회가 여전히 둘로 갈라져 있음을 보여주고 있었다. 교회 안에도 여론은 여전히 나뉘어 있었다. 두 번째 연속(시리즈) 설교는 이런 상황에서 역시 '감행'되었다. 하지만 두 번째는 첫 번째 시리즈 설교와 강조점이 약간 달랐다. 첫 번째는 우리 각자의 한계와 성경적 기준을 알게 함으로써 갈등이 임계점에 이르기 전에 누그러뜨리는 데 초점을 두었다면, 두 번째는 이렇게 갈등하는 사회 속에서 그리스도인은 어떤 삶을 살아야 하는지, 이런 갈등과 대치 중에도 우리는 이 사회를 더 바람직한 사회가 되게 하기 위해 어떤 마음가짐으로 살아야 하며, 우리의 논의는 어디에 기초를 두고 진행되어야 하는지에 더욱 초점을 맞추었다고 할 수 있다. 구체적인 이슈에 대해 이야기하기보다 이런 갈등 속에서 그리스도인으로서 우리의 바른 입장과 가치관은 무엇이며, 우리는 어떤 사명을 가지고 있는지를 나누려는 것이었다. 왜냐하면, 그것을 알면 각 사람은 그리스도인으로서 자기가 서 있는 현장과 상황에서 그것에 따라 판단하고 선택할 수 있을 것이기 때문이다. '교회가 적어도 그 지점까지는 성도들을 이끌고 가야 하지 않을까' 하고 생각한 것이다.

✝

이 시리즈 설교를 글로 옮겨 출간하는 것은 몇 가지 마음 때문이다.

첫째는 최근의 정치 상황과 같은 사회적 갈등과 관련하여 설교하는 것이 심히 부담되는 일이기는 하나, 사실은 '급속한 시대 변화가 일상화됨'으로 인해, 이른바 '갈등'은 앞으로 오랜 세월 동안 일상화되지 않을 수 없기 때문이다. 앞으로 일상화된 갈등의 한 가운데에 존재하게 될 교회 안에서 이 부분과 관련하여 고민을 함께하는 마음들이 모여야 하지 않을까 생각하는 것이다. 특별히 이런 문제에 대해 이미 많은 생각을 하고 표현해왔다고 여겨지는 (진보적) 교파나 교단이 아닌, 필자가 속한 (보수적) 교단이나 교파 같은 곳에서도 자신들의 신학으로 이 문제를 어떻게 품고 갈 수 있을지를 고민하게 되기를 바라는 것이다.

둘째, 이 땅의 설교자들이 우리 사회의 갈등 속에서 설교하는 일에 작은 참고나마 될 수 있기를 바라는 마음이 있어서다. 사실 필자도 극도로 민감한 문제들에 대해 설교할 때는 참고할만한 다른 설교자들의 예 없이는 설교할 용기가 잘 나지 않았다. 그런 예가 있을 때, 그것을 통해 길을 찾고 힘을 얻어 설교하곤 했다. 그런 점에서 2019년 9월과 10월 광화문과 서초동에서 매일 기 싸움이 벌어지던 그때에 했던 설교의 주제와 주요 내용을 나누고 싶은 것이다. 우리 사회가 앞으로도 수없이 그런 상황에 처할 것으로 보이기에, 이런 논의가 요즘처럼 더욱 필요한 때에 조금이라도 참고가 되었으면 한다.

셋째, 필자가 시도한 설교들이 실제 상황과 필요에 비하면 너무나 작고 표현이 불가할 정도로 미흡하다고 느끼지만, (그리고 그 미흡함을 커버할 능력이 필자에겐 없지만) 그럼에도 불구하고 미흡한 그대로 이 작은 시도를 세상에 내놓는 것은 누군가가 여기에서 한 걸음 더 나아가게 되기를 바라는 마음 때문이다. 혹여 이 작은 시도가 거기에 작은 도움이라도 되기를 바라면서 말이다.

넷째, 목회자들 이외에도, 오늘의 이런 상황 속에서 그리스도인으로서 취해야 할 입장과 성경적 견해에 대해 알고 싶어 할 성도들에게 이 책이 어떤 도움이 될 수 있다면, 필자는 더할 나위 없이 기쁠 것이다. 사실 성도들은 각자 좌우 어느 한쪽에 속하여 매일 정치 공간에 참전하고 있지만, 내심으로는 자신이 취하는 태도가 과연 성경적인지 확인할 수 있기를 갈망할 것이다. 하지만 그 일에 대해 교회로부터, 목회자로부터 도움을 받기가 쉽지 않은 상황인 것 같다. 찾으면 있을 것이지만, 그 도움이 대중에게 금방 손에 닿도록 가깝고 쉬운 곳에 있지는 않은 것 같다. 그런 점에서, 그들에게 약간이라도 가까운 곳에 있는 도움이기를 기대한다.

다섯째, 간혹 교회 내에도 갈등이 고조될 위험에 처해 있지만 목회자가 그 부분에 대해 직접 설교하기 어려운 경우에는 교우들에게 이 책을 읽도록 권함으로써 교회 안의 긴장을 해소하는 데에 도움이 될 수 있지 않을까 하는 야무진(?) 기대도 해본다. (사실 이 설교나 글의 도움으로 과격한 마음, 심하게 한쪽에 치우친 마음이 부드러워진 경우가 적잖게 있었다.)

✝

이 책의 구성에 대해 소개하면서 약간의 양해도 구하고 싶다.

이 책의 1부는 2019년 갈등 당시 설교한 후 기독신문에 실렸던 글이 거의 그대로 실려 있다. 당시 시행했던 8번의 설교의 중요한 핵심은 다 담겨 있으나, 그래도 신문의 지면에 맞추다 보니 글이 너무 압축돼 있는 것 같다. 더 풀어 놓지 못한 것에 대해 양해를 구한다. 하지만 짧게 정리된 만큼 단시간에 읽을 수 있는 장점도 있을 것 같다고 스스로 위로해본다.

이 책의 2부와 3부는 실제적인 설교에 담겼던 내용을 제시하려고 했다. 하지만 설교문 그대로는 아니고, 이 역시 내용만 압축하여 전하려고 많은 부분을 삭제했다. 따라서 설교의 느낌은 사라지고 책 같은 느낌만 남았다.

 그 중 2부는 2021년 새해를 맞으면서, 매년 송구영신 때마다 새로운 한 해를 기대하면서도 매년 별반 다르지 않은 연말을 맞는 일을 반복하는 우리들의 삶에 대한 안타까움, 특별히 코로나 사태에다 법무부 장관과 검찰총장의 갈등을 위시해 수많은 갈등이 겹쳐 있는 상황에서, 목회자로서의 안쓰러운 마음을 담아 '새해를 새날 되게'라는 주제로 했던 설교를 정리한 것이다. 새해는 저절로 새날이 되는 게 아니라 우리가 선택하는 수많은 선택이 쌓이고, 그 위에 세월이 더해지고, 그 세월 위에 하나님이 은혜로 역사하실 때 오게 된다는 취지에서, 정치적 상황에 대한 우리의 생각의 출발점을 다루려고 하였다.

 그리고 3부는 동일한 상황이 검찰총장의 사임 등으로 다시 고조되어, 교회 내에서 일부 사람들 사이에 다시 예전의 그 상황을 재연하려는 조짐이 있을 때, 교회 공동체의 근본 책임을 성경 속에서 다시 확인하고자 한 것이다. 2부나 3부 모두 설교이기에, 각 설교마다 설교 내에서 완결성을 가질 필요가 있어, 설교 사이에는 부득이 일부 내용에 조금씩 겹친 부분이 있을 수밖에 없었음을 양해해주기 바란다.

✝

마지막으로, 이 책이 나오기까지 신경 써주신 아르카의 이한민 대표와, 마지막 단계에서 글을 살펴주시고, 무엇보다 이 책의 멋진 제목을 제안해주신 한나영 권사님께 깊은 감사를 드린다. 그리고 이런 설교를 할 수 있게 4개월 동안 연구 기간까지 허락해주시고, 설교 내내 높은 긴장감을 잘 견뎌주신 평촌새순교회의 당회와 성도님들께 감사드린다. 그리고 궁핍함 중에도 오늘의 제가 있도록 평생 사랑으로 기도해주시고 목회의 귀한 본을 보여주신, 천국에 계신 부모님과, 목회하는 내내 마치 그림자처럼, 수호천사처럼 지지하고 내조해준 인생의 동반자이자 동역자인 아내 한혜경, 목사의 딸이라는 압박감을 잘 견디고 성장해 이제는 가정을 이룬 사랑하는 딸 은과 지원과 든든한 두 사위들, 이제는 어엿이 아름다운 숙녀가 된 막내딸 영은, 그리고 언제나 변함없이 수십 년간 더없이 귀한 후원자가 되어준 두 처제에게 감사드린다.

그리고 무엇보다도 그날, 이념의 전쟁터 속에 있는 성도들을 위해 무언가는 말해야 한다는 책임감과, 금방이라도 두 쪽 날 것 같은 상황 사이에서 엄청난 폭발물을 해체해야 하는 사람의 심정으로 신음하며 첫 설교를 준비하던 그 주간의 어느 새벽, 힘들어하던 필자에게 기도 중에 임하셔서 위로를 주시고 평안한 마음을 주신 주님께 감사드린다. 그 새벽의 특별한 위로와 생각을 열어주심이 없었다면 이 작은 용기조차 낼 수 없었을 것이라 생각된다. 바라건대 이 글이 주님의 뜻에 부합하기를 바란다.

"나의 반석이시요 나의 구속자이신 여호와여 내 입의 말과 마음의 묵상이 주님 앞에 열납되기를 원하나이다"(시 19:14).

2022년 1월
평촌새순교회 고성제 목사

PART

1

그리스도인으로서
정치 바라보기

1.
이념이 편만한 세상에서 그리스도인의 책임

¹여호와의 종 모세가 죽은 후에 여호와께서 모세의 수종자 눈의 아들 여호수아에게 말씀하여 이르시되 ²내 종 모세가 죽었으니 이제 너는 이 모든 백성과 더불어 일어나 이 요단을 건너 내가 그들 곧 이스라엘 자손에게 주는 그 땅으로 가라 ³내가 모세에게 말한 바와 같이 너희 발바닥으로 밟는 곳은 모두 내가 너희에게 주었노니 ⁴곧 광야와 이 레바논에서부터 큰 강 곧 유브라데 강까지 헷 족속의 온 땅과 또 해 지는 쪽 대해까지 너희의 영토가 되리라 ⁵네 평생에 너를 능히 대적할 자가 없으리니 내가 모세와 함께 있었던 것 같이 너와 함께 있을 것임이니라 내가 너를 떠나지 아니하며 버리지 아니하리니 ⁶강하고 담대하라 너는 내가 그들의 조상에게 맹세하여 그들에게 주리라 한 땅을 이 백성에게 차지하게 하리라 ⁷오직 강하고 극히 담대하여 나의 종 모세가 네게 명령한 그 율법을 다 지켜 행하고 우로나 좌로나 치우치지 말라 그리하면 어디로 가든지 형통하리니 ⁸이 율법책을 네 입에서 떠나지 말게 하며 주야로 그것을 묵상하여 그 안에 기록된 대로 다 지켜 행하라 그리하면 네 길이 평탄하게 될 것이며 네가 형통하리라 ⁹내가 네게 명령한 것이 아니냐 강하고 담대하라 두려워하지 말며 놀라지 말라 네가 어디로 가든지 네 하나님 여호와가 너와 함께 하느니라 하시니라 _수 1:1-9

정치 공간에 그리스도인으로 서기

정치로 나라 전체가 혼란하다. 너무나 혼란해서 모두들 우왕좌왕하고 있다. 나라가 얼마나 쪼개져 있는지, 어디서든 말 한마디 하기도 조심스럽다. 교회의 회중도 둘로 나뉘어 있어서 목사가 현 상황에 대해 무엇이라도 말을 꺼내면 어느 쪽에서든 곧바로 반발한다. 그래서 '정치에 대한 설교'는 너무 위험하다.

하지만 사회가 이렇게 요동치고 있는데 교회는, 목사는 마치 아무 일 없다는 듯이 '천국'만 설교해도 되는 것일까? '아무와도 연관되지 않는 주제'를 '아무와도 연관되지 않는 방식으로' 천연덕스럽게 '설교만' 하는 게 가능할까? 그래도 되는 걸까?

필자는 온 나라가 광화문과 서초동으로 나뉘기 시작할 무렵부터 본격적으로 이런 의문으로 고심하기 시작했다. 정치를 주제로 한 설교가 위험하다는 것은 알지만, 성도들에게 '정치에 대한 성경의 원리'를 전해야 한다고 생각했다. 그래서 온 나라가 광화문과 서초동으로 나뉘어 극도로 갈등하던 2019년 9월 8일부터, 평촌새순교회에서 8주 동안 '이렇게 혼란한 때에 길은 어디에'라는 제목으로 설교를 했다.

이 책의 1부는 그때 한 설교의 내용을 정리한 것이고, 장로교 합동 교단지인 기독신문에 6주간 연재된 것이기도 하다. 1부에서는 크리스천이 이념이 아닌 성경의 기준을 따라 정치에 참여해야 하는 이유를 밝히려고 하였다. 개혁주의 신학에 근거해 '정치의 영역'을 설교하려는 목회자에게 도움이 되길 바란다.

우리에게는 일단 기준이 있다

사실 아무 말도 안 하면 너무 쉽고 편하다. 그냥 "기도하자"라고만 해도 된다. "정치는 우리와 상관없는 더러운 영역"이라고 비난하면 끝이다. 하지만 무언가 말하려 하면 모든 게 너무 어렵다. 많은 생각을 해야 한다. 연구도 하고, 기도도 하고, 고민도 해야 한다. 게다가 정치 문제와 관련한 설교는 아무리 조심하더라도 어느 한 쪽, 혹은 양쪽 모두에게 비난받을 각오를 해야 한다. 그렇다고 양비론을 택하는 것은 비겁하다. '여야' 혹은 '좌우'라는 양측을 비난만 하면서, '그러면 무엇이어야 하는지'는 말하지 않기 때문이다.

온 나라가 정치로 혼란한 상황에서 목사가 양비론에 빠지는 걸 피하며 말할 수 있는 건 무엇일까? 이 지점에서 우리는 우리에게 말씀이 있음을 기억해야 한다. 말씀이 주어져 있기에 거기서 성경적 원리를 찾을 수 있다. 뻔한 말 같아 떠오르는 식상함을 잠간 억누르고 다음 이야기를 들어보자. 그 첫 이야기를 여호수아서 1장 1-9절을 통해서 열어본다.

본문은 여호수아가 이스라엘 백성을 이끌고 가나안으로 들어가던 때를 배경으로 한다. 지도자 모세가 죽은 상황에서 그들을 그 땅으로 이끌고 들어가야 하는 여호수아! 그가 느꼈을 부담감은 얼마나 컸을까?

'나는 모세가 아닌데 잘 할 수 있을까? 광야에서 그랬던 것처럼, 저들은 나한테 대들고 서로 다툴 것인데, 저들을 데리고서 그 땅을 정복하고 공동체를 만들어낼 수 있을까?'

아마 밤새 잠을 설쳤을 것이다. 본문은 바로 그런 상황에서 주어진 말씀이다.

가나안에 들어가는 상황 자체는 여러 의미로 읽힐 수 있다. 구원받은 자들이 그리스도 예수 안에서 누릴 안식과 관련하여 읽힐 수도 있고, 오늘의 정치와 사회 상황과 관련해서는 '진영논리 극복과 이데올로기 우상의 타파' 같은 또 다른 의미로 읽힐 수도 있다. 이 말씀을 후자의 방식으로 이해하기 위해서는 우선 하나님께서 그들을 그 땅에 들여보내시려는 근본 목적을 바로 아는 데에서 시작해야 한다.

'다름의 존재'로서의 책임

하나님께서 이스라엘 백성을 가나안에 들여보내신 목적은 단지 그들에게 약속된 땅을 주시기 위한 것만이 아니다. 거기에는 더 근본적인 목적이 있었는데, 그것은 거기에 기존의 가나안과는 '전혀 다른 사회'를 세우기 위함이다. 그 공동체는 가나안에 들어가서 두 가지 기능을 수행해야 했다.

첫째는 '하나님나라 분양을 위한 모델하우스의 역할을 하는 것이다. 가나안(세상) 사람들이 이스라엘 공동체와 그들에게서 보이는 전혀 다른 삶과 전혀 다른 관계를 보고, 그것이 이스라엘이 믿는 신으로 인해 일어난 차이임을 알게 하는 것이다. 그리하여 사람들로 하여금 '자기의 모든 것을 다 팔아'(마 13:44-46) 하나님 나라를 사게 하는 모델하우스인 것이다.

또 다른 둘째 기능은, 이스라엘 공동체를 통해 하나님께서 이 세상이 어떤 모습의 사회가 되기 원하시는지를 드러내는 것이다. 그 공동체 안에서 부자와 가난한 자, 종과 자유자, 남자와 여자 등의 관계가 다른 세상, 즉 가나안과 어떻게 다른지 보여주어야 하는 것이다. 그리고 그 공동체가 추구하는 가치를 통해, 하나님께서 세상 사람 모두가 어떻게 살아가게 되기를 원하시는지 보여주는 것이다. 그런 점에서 그 공동체는 세상을 향한 하나님의 뜻을 드러내는 도구다.

그렇다면 그 땅에 들어가는 그들에게 가장 중요한 책임은 뭘까? 바로 '다름'이다. 주변의 나라들이 지켜보는 가운데서, '지금까지의 가나안과는 전혀 다른 사회'를 세우는 것이 가장 중요한 책임인 것이다. 이것은 오늘 교회와 그리스도인에게 주어진 사명과 정확히 일치한다.

오늘도 교회가 감당해야 할 가장 중요한 책임은 세상 속에서 남다른 존재로서 존재하는 것이다. 교회의 선교적 사명도 너무나 중요하지만, 그것 또한 다름을 통해 이루어지게 되어 있다. 하나님은 이 원리를 창세기에서 이미 분명히 해두셨다.

내가 그로 그 자식과 권속에게 명하여 여호와의 도를 지켜 의와 공
도를 행하게 하려고 그를 택하였나니 이는 나 여호와가 아브라함에
게 대하여 말한 일을 이루려 함이니라 _창 18:19

이 말씀의 핵심은 하나님께서 아브라함을 부르신 목적이 아브
라함의 후손들(이스라엘과 오늘의 교회)의 삶을 통해 이루어진다는
것이다. 그들이 '여호와의 도', 즉 공의와 정의를 행할 때, 그것을
통해 하나님의 목적이 성취되게 된다는 말이다. 그러므로 오늘
우리가 가장 힘써야 할 일은 모든 일에 있어서 남다름이다. 여기
에는 당연히 정치도 포함된다.

하지만 우리는 과연 정치의 공간에서 남다른가? 오늘날 정치
에 대한 그리스도인의 태도는 구별되고 있는가?

이념을 성경보다 신뢰하는 우상숭배

정치에 대한 그리스도인의 태도는 극단적으로 나뉜다. 그 한쪽에
무관심이 있다. 그냥 무관심한 사람도 있지만, 무관심해야 하는
줄로 아는 이들도 있다. 정치는 그리스도인과 별개의 영역이라고
생각하는 것이다. 그런 생각은 옳지 않다. 세상에 그리스도께서
다스리지 않는 영역이 존재하지 않는다는 점에서 그렇다. 또한
정치는 우리 삶의 모든 것과 관련되기 때문에도 그렇다.

그 누구도 정치와 무관하지 않다. 정치에 무관심해 보이는 사람도 사실은 무관심이라는 정치적 견해를 나타내고 있을 뿐이다. 또, 정치에 무관심한 것이 특별히 경건한 것도 아니다. 왜냐하면 우리 자신과 우리 이웃의 안전과 복지가 사실상 정치에 의해 좌우되는데, 그런 정치에 무관심하다는 것은 내 삶과 이웃의 삶에 무관심한 것과 다르지 않기 때문이다. 정치에 무관심하면, 이웃을 내 몸같이 사랑하는 것도 불가능하다.

그런가 하면, 무관심의 반대쪽에 정치 과잉이 있다. 정치 과잉은 정치에 과도한 기대를 거는 데서 나온다. 기대가 크면 클수록 정치적으로 더욱 과민하고 극단적이게 된다. 문제는, 그것이 지나치면 우상숭배의 성격을 띤다는 점이다. 하나님이 아닌 정치와 이데올로기가 우리 사회를 구원하게 될 것이라고 기대하기 때문이다. 그렇게 되면 모든 것이 극단적이 된다.

오늘 우리의 정치 상황에서 그리스도인들의 가장 큰 문제는 '정치 참여' 자체가 아니다. 정치의 공간에만 들어가면 세상 사람과 똑같아진다는 것이 문제다. 똑같이 난폭하고 똑같이 극단적이며 비이성적이 되는 것이다. 말씀은 온데간데없고, 너무나 쉽게 자신이 누구인지를 잊어버린다. 그저 그 진영의 사람이 되어, 자기 진영의 잘못에는 눈을 감고 다른 진영의 잘못에 대해서는 눈에 불을 켠다. 나와 정치적으로 다른 사람들은 단지 견해가 다르고 접근방식이 다를 뿐인데, 얼토당토않은 프레임을 갖다 씌운다. '틀딱', '빨갱이', '토착 왜구', '닭그네' 등과 같은 모욕적인 호칭을 상대 진영의 사람들에게 붙이기도 하는 것이다. 그것이 얼마나 사악한 말이고 잘못된 행동인지 생각도 않고 말이다. 상대를 그렇게 부르는 순간, 상대에 대해 이해할 마음이나 연민은 사라진다. 단지 제거해야 할 대상일 뿐, 대화할 대상이 되지 못한다. 안타깝게도 정치의 공간에 들어서면 기독교인들조차 '그런 사람들'이 하는 말을 너무 쉽게 받아쓴다. 자신이 누구인지를 너무 쉽게 잊어버리는 것이다.

그렇다면 그리스도인, 그들은 누구인가? 그들은 자신의 이웃이 자신과 동일한 하나님의 형상임을 배운 사람들이 아닌가? 이웃을 네 몸과 같이 사랑하라는 가르침을 받은 자들이 아닌가? 세상의 빛과 소금으로 부름받았다고 고백하는 자들이 아닌가? 그런데 왜 정치의 공간에 들어서면 그토록 쉽게 자신의 정체성을 잊어버리는가?

그리스도인들이 그렇게 되는 이유는 간단하다. 하나님 말씀으로 살기보다 이데올로기를 더 신뢰하기 때문이다. 말로는 하나님을 믿는다고 하지만, 실제로는 이데올로기가 세상을 구원한다고 믿는 것이다. 그렇지 않은가?

정치에 의해 오염되기보다 그것을 정화하는 존재

이런 정치 상황에서 그리스도인에게 요청되는 가장 기본적인 것은 무엇일까? 그것은 '다름'이다. 기독교인은 정치의 공간에서도 달라야 한다.

오늘의 상황에서 정치 공간은 그리스도인이 믿음의 걸음으로 밟고 들어가야 하는 '새로운 가나안'이다. 말씀을 의지하고 담대한 믿음으로 밟아야 할 땅이다. 마치 고대의 이스라엘이 가나안에서 수많은 불신자들이 지켜보는 가운데 남다른 사회를 만들어야 했듯이, 오늘 우리 그리스도인들도 수많은 불신자들이 지켜보는 가운데 남다른 모습을 보여야 할 공간이 곧 정치다.

우리는 그 공간에서 가나안의 풍습을 본받아서는 안 된다. 오히려 그곳에 진지를 구축하고 있는 가나안의 일곱 족속을 몰아내야 한다. 대한민국 정치 풍토 속에 지금까지 똬리를 틀고 있던 수많은 잘못된 관행들과 양심 없는 내로남불, 건전한 토론을 불가능하게 양극단으로 몰아붙이는 프레임 전술 등을 몰아내야 한다.

우리는 한 진영에 속하여 상대 진영에 온갖 것을 뒤집어씌우기보다, 자기가 지지하는 진영과 이데올로기부터 정화(淨化)해야 한다. 이데올로기가 사회를 구원할 것이라고 믿기보다, 그 이데올로기를 구원해야 하는 것이다.

그리스도인은 정치를 만날 때, 그것에 의해 오염되는 존재가

아니라 그것을 정화하는 존재가 되도록 부름받고 있다. 그런 점
에서 우리는 그들의 언어를 따라 하는 것이 아니라, 거꾸로 그들
의 입술을 정화해야 한다. 우리 모두가 빛으로, 소금으로 부름받
고 있기 때문이다.

2.
정치공간에서 그리스도인의 기준과 용기

수 1:1–9

앞에서 우리는 이스라엘 백성의 가나안 입국 목적이 그곳에 남다른 공동체를 세우는 것이었음을 보았다.

인류에게 잃어버린 복을 회복시켜 주려는 하나님의 계획은 아브라함의 후손들이 가나안에서 사는 삶을 통해 더욱 세상에 알려질 예정이었다(창 18:19). 그런 점에서 가나안에 들어가는 그들의 가장 큰 책임은 '다름'이었다.

오늘 우리도 마찬가지다. 우리 또한 원하든 원하지 않든, '온통 비신자로 둘러싸인 것 같은' 정치 공간 속으로 떠밀려 들어가고 있다. (세상 자체가 정치 공간 아닌가?) 거기서도 우리의 가장 중요한 책임은 '다름'일 수밖에 없다. 그러면 무엇이 달라야 하고, 달라야 할 기준은 무엇일까? 즉, '다름'은 어디에서 오는가?

치우치지 않게 하는 말씀, 그리고 용기

여호수아서 1장 8절은 말한다.

> 이 율법책을 네 입에서 떠나지 말게 하며 주야로 그것을 묵상하여 그 안에 기록된 대로 다 지켜 행하라 그리하면 … 네가 형통하리라
>
> _수 1:8

다름의 비밀은 '율법'에 있다. 깊은 묵상을 통해 율법이 우리의 인격 안에 깊이 젖어들 때 우리에게서 '다름'이 배어 나온다. 율법 안에 여호와의 도, 곧 그분의 길이 나타나 있기 때문이다.

여기서 율법은 단지 '명령과 금지'의 리스트가 아니다. 그것은 오경에 나오는 천지창조 이야기와 함께 타락 그리고 구원의 이 야기 전체를 말한다. 거기에는 하나님께서 그들의 조상을 어떻게 대하셨는지에 대한 감동적 이야기가 있다. 조상들의 절망적 상태 와, 그때 하나님이 어떻게 찾아와 희망이 되어주셨는지, 그리고 무엇을 감당해주셨는지가 나와 있다. 우리가 그것을 깊이 묵상

하면 하나님의 위대하고 아름다운 사랑을 발견하게 되고, 심령이 그 사랑에 반응하게 된다. 그리고 그 사랑이 명령하는 것을 느낀다. 바울은 그것을 "하나님의 사랑이 우리를 강권하는도다"(고후 5:14)라고 했다. 그 '사랑의 강권'은 앞으로 논할 모든 것을 이해하는 데에 중요한 키워드가 된다.

율법은 한편으로 하나님의 사랑을 가르쳐 줌으로 우리를 다르게 하고, 다른 한편으로 모든 것의 기준이 될 진리를 가르침으로 우리를 치우치지 않게 한다. 하나님은 여호수아에게 "오직 강하고 극히 담대하여 나의 종 모세가 네게 명령한 그 율법을 다 지켜 행하고 우로나 좌로나 치우치지 말라"고 하셨다(수 1:7). 하나님께서 그때 이미 좌파나 우파를 아셨다는 말일까? 물론 그런 의미는 아닐 것이다. 하지만 그 말이 분명 전제하는 것은 '기준은 있다'라는 것이다. 기준이 없다면 치우치지 말라는 말도 하지 못할 것이다.

그러므로 치우치지 않으려면 두 가지가 필요하다. 기준을 아는 것과 용기다! 기준을 모르면 치우치게 되지만, 용기가 없으면 좌우로 피하게 되는 탓이다. 좌 또는 우로 치우치기 쉬운 세상에서 기준을 선포하고 그것을 따르는 일에는 용기가 필요하다.

기본 시각 : 창조-타락-구속

그리스도인에게는 율법이라는 기준이 주어져 있다. 그렇다면 세상은 어떤 상황일까? 세상에서 갈등하는 사람들은 무엇을 근거로 정당성을 주장하고 있을까? 경험일까? 그렇다면 누구의 경험이 기준인가? 노동자의 경험인가? 경영자의 경험인가? 이데올로기가 기준이라면 자본주의 시장경제가 기준인가, 아니면 사회주의가 기준인가?

자본주의 시장경제를 지지하는 이들은 그 체제가 개인과 기업의 자유와 창조적 모험심을 장려한다며 지지한다. 하지만 그 체제 안에서 실패한 개인과 기업들은 자본주의 속에서 소외된 채 희망 없이 죽어간다. 그래서 그런 이들은 그 체제를 혐오한다. 반면 사회주의는 가난한 자와 약한 자에게 더 온정적 태도를 표방하기에 그런 이들에게 지지받는다. 하지만 사회주의 체제는 개인과 기업의 자유로운 소유와 창조적인 활동을 제한해 전체적으로 활기가 떨어지기 쉬우므로, 다른 이들로부터 배척받는다.

이 둘은 팽팽하게 대립하며, 어느 한쪽도 쉽게 포기하지 않는다. 왜 그럴까? 각 진영은 각자 자신이 인간에 관해 '포기할 수 없는 진실'을 붙들고 있다고 확신하기 때문이다. 사실 그것은 어느 일면 맞는 생각이다. 각 진영은 인간에 대한 진실의 한 일면, 곧 '인간의 창조적 본성과 자유' 그리고 '인간의 존엄성'을 붙잡고 있다. 하지만 우리가 눈여겨볼 것은, 그들이 그것을 주장하면서도 근거를 확실하게 댈 수 없다는 점이다. 인간을 존엄하다고 말하지만 왜 존엄한지, 또 인간의 자유와 창조적 본능을 억압할 수 없다고 주장하지만, 그것이 왜 그러한지 근거를 댈 수 없다. 그 이유는, 그들이 진화론적 세계관에 지배받고 있기 때문이다.

본질적으로 진화론적 세계관으로는 인간 존재의 특성을 깊이 관찰은 할 수 있어도, 그 근본 이유와 의미 등 본연의 진실에 대해서는 권위 있고 통합적으로 이해할 수 없다. 그러다 보니 각 진영은 옳음의 근거를 그저 자신의 신념이나 지지 세력의 숫자에 둔다. 광장에 모인 숫자, 목소리의 크기가 그들의 자신감을 제고(提高)한다. 그러다 보니 그것을 위해 세력을 조직화하기도 하고, '댓글부대'나 '○사모'나 '○빠'를 형성하기도 한다.

그렇다면 말씀은 그리스도인에게 어떤 안정된 시각을 제공해 주는 걸까? 성경이 우리에게 제시하는 가장 기본적인 시각은 '창조-타락-구속'이다. 이 틀을 통해 우리는 현실에 대해 가장 실제적인 이해를 하게 된다. '창조'를 통해 우리는 하나님이 세우신 삶의 기본질서를 배운다. 그 질서가 우리로 하여금 각 이데올로기의 핵심 가치를 평가할 수 있게 하고, 그 중 제거할 것을 제거하더라도 남아야 할 것이 무엇인지를 이해하게 한다.

우리의 어려움은 늘 문제를 극단적으로 보는 데서 가중된다. 이데올로기를 '전부 아니면 전무'의 방식으로 바라보는 것이다.

그것은 종종 대화를 불가능하게 한다. 교회에서마저 정치 이야기만 나오면 싸움이 되는 이유가 그것이다. 그러나 우리가 기독교의 '창조' 원리를 바로 이해하면 교회 내의 긴장도 크게 완화될 것이다.

'타락'을 통해서 우리는 각 이데올로기들이 그 높은 이상(理想)에도 불구하고 왜 결국 실망스러운 결과를 가져왔는지를 이해하게 된다. 우리의 이상(理想)이 어떻게 쉽게 오염되는지를 이해하면, 이데올로기에 대한 지나친 신뢰를 자제하게 된다. 그리고 '구속'을 통해서는 우리에게 왜 그리스도가 답인지, 왜 그분 안에서만 모든 것이 원만하게 해결이 되는지를 보게 된다.[1] 주님이 모든 것을 온전케 하실 때까지 그 '이미와 아직 사이'에서, 모든 그리스도인은 어떤 방식으로 '소금과 빛'이 되도록 부름받았는지 말씀을 통해 이해해야 하며, 또한 이해하게 된다.

갈등하는 사회를 향한 '창조'의 함의

이제 창조-타락-구속의 각 부분을 좀 더 상세하게 살펴보자. 우선 창조는 이데올로기가 격돌하는 오늘을 치유하는 데 어떤 도움을 주는 걸까?

---

[1]   기독교 신학적으로 우리는 '이미'와 '아직' 사이의 구간을 산다. 이 땅에서 사는 동안 우리는 부활하신 주님 안에서 허락된 평강을 '이미' 누리기 시작하지만, '아직' 그 완성된 모습은 보지 못한다는 것이다.

첫째, 창조는 모든 것이 하나님의 것이며 그분의 선물이라는 시각을 제공해줌으로써 도움을 준다. 모든 것은 하나님이 지으셨으며, 우리가 누리는 것 중에 인간 자신이 만든 것은 단 하나도 없다. 인간의 존재 자체도 그분의 선물이며, 생명, 재능과 능력도 마찬가지다. 이 사실은 소유와 성취에 대한 우리의 태도에 영향을 준다. 소유하되 나만을 위한 것이라는 생각을 내려놓고, 겸손하게 소유하게 한다. 성취에 대해서도, 그 과정은 즐기되 결과물은 주님의 선물과 은혜로 기억하게 한다(신 8:18). 결국 누림에 있어서도 너그럽고, 많은 성취를 이룬 자의 마음속에도 교만이 아닌 겸손이 자리하게 한다.

둘째, 창조는 인간의 존엄성을 위엄 있게 가르쳐준다. 물론 세상도 인간의 존엄성을 주장한다. 하지만 그들은 주장만 할 뿐 근거를 대지 못하는 것에 비해, 성경은 그것을 다양한 방식으로 권위 있게 선포한다. 또 창조는 인간에게 자유와 창조적 본능이 주어져 있음을 말해준다.

하나님은 인간을 그분께 거역할 수 없는 존재가 아니라 거역할 수도 있는 존재로 지으셨다. 그리고 말씀하셨다. "동산 각종 나무의 열매는 네가 임의로 먹되(먹어도 된다)." 인간은 자유로운 존재라는 말이다. "땅에 충만하라"는 말씀은 이제 인간이 지으신 분의 창조성을 따라 창의적으로 땅을 채워나가면 된다는 말이다. 인간의 존엄성, 자유와 창조적 본능은 처음부터 인간의 특권임이 잘 나타난다.

동시에 창조 이야기는 그 자유가 아무 제한도 없이 주어진 것이 아님을 말해준다. 거기에는 한 가지 제한이 주어졌는데, 그것이 선악과였다. 선악과의 의미를 갈등하는 우리 사회와 관련하여 적용해 풀어보면 이렇게 될 것이다.

"아담! 이제부터 너는 자유야. 모든 것을 네 마음대로 누려도 좋아. 하지만 한 가지 기억할 게 있어. 그것은 네 위에 하나님이 계시다는 거야. 중요한 것은, 그분에게는 너와 다른 시각이 있다는 것이지. 너는 아무것도 네 손으로 짓지 않았기에, 네 관심은 자칫 너 자신이나 이제부터 네가 만들 것에만 있기 쉬워. 하지만 기억해! 너와는 다른 하나님의 시각이 있다는 것을. 그분은 이 모든 것을 자기 뜻대로 지으신 분이야. 그렇기에 그분은 너와 네 이웃, 그리고 지으신 모든 것에 대해 '두루 따뜻한 애정'을 가지고 계시지. 그러니 너는 모든 것을 자유롭게 누리되, 그분의 시각을 의식하면서 그것을 범하지 않도록 해야 해. 그러니 이제 선악과를 볼 때마다 기억해! 네 느낌이 선악의 기준이 될 수 없다는 것을. 조심해! 네게 얼마나 만족스러운지가 선악을 판단하는 기준이 되지 않도록."

선악과의 의미가 이게 다일 수 없지만, 이것을 중요하게 포함한다.

'두루 따뜻한 하나님의 시각'이 훗날 율법에서 이웃에 대한 바른 태도인 공의와 정의로 나타나는 것은 아주 자연스럽다. 공의는 사람을 겉모습에 따라 다르게 대하지 않는 것이고, 정의는 이웃의 형편과 처지에 대해 공감하고 긍휼히 여기는 것이다. 신약에서 예수님은 이것을 한 문장으로 요약했다. "무엇이든지 남에게 대접을 받고자 하는 대로 너희도 남을 대접하라"(마 7:12). 주님은 이것이 율법이요 선지자라고 하셨다. 그것은 모두를 향해 배려 있는 마음이다.

인간성과 관련하여 이 땅의 사회주의와 자본주의 자유경제 체제가 부르짖는 기본 가치(존엄성, 자유, 창조적 본능)는 창조 질서가 인간에 관해 말하는 진실 중에서 한 부분과 관련되어 있다. 그런 의미에서 이 갈등은 쉽게 포기될 수 없는 싸움임을 알 수 있다. 이 갈등은 어느 한쪽이 다른 한쪽을 일방적으로 제거하는 방식으로는 결코 끝나지 않을 것임을 창조 질서는 예고하고 있다.

그렇다면, 다음 장에 이어질 '타락' 이야기는 우리에게 무엇을 말해줄까?

3.
'타락한 현실'에 대한
가장 실제적인 시선

수 1:1-9

앞장에서는 세상을 바라보는 기독교의 기본 틀인 창조-타락-구속 중에서 '창조'가 던지는 함의(含意)를 살펴보았다. 창조는 모든 것이 하나님의 선물임을 일깨움으로써, 우리로 하여금 소유와 성취에서 겸손하게 한다. 또한 인간의 존엄성과 자유, 그리고 창조적인 본성이 본원적임을 권위있게 선포한다. 이것은 지금 우리 사회에서 갈등 중인 두 이데올로기가 각각 '인간에 관한 진리'의 한 부분을 붙들고 있을 뿐임을 보여주었다. 이 갈등이 쉽사리 끝날 수 없음을 암시하는 것이다. 심지어 한 이데올로기의 실험이

실패한다 하더라도, 그것은 수정과 보완을 거쳐 다시 역사의 무
대로 돌아올 수밖에 없다는 말이기도 하다. 따라서 둘 사이의 갈
등은 결코 한쪽이 다른 한쪽을 쓸어버리는 방식으로 해결될 수
없다.

현 갈등 상황에 대해 '타락'이 의미하는 것

그렇다면 '타락'이 현 상황에 대해 시사하는 바는 무엇일까?

지난 글에서 필자는 선악과의 의미를 오늘의 갈등 상황과 관련
시켜 보았다. 그것은 동산의 모든 것을 자유롭게 누리되, 항상 자
신과 다른 시각이 존재함을 기억하라는 것이었다. 그 시각은 '지
으신 만물을 향해 두루 따뜻한 하나님의 시선'을 말한다. 그러므
로 선악과를 동산 중앙에 두심은, 아담이 모든 것을 자유롭게 누
리되 항상 그분의 시각을 기억함으로써, 자신에게 좋은 느낌과
만족스러움의 여부가 옳고 그름의 기준이 되게 하지 않도록 그에
게 요청하신 것이다.

그 '두루 따뜻한 시선'은 훗날 율법에서 '이웃을 네 몸과 같이
사랑하라'는 (공의와 정의의) 말씀으로 나타나며, 산상수훈에서는
'남이 너에게 해주기를 바라는 대로 네가 남에게 해주라'는 말씀
으로 나타난다.

하지만 아담은 하나님의 요청을 거부하고 자신의 느낌을 기준

정치 공간에 그리스도인으로 서기

으로 판단하고 만다. 이후 인간의 판단과 선택은 누군가에게 무관심, 무정함, 불의와 고통이 되고 말았다. 결국 죄의 본질은 삶의 기준으로서의 하나님을 거부하는 것과, 그 결과로서 주변과 이웃에 대한 공감의 부재다. 그저 내 느낌과 내 생각에 좋은 대로 주장하며 사는 것이다. 자기중심성이 죄의 본질이다.

타락의 이런 양상은 우리 삶의 전반에 왜곡을 가져오는데, 정치의 공간에서는 더욱 심하다. 정치야말로 (그렇지 않은 분들이 소수 있어서 희망을 주기도 하지만) 드러내놓고 돈과 권력과 명예를 추구하는 공간이기 때문이다. 거기에서는 거짓말, 양심 없는 말 뒤집기, 중상모략, 선전과 선동 등이 아무렇지도 않게 자행된다. 따라서 그리스도인들에게는 특별한 주의가 필요한 공간이다.

현대판 우상숭배, 메시아가 된 이데올로기

정치의 세계에 나타나는 각종 타락의 이면에는 우상숭배가 있다. 여기서 우상숭배는 단지 어떤 목상이나 석상 앞에 미신적으로 복을 비는 것을 의미하지 않는다. 오히려 하나님 아닌 것에 궁극적인 의미와 희망을 두고, 자랑과 안전감 등을 기대하며 의지하는 것이다. 돈이 그런 예가 될 수 있다. 구매력을 가진 돈은 그 자체로는 참 좋은 것일 수 있다. 돈으로 할 수 있는 것이 많고, 얼마간의 안전과 편리도 제공받을 수 있다. 하지만 그렇다 보니 자칫 돈이 돈 이상이 될 수 있다. 우상이 되어버리는 것이다.

돈은 단지 '좋은 것'을 넘어 나의 안전에 대해 무한 책임을 진다. 궁극적인 만족과 기쁨과 자신감을 주는 '유사 하나님'이 되는 것이다. 그래서 돈은 '좋은 것'을 넘어 '거의 신'이 된다. 돈이 하나님을 대체하는 우상이 되면 삶의 모든 중요한 문제들이 다 돈에 달린 것처럼 느껴져, 금전적 손실 앞에서는 이성을 잃을 정도로 불안해지며 극단적인 범죄까지 저지르게 된다.

정치도 돈과 마찬가지다. 정치 공간은 자칫하면 많은 사람들이 온갖 우상을 섬기는 만신전(Pantheon)이 된다. 군중은 자신들의 한(恨)을 우상으로 삼아 그것만 풀면 행복할 것처럼 행동한다. 정당 활동을 하는 사람들은 정권이라는 우상에, 국회의원들은 의원직이라는 우상에 인생의 의미를 건다. 그 우상이 너무나 강하게 사람들을 장악하므로, 사람들은 자신의 온 생애와 시간을 드려 그 앞에 산 제사(Living Sacrifice)를 드린다.

국회의사당은 민의를 모아 국정을 의논하는 신성한 곳이지만, 한편으로는 이데올로기를 섬기는 사람들과 의원직에 삶을 건 사람들이 정치라는 자신들의 우상 앞에서 자신을 산 제사로 드리는 신전이기도 하다. 이 신전과 정치에서 이데올로기는 그들의 메시아다. 마치 아담과 하와가 선악과에 자신의 행복과 만족을 의지한 것처럼. 오늘날의 사람들은 이데올로기가 이 사회에 구원을 가져올 것이라고 믿는다.

어떤 이들에게는 자본주의가 메시아다. 그들은 시장이 그들을 구원하리라 믿고 있다. 시장에서의 경쟁이 자원의 효율적 배분을 가져와, 사회의 발전과 함께 가장 효율적이고 좋은 세상을 가져올 것이라고 믿는다. 그래서 아주 상징적이게도, 애덤 스미스(Adam Smith)는 오래전에 바로 이 점을 아주 종교적으로 표현했다. 모든 걸 시장에 맡겨두면 그 모든 것은 '보이지 않는 손'(Invisible Hand)에 의해 조정되어 최선을 이루게 되어 있다는 것이다. 성경(로마서 8장 28절) 말씀처럼 '시장이 모든 것을 합력하여 선'을 이룬다고 믿는 것이다. 상품뿐 아니라 노동도 그렇다. 노동도 시장에 맡겨두기만 해도 수요와 공급이 조절되어, 가장 합당한 노동 가격, 곧 임금이 결정된다고 주장한다.

그렇다면 이런 주장은 누가 좋아할까? 엘리트들이 좋아할 것이다. 자유로운 경쟁이 가능하도록 무언가가 주어진 사람들 말이다. 그런 사람들이 주장하는 것이 바로 자유경제인데, 자본주의라고도 부르는 것이다.

하지만 세상에는 여건이 그렇지 못한 사람들도 많다. 그들은 자유시장주의자들, 이른바 엘리트들의 주장에 맞서서 이렇게 말한다.

"시장에 의해 조절되기만 하면 되나? 그 과정에서 사람이 죽어나가는데…. 자살해서 노동의 공급이 줄고, 애 안 낳아서 인구가 줄어 균형을 이룬들 그게 무슨 의미가 있나? 앞으로 인공지능이 본격화되면 더 많은 사람들이 삶의 현장에서 밀려날 텐데, 그때도 시장의 자동 조절 기능에만 맡겨야 하나? 더 많은 사람이 죽어야 함을 의미하는데도 말이다!"

그러면서 그들은 국가의 강력한 개입과 자본에 대한 통제를 요구할 것이다. 그렇게 해야 모두가 잘 사는 사회가 된다고 믿는 것이다. 이렇게 믿는 사람들의 메시아가 이른바 사회주의다.

세상은 그렇게 나뉘어 서로를 비난한다. 자본주의는 사회주의가 비현실적이라고 비난한다. 역사상 사회주의는 실패로 끝났으며, 그런 방식으로는 성공한 나라가 없는 현실을 직시하라는 것이다. 하지만 사회주의자들은 '시장에 맡겨두니 이렇게 양극화가 심하게 되지 않았느냐. 이게 뭐냐? 자살률이 세계 1위 아니냐! 올해는 일가족 동반 자살이 이렇게 늘지 않았는가! 도대체 사람이 사람답게 살 수 없지 않느냐?'라고 주장한다. 우리는 양쪽의 이런 주장들을 무시할 수 있을까? 결국 어느 것이 맞을까?

자본주의와 사회주의는 거꾸로인가?

70년대 노벨 경제학상을 받은 미국의 존 케네스 갈브레이스(John Kenneth Galbraith) 교수는 이렇게 말했다.

"자본주의에서는 사람이 사람을 착취하지만 공산주의에서는 그 거꾸로다."(Under capitalism, man exploits man. Under communism, it's just the opposite.)

공산주의는 '사람이 사람을 수탈하는' 자본주의와 비교해볼 때 정확히 그 거꾸로라는 말이다. 무슨 말인가? 자본주의와 달리 공산주의에서는 인간을 존중한다는 뜻인가?

사실 갈브레이스 교수의 말은 진실을 알리는 기막힌 언어유희(word play)다. 그가 '공산주의에서는 그 거꾸로다'(It's just the opposite)라고 말한 것은 공산주의가 인간을 존중한다는 뜻이 아니다. 거기서도 사람이 사람을 수탈하기는 마찬가지라는 말이다. "Man exploits man"은 거꾸로 배치해도 "Man exploits man"이 되기 때문이다. 결국 이 사람들이 저 사람들을 억압하느냐, 아니면 저 사람들이 이 사람들을 억압하느냐 하는 점만 다를 뿐이라는 말이다. 자본주의도 사람을 억압했고, 공산주의도 사람을 억압하기는 마찬가지였다는 것이다.

결국 이데올로기로는 완전한 답이 되지 않는다는 말이다. 하지만 오늘 우리 사회의 이데올로기 싸움을 보면 어떤가? 마치 특정 이데올로기가 지배하는 세상이 되면 정말 좋은 사회가 될 것이라고 믿는 듯하다. 하지만 노벨상 수상 경제학자 갈브레이드는 촌철살인의 말로 그 환상이 허구임을 적시했다. 그러면, 현실에 대한 가장 현실적인(실제적인) 시선은 무엇인가? 있기는 한 것인가?

이렇게 설교하면 혹자는 '목사가 왜 설교 시간에 경제학 (또는 정치학) 강의를 하나?' 하고 생각할지 모른다. 그러나 경제학 강의를 하는 게 아니다. 필자는 지금 성경이 우리의 현실 문제에 대해 얼마나 실제적인지를 설명하고 있다. 성도 중에는 성경은 신학일 뿐이고 현실은 다른 것이라고 이원적으로 생각하는 사람들이 많기 때문이다. 그들에게 우리는, 성경만큼 인간과 세상을 꿰뚫고 있는 것은 세상에 없음을 말해주어야 한다. 그래야 그들이 말씀 안에서 답을 구할 것이기 때문이다.

타락한 현실에 대한 가장 현실적 시선

이데올로기는 세상을 구원하지 못한다. 그 중 어느 쪽을 따라도 그들이 주장하는 이상 사회는 오지 않는다. 이유가 뭘까? 그들 모두가 간과하는 한 가지, 인간의 타락 때문이다. 그들은 모두 체제나 시스템을 지나치게 신뢰한다. 그리고 인간성에 대해 낙관적이다. 시장주의자들은 시장의 메커니즘과 기업을, 사회주의자들은 대중과 노동자, 그리고 노조를 너무 신뢰한다.

그러나 성경은 뭐라고 하는가? "만물보다 거짓되고 심히 부패한 것은 마음이라 누가 능히 이를 알리요"(렘 17:9). 무슨 뜻인가? 부자도 가난한 자도 다 타락했다는 것이다. 그래서 어떤 이상적인 이데올로기를 채택해도 원하는 결과가 나오지 않는다는 것이다. 결국 사람 때문이다. 사람이 타락하면 에덴도 더 이상 에덴이지 않듯이, 인간의 부패는 어떤 이상적인 제도도 좌절시키고 마는 것이다.

시장에 일정한 조절 기능이 있음을 인정하지만, 그러나 모든 것을 다 맡겨 버리는 것은 지나치게 시장을 이상화하는 것이다. 분배에 신경을 쓰면 다들 양심적으로 일할 것 같지만, 도리어 도덕적 해이를 가져오는 경우도 많다. 그건 인간성에 대해 지나치게 낙관적인 태도라는 말이다.

필자는 독자가 이것을 (이 책을) 양비론으로 읽지 않기를 바란다. 어느 쪽의 이데올로기든 상황에 따라 맞을 수도 있고 틀릴 수도 있다. 항상 한쪽만 맞고 다른 쪽은 항상 틀리다고 보면 안 된다. 진짜 문제는 인간의 타락이라는 말이다.

그렇다면 여기서 무엇이 필요한가? 무엇이 있어야 모든 이데올로기가 제대로 기능할까? '구속'이다. 마음으로 새롭게 된 사람 (롬 12:2)이 필요하다. 구속이 필요한 것이다.

4.
두루 따뜻한
하나님의 시각으로

수 1:1-9

앞장에서는 '타락'에 대해 언급했다. 역사 속에서 수많은 이데올로기들이 출현하지만, 그 고상한 이상에도 불구하고 결코 목표한 세상을 가져오지 못한 이유는 '타락'이라는 문제가 있는 탓이다.

사람들은 '인간성의 부패'라는 타락의 문제를 무시하고 그 이상에만 낙관적으로 매달려 열광하지만, 그들이 열광하는 이상은 결코 실현되지 않는다. 타락은 자본주의도 타락시키지만 사회주의도 타락시켰다. 정치 분야에서 타락은 더 심각하여 뻔한 거짓말과 말 뒤집기, 명분 가로채기, 중상모략과 선동 등으로 나타난다. 그리고 그 모든 타락의 저변에는 우상숭배가 있다. 우상숭배는 하나님 아닌 무엇에 궁극적 행복과 기쁨과 의미와 안전을 의지하는 것이다.

사람들은 이데올로기가 자신의 기대와 소망을 실현시켜줄 것이라고 기대한다. 결국 이데올로기가 메시아, 곧 구세주가 된 것이다. 이렇게 이데올로기가 개인의 삶과 세상의 중요한 문제들의 해결을 약속해주는 것처럼 보일수록, 이데올로기 싸움은 격렬해진다.

타락의 또 다른 현상, 책임 전가

우상숭배 외에 타락의 또 다른 현상은 '책임 전가'다. 타락 아래의 인간은 행위의 결과에 대해 책임지기보다 끝없이 남에게 책임을 전가하는 경향이 있다. 아담과 하와가 그랬듯이 말이다. 이런 모습은 고스란히 오늘날 우리의 정치에도 나타난다.

우파는 우파대로 세상의 기울어진 운동장을 인정하여 개선하려고 노력하기보다 애써 부인하고, 오히려 그런 사회적 사실을 지적하는 걸 좌파로 (심지어 빨갱이라고) 규정하고 비난한다. 구조적인 기울기로 인해 사람들이 느끼는 좌절감과 분노에 공감하기보다, 그건 그저 저들의 책임일 뿐이라고 강변한다.

그런가 하면 좌파(특히 마르크스 레닌 계열의 좌파)는 좌파대로 어렵게 사는 사람들을 선동한다. "그건 당신들 탓이 아니라 저 부자들 때문이고 대기업 때문이며, 그들이 만들어 놓은 사회 구조 탓이야!"라고….

그리고 현 정권은 전 정권을, 전 정권의 세력은 현 정권을 탓하며 책임 떠넘기기에 바쁘다.

물론 모든 개인에게 나름의 책임은 있을 것이다. 그러나 모든 것이 다 그들의 책임은 아니다. 하지만 이런 섬세한 논의는 처음부터 불가능하다. 정치인들이 사회 갈등의 사태를 전쟁 수준으로 키워 놓았기 때문이다.

무엇이든 전쟁이 되면 도덕성은 나중 문제가 된다. 살아남는 게 우선이기 때문이다. 그래서 전쟁이 나면 줄곧 누구 편인지만 묻는다. 그 외의 말은 필요 없다. 하지만 그렇게 해서는 결코 올바른 답에 이르지 못한다. 왜냐하면 답은 늘 어느 극단에 있는 것이 아니라 각자의 필요(needs)를 연결하는 어느 세밀한 균형점에 있기 때문이다. 하지만 지금처럼 불편한 전쟁 모드는 쉽게 포기될 것 같지 않다. 당파적 이익 때문이다. 전쟁 모드에서는 모든 막말이 정당화되고, 그래서 한껏 자극하면 자극할수록 지지층이 확실하게 열을 받아 더욱 확실히 응집되기 때문이다.

"내 이데올로기에 맞춰 설교해주시오"

이런 전쟁 같은 정치판 탓에 각 교회의 목회자는 당황스러운 상황에 직면한다. 교회 밖에서 한껏 정치적인 자극을 받은 교인들이 설교자의 설교가 자기 이데올로기에 부합하기를 요구하기 때문이다. 그래서 대한민국의 설교자들은 (교인들이 대놓고 요구하지는 않더라도) 암묵적으로 이런 요구를 받는다.

"내 이데올로기에 맞춰 설교해주시오!"

설교가 청중에게 이념적으로 맞지 않으면 회중석에선 노골적으로 불편함이 표출된다. 어떤 이들은 설교 후에 전화 혹은 문자로 거칠게 항의도 한다. (필자 개인의 경험이라기보다 대다수 목회자들이 경험하는 일이다.) 대개는 몇 마디의 짧은 카톡으로 (비교적 점잖게) 목회자에게 정치에 대한 질문을 해오지만, 대답은 결코 짧은 몇 마디로 될 수 없는 것이어서 목회자는 더욱 힘들다. 이런 논쟁적 상황을 어떻게 다룰 것인가? 무슨 이야기라도 금방 논쟁으로 비화할 상황에서, 목사가 어떤 이야기를 꺼낼 수 있을까?

목사가 정치에 대한 이야기를 꺼낼라치면 흔히 부딪히는 질문이 이것이다. "그렇게 말하는 목사의 정치적 입장은 좌파인가 우파인가" 하는 것이다. 그런 질문을 받으면 필자는 "기독교인은 정치적 좌파나 우파 중 어느 쪽도 아니며 같을 수도 없다"라고 말해 왔다.

기독교인도 나라의 국민이며 개인적으로는 어느 쪽이든 지지하거나 비판할 수 있다. 하지만 기독교인의 정체성과 말씀이라는 기준에서 내려와 이데올로기라는 다른 말(馬), 즉 정치적 노선에 올라타면, 그것은 우리를 태우고 전혀 다른 곳으로 데려갈 수도 있다.

그러면 누구의 방법을 따라야 하나?

필자는 창조 – 타락 – 구속으로 정치 문제를 이야기하기 전에, 먼저 이런 질문을 던져보았다.

"만약 오늘 예수께서 오신다면 어떤 일이 일어날까? 다시 십자가에 못 박히지 않을까?"

"그렇다면 오늘은 누가 예수를 못 박을까?"

생각해보면, 당시에 주님을 못 박은 자들이 하나님을 믿지 않던 자들이 아니었음을 알게 된다. 로마 병정들은 단지 수동적 가담자들이었을 뿐이다. 주범은 하나님을 열심히 믿는다던 유대인들이었다.

그들은 왜 그랬을까? 무엇보다 기득권 때문이었다. 성전을 둘러싸고 온갖 특혜를 누리던 대제사장과 서기관과 장로들은 자신들의 기득권이 위협받자 예수를 공격했다. 오늘날로 말하면, 그들은 보수 우파다.

한편, 그들과 반대 입장에 서 있던 군중은 왜 그랬을까? 자신들의 이데올로기와 맞지 않았기 때문이다. 오늘날로 말하면 당시 군중은 좌파다. 그들이 보기에 세상은 말 탄 기병을 거느린 메시아가 와서 급진적으로 뒤집어야 했다!

그런데 예수는 '달랐다.' 급진적이긴 하나 '다른 방식으로' 그러하셨다. 말을 타고 나타나야 할 자리에 나귀 새끼를 타고 오신 것이다. 해방과 개혁을 위해 한시라도 마음이 급했던 그들에게 "자기를 부인하고 자기 십자가를 지고 나를 따르라"고 했다. 자신을 강하게 어필해야 무시당하지 않을 세상인데, "심령이 가난하고 애통하는 자가 복이 있다"라고 했다. 아니, 울고 있는 자들이 빛과 소금이라니! 예수는 그들의 이데올로기 요구와 전혀 맞지 않는 지독한 얼간이였다.

당신은 혹시 오늘 들은 설교가 당신의 이데올로기에 맞지 않는다고 화를 내고 있는가? 그런 눈으로 주님을 보면 어떤 생각이 들까?

오늘 주님이 오신다면 어떤 사람이 주님을 못 박을까? 좌파 우파, 각각의 이데올로기에 의해 열 받아 성마른 기독교인들이 아닐까? 말씀보다 이데올로기가 더 기준이 된 사람들, 바로 우리일 것이다.

지금 우리에게 필요한 것은 믿음이다. 하나님의 방법, 그분의 길이 옳다는 믿음이 필요하다. 과연 우리도 낯선 영역(정치라는 우리의 가나안)에 들어가면서 눈앞의 여리고 성을 매일 매일 돌 수 있을까? 그렇게 하면 성이 무너질 거라 믿고, 그 길을 오래 걸을 수 있을까? 그게 문제다.

자본주의와 사회주의 사이로 난 길

그렇다면 우리가 걸을 길은 어디로 나 있는가? 이 부분에 관련해서 사람들은 성경이 자본주의 자유경제나 사회주의 경제 이데올로기 중에서 어느 것을 지지하는지를 궁금해한다. 하지만 앞에서도 말했듯, 성경은 어느 특정 이데올로기를 지지하는 데는 전혀 관심이 없다.

오히려 성경은 각 이데올로기가 수렴해야 할 기준과 중심으로서 존재한다. 어떤 이유로 하나의 이데올로기와 다소 비슷한 점이 있어 보이는 경우라 하더라도, 들여다보면 둘은 결코 동일하지 않다.

고아와 과부, 이방인과 나그네에 대한 성경의 관심이나, 그런 주변적인 존재(marginal people)에 대해 주님이 보여주신 일체감은 '기독교가 사회주의와 비슷하지 않은가'라는 생각을 하게 한다. (마태복음 25장의 양과 염소 비유가 그렇게 생각하게 만드는 예이다.)

하지만 기독교는 그것과 같지 않으며, 특히 마르크스-레닌 계열의 사회주의와는 전혀 다르다. 그것은 근본적으로 유물론적이고 계급론적이다. 그들은 노동자가 못사는 이유가 단지 자본가의 탐욕 때문이라고 믿는다. 따라서 그들에게는 '탓'이 많으며, 모순을 해결할 방법은 계급투쟁밖에 없다. 투쟁의 전략은 할 수 있는 한 많은 증오를 일으켜 조직화하는 것이다. 하지만 성경도 가난한 자들이 가난해진 것이 정말 자본가들 때문만으로 보는 시각에 동의할까? 그렇지 않다.

성경은 부자의 탐욕과 가난한 자에 대한 무관심도 확실히 경고한다. 하지만 그렇다고 모든 부자를 악으로만 보거나, 가난한 자들을 선으로만 보지도 않는다. 성경은 그들 모두를 죄인으로 본다. 인간은 부패했으며, 의인은 없나니 하나도 없다.

가난한 자들이 가난하게 된 데 대해서도 일방적으로 부자들의 탐욕이나 그들이 만든 불공정한 구조 때문이라고만 말하지 않는다. 탐욕과 구조의 문제는 분명히 있겠으나, 그것만 이유라고 보지 않는다는 말이다. 사람은 각자 자신의 탐욕과 실수 때문에, 잘못된 선택과 경영의 실패에 의해서도 얼마든지 가난하게 될 수 있고, 근면하지 않아서 몰락한 경우도 있기 때문이다.

성실하게 살아왔으나 악의적 동업자나 보증사기로 인해 가난해질 수 있음도 성경은 배제하지 않는다(잠 24:33, 잠 22:26, 잠 17:18, 잠 6:1, 잠 6:6, 잠 6:9). 따라서 성경은 그런 이유로 품꾼이 되거나, 혹은 더 심한 경우 남의 종이 된 것을 담담하게 언급한다.

사회 속에 그런 현상이 존재한다는 자체로 곧바로 부자들을 비난하지 않는다. 자기 삶에 대한 각각의 책임을 인정하는 것이다.

강한 자에 대한 경계와 책임

하지만 성경은 그런 중에도, 자본가들의 탐욕과 권력과의 유착이 힘없는 개인을 더욱 어렵게 할 가능성에 대해 경고한다. 전토에 전토를 더하고 가옥에 가옥을 더하는 자들에게 화를 선포하고, 품꾼의 삯을 제때에 주지 않는 고용주에 대해 경고한다.

그렇다면 부자는 탐욕을 부리지 않거나 권력과의 부정한 유착만 하지 않으면 되는 것인가? 그렇게만 하지 않으면, 부하든 가난하든 삶은 다 각자가 책임져야 할 것으로, 서로 아무 책임이 없는 것인가? 그렇지 않다.

성경은 모두에게 각자의 책임이 있음을 분명히 하면서도, 다른 한편으로는 공동체가 타인이 처한 상황에 대해 개인의 책임으로만 치부하며 외면해서는 안 된다고 말한다. 공동체는 희망을 잃은 자들이 희망을 잃지 않도록 도울 책임도 가지고 있는 것이다. 평소에 '개인적으로' 가난한 자를 공감하며 긍휼히 여기는 것도 중요하지만, 절망이 대물림 되지 않게 만드는 일이 '희년제도'와 같은 '국가적 제도와 시스템을 통해서도' 추진되어야 한다고 강조한다.

정치 공간에 그리스도인으로 서기

성경이 문제 삼는 것은 당신이 부자라는 점이 아니다. 성경이 문제로 보는 것은 사람 안에 있는 이기심이다. 그 죄는 자본가에게만 있는 게 아니라 노동자에게도 있다. 자본가들이 정부에 요구하는 것은 다 악이고 노동자의 요구는 다 선인가? 그럴 수는 없을 것이다. 자본가에게만 아니라 노동계 안에도 많은 죄가 있다. 그 죄는 자신과 다른 시각, 즉 두루 따뜻한 하나님의 시각을 거부하고 자기만 생각하는 시각이다.

어떤 노동조합은 이제 왠만한 기업가보다 큰 거대 권력이 되어서 자본가의 타락을 뺨치는 수준의 행태를 보이는 것도 사실이다. 어느 때인가부터 어떤 노동조합이 권력이 된 후, 이제는 정경유착(政經癒着)만 우려하는 것이 아니라 정노유착(政勞癒着)도 우려하게 되었다. 노동도 자신의 거대 조직의 지지 여부를 무기화하여 정치권을 압박함으로써, 각종 제도와 시스템을 왜곡하는 일도 얼마든지 가능하게 된 것이다. 그리스도인들이 치우치지 않은 눈으로 현실을 직시하며 각 진영에서 자기가 속한 진영을 정화해야 할 이유가 여기에 있다.

5.
그분의 뜻은 이미 나타나 있다

수 1:1-9

현 상황에 대해 글을 쓸 때 가장 큰 어려움은 우리 사회의 좌우 문제가 결코 간단하지 않다는 것이다. 거기에는 정치경제 체제뿐 아니라 북핵 문제, 미중일 등 주변국 관계, 동성애와 같은 젠더 문제 등이 복잡하게 엉켜 있다. 따라서 일률적으로 논할 수 없기에 일단 경제 체제만을 중심으로 이야기하고 있다. 하지만 그렇게 축소한다 하더라도, 기독교를 결코 어느 한 체제와 간단히 동일시할 수는 없다.

고아와 과부에 관심을 가질 때조차 기독교는 해당 이데올로기와 같지 않다. 그리스도인이 그 일에 관심을 갖는 동기는 그저 윤리적 의식 때문도 아니고 부자에 대한 증오나 반발 때문도 아니다. 또 좀 더 의미 있는 일을 하려는 것도 아니며, 자기의 세를 늘리는 데 도움이 되어서도 아니다. 그리스도인이 그렇게 하는 가장 큰 이유는 구속(구원)의 은혜 때문이다. 하나님의 놀라운 긍휼과 구원을 경험하고 나니, 그분의 시각과 마음을 존중하고 높이며 따르게 된 것이다.

그리스도인의 삶 : 거룩한 산 제물

신약에서 그리스도인의 삶에 대한 대표적 본문은 로마서 12장 1절이다.

"그러므로 형제들아 내가 하나님의 모든 자비하심으로 너희를 권하노니 너희 몸을 하나님이 기뻐하시는 거룩한 산 제물로 드리라."

이 말씀이 권면하는 것은, 그리스도인은 세상 속에서 자신을 하나님께 산 제물로 드려야 한다는 것이다. 여기서 '산 제물'이란 죽여서 드리던 구약의 죽은 제물과 대비되는 말이다. 죽음으로 성립하던 그 제사는 주님께서 자신의 죽으심으로 단번에 완성하셨다. 우리는 다만 그 영원한 제사를 믿음으로 생명을 얻는다. 그리고 그렇게 살게 된 우리는 그 구원의 목적을 이루는 삶으로 제사를 드려야 한다. 바울은 그것을 영적 예배라고 했다. 진정한 예배라는 뜻인데, 종종 껍데기만 남을 수 있는 제의와 형식으로 된 예배가 아니라, 그 모든 것이 의도하던 진짜 내용이 담긴 예배라는 뜻이다. 하나님께서는 구약 내내 제사와 절기가 단지 껍데기가 되지 않도록 경고하셨다.

바울의 권면은 또한 단순히 산 제물이 아니라 '거룩한 산 제물'이 되라는 것이었다. 거룩하다는 말을 '구별됨, 남다름'이라고 보면, 우리는 다시 '다름'이라는 주제로 돌아온 셈이다. 여호수아서에서 시작해 신약으로 왔지만, 여전히 동일한 부르심, 곧 '다름에의 부름' 앞에 서 있다.

사실 로마서 12장 1-2절은 세팅 자체가 여호수아서 1장과 동일하다. 당시 이스라엘은 모압 평지에서 자신들의 구원 이야기를 상세히 들은 후, 이제 요단강을 건너려고 그 앞에 서 있었다. 그 상황에서 하나님은 그 땅에 들어가서 살아야 할 삶에 대해 말씀하셨고, 그 핵심은 거룩한 삶(구별된 삶)이었다.

그런데 로마서의 세팅도 똑같다. 바울은 로마서 11장에 이르기까지 인간의 상황과 예수 그리스도의 죽으심을 통해 구원을 얻은 사람들에게, 세상 속에서 그들의 책임이 무엇인지를 말하고 있다. 그것은 가나안에서의 이스라엘과 같이[2] 삶을 통해 하나님 앞에 '거룩한' 제물이 되는 것이다. 결국 성경은 줄기차게 남다름을 요

2 1장과 2장을 참조하라.

구하고 있는 것이다.

'거룩함'을 위해 요구되는 것

그렇다면 우리는 어떻게 거룩한 산 제물이 될까? 어떻게 세상의
사람들 앞에서 남다른 삶의 제사가 될까? 로마서 12장 1-2절은
두 가지를 권면한다. 우선 "이 세대를 본받지 말라"고 한다. 여기
서 본받는다는 말은 헬라어로 쉬스케마티조($\sigma\upsilon\sigma\chi\eta\mu\alpha\tau\iota\zeta\omega$)로서 세
상의 패턴에 자신을 맞추는(conform) 것이다. 오늘의 정치 상황
에 적용하자면 좌우이념 진영의 행태를 따라 하지 말라는 것이
다. 남다른 삶이 되려면 그것부터 멈추라는 말이다.

　그렇다고 이 말은 우리가 어느 진영에 서는 일 자체를 금하는
것은 아니다. 그건 현실적으로 불가능할지 모른다. 하지만 불가
피하게 어느 진영에 서게 되더라도, 자신이 누구인지를 잊지는
말라는 거다. 언제나 그리스도인답게 처신해야 한다는 말이다.
말은 쉽지만 실제로는 쉽지 않을 것이다. 그래서 용기가 필요하
다. 하나님께서도 여호수아에게 거듭거듭 담대할 것을 요구하는
것도 이 때문이다.

　'거룩한 산 제물'이 되기 위해 필요한 또 하나는 마음을 새롭
게 하는 일이다. "너희는 이 세대를 본받지 말고 오직 마음을 새롭
게 함으로 변화를 받"으라 했다. 마음이 새롭게 됨으로 인한 변화

(transform), 그것은 하나님의 은혜로만 가능한 일이다. 결국 우리에게는 마음을 새롭게 하시는 '하나님의 은혜'와 함께, 이 세대를 본받지 않으려는 '우리의 노력'이 필요하다.[3]

그렇다면 그 마음을 새롭게 하심은 어디서 올까? 그것은 은혜를 아는 데에서 온다. 그래서 하나님은 구약 백성들에게 율법을 주야로 묵상하라 하셨다. 마찬가지로 우리 또한 예수 그리스도의 구원의 은혜를 자주 그리고 풍성하게 듣고 묵상해야 한다. 그럴 때 마음의 새롭게 됨이 깊어지고 분별 또한 깊어지게 된다.

이미 나타나 있는 '선하고 온전한 뜻'

그렇다면 "하나님의 선하시고 온전하신 뜻을 분별"한다는 것은 무엇일까? 이 부분에 대해 오해하지 않도록 주의해야 하겠다. 사람들은 마치 하나님이 자신의 선하고 온전한 뜻이 무엇인지 전혀 알리신 적이 없는 것처럼 매번 새로운 뜻을 구하기 때문이다. 하지만 하나님은 그분의 "선하시고 온전하신 뜻"의 근간을 이미 우리에게 알려주셨다(마 7:12).

따라서 이제 우리에게 필요한 것은 그것을 분별하는 일이다. 이것을 아는 것이 중요하다. 왜냐하면 이것을 모르면 사람들은 이미 나타나 있는 하나님의 뜻은 외면한 채, 늘 새로운 뜻을 찾게

3　여기서 세대를 본받지 않는 것은 능동태로, 변화를 받은 것은 수동태로 되어 있음에 유의하라.

되기 때문이다.

사람들은 "하나님! 삼성에 갈까요? 아니면 현대에 갈까요? 당신의 선하신 뜻을 가르쳐 주세요"라고 기도하지만, 그가 삼성에 가든 현대에 가든 그 자체가 그분께 특별한 의미가 있을까? 별 의미가 없을 것이다. 기도하지 말라는 말이 아니라, 기대를 바꾸라는 말이다. 이 문제와 관련하여 하나님의 선하시고 온전하신 뜻은 이미 나타나 있다.

당신이 대기업이든 중소기업이든 어디를 가든 거기서 당신의 정체성을 잃어버리지 않고, 하나님의 자녀로서 빛과 소금으로 사는 것, 그것이 그분의 뜻이다. 그분의 뜻은 이미 '공의와 정의의 삶'으로, '하나님 사랑과 이웃 사랑'으로, '다른 사람들로부터 당신이 기대하는 바대로 당신도 그렇게 사는 것'으로 나타나 있다.

하지만 여전히 분별은 필요하다

문제는 분명하게 나타나 있는 것 같은 그 뜻도 구체적인 상황 속에서는 무엇을 의미하는지가 애매하다는 것이다. 그 한 예가 최근 택시업계와 '타다'의 갈등의 경우다. 급변하는 시대 속에서 현재의 먹거리를 지키는 것과 미래의 먹거리를 시도해보는 것 사이에서 판단하는 것은 쉽지 않다.

현재를 지키면 미래를 잃게 되어 결국 모두 잃을 수 있다. 그렇다고 미래를 선택하면 현재의 수많은 택시 종사자들은 당장의 삶이 무너질지 모르는데 두고만 볼 수 없다.

하지만 해외에 나가서 그랩(Grab : 카카오택시와 비슷한 승용차 공유제도) 같은 걸 사용해보면 미래를 선택하는 것이 얼마나 중요한 것인지를 알게 된다. 그랩은 우선 여행자에게 택시와 비교할 수 없을 정도로 싸고 편리한 데다 안전하기까지 하다. 그리고 그 일에 종사하는 운전자들에게 이 새로운 방식은 많은 기회를 창출하고 있으며, 투잡(two job)이 필요한 사람들에게도 손쉽고 다양한 기회를 제공한다. 그러니 현재와 미래 가운데 어느 것을 선택하여 공공선을 구현해야 할지는 그리 간단한 문제가 아니다.

그러므로 '선하시고 온전하신 뜻'이 이미 나타나 있다 하더라도, 그것이 구체적인 상황 속에서 무엇을 의미하는지는 여전히 분별이 필요하다. 이 분별에서 그리스도인은 새롭게 된 감각이 필요하다. 마치 암을 치료할 놀라운 물질의 존재를 알아냈다 하더라도, 그것을 구현하기 위해서는 '공학 마인드를 가진 엔지니어'가 필요하듯이 말이다.

이미 알려진 하나님의 선하시고 온전하신 뜻의 원칙들을 현실에서 구현해나갈 때도 단순히 자기 진영의 이익이나 논리에 매몰되지 않고, 두루 모두에게 애정을 가진 감각과 시선을 가지고서 고민하며 나아가는 사람들이 있을 때, 주님은 그들의 도전과 시행착오들을 통해 그 뜻을 더 분명히 나타내실 것이다.

신앙 안에서 '그때의 최선'을 고민해야

어느 하나도 쉽고 간단한 것은 없다. 따라서 역사 속에서 그리스도인의 시도들은 다양한 형태로 나타났고, 또 그렇게 나타날 것이다. 때로는 사회 인식과 제반 상태가 준비돼 있지 않아, 그 새로운 시도가 하나의 운동이 되기에는 시기상조일 때도 있을 것이다. 그런 때에는 바울처럼 열정적으로 복음의 원리를 가르치는 일과 함께, 그리스도인 개인과 교회 공동체가 개인적 결단의 삶을 통해 조용한 혁명의 진원지가 될 수 있다.

대학자인 바울은 그토록 양극화된 시대에 한쪽 극단에 있던 빌레몬의 종 오네시모를 형제로, 동역자로, 영적 아들로서 받아들였다. 그런 마음을 자신의 영향권 안에 있던 빌레몬과 그의 교회에 전하고, 그를 자유케 함으로써 자신의 의도에 동참해줄 것을 요청했다. 그의 행동은 당대에 조용한 혁명이 되어 사람들의 마음을 사로잡았고, 역사를 바꿀 또 다른 누군가의 출현을 예고하는 씨앗이 되었다.

그리고 때가 되어, 19세기에 윌리엄 윌버포스와 같은 다음 주자가 나타났다. 윌버포스의 투쟁방식은 입법운동이었다. 노예무역이 영국 국가 재정의 중요 부분을 차지하던 때에, 그는 노예무역의 폐지를 주장했다. 당대의 조롱과 동료의원들의 비협조, 의회 표결에서의 무수한 좌절에도 불구하고 20년간 불굴의 헌신으

로 그 일을 이루어냈다. 이를 두고 후대의 사람들은 정치인 윌버
포스의 뒤에는 신앙인 윌버포스가 있었다고 말했다. 그가 정치에
서 외친 정의와 진리는 곧 그의 신앙고백이었기 때문이다.

하지만 차별의 어두운 그림자는 단지 입법으로 모두 걷히는 것
은 아니었다. 미국의 다음 주자 마틴 루터 킹의 등장이 필요했다.
그가 택한 방식은 평화적 대중운동이었다. 그 과정에서 그는 'I
have a dream' 같은 주옥같은 연설과 명언들을 쏟아냈다. 그것
은 훗날 오바마의 출현을 예고하고 있었다.

오늘 광장에도 그리스도인이 서 있다. 우리의 입에는 어떤 말
이 있는가? 절제된 감동인가, 아니면 끔찍한 저주인가?

6.
실천과 들음의
균형

수 1:1-9

누가복음 10장에는 율법사와 주님의 대화가 있다. 그 대화에서 "율법을 무엇이라 읽느냐?"라는 주님의 질문에 율법사는 "힘을 다해 하나님을 사랑하고 이웃을 네 몸 같이 사랑하라는 말씀으로 읽는다"라고 답한다. 하지만 그 실천이 마음에 부담이 되었던지, 그리고 자신을 옳은 사람처럼 보이려고 이렇게 묻는다.

"그러면 누가 나의 이웃입니까?"

선한 사마리아인의 비유는 이 질문에 대한 주님의 대답으로 등장한다.

누가 이웃이냐고? 질문이 틀렸다

대답의 핵심은 "네 생각(질문) 자체가 틀렸다"라는 것이다. 그것을 설명하기 위해 주님은 비유 속에 대제사장과 레위인을 등장시킨다. 이들은 비록 예배 관련 전문직업인이지만, 강도 만난 자를 보자마자 피하여 지나간다. 그를 돌보아준 사람은 뜻밖에도 사마리아인이었다.

비유를 끝내며 주님은 묻는다.

"누가 이 강도 만난 사람의 이웃이 되겠느냐?"

율법사가 "누가 내 이웃인지?"를 물었으니 "누가 이웃이다"라고 대답하면 된다. 그런데 주님은 그렇게 대답하지 않고 "누가 이 사람의 이웃이 되어주었느냐"라고 거꾸로 물으신다.

초점이 딱 맞지 않는 것 같은 대답을 통해, 주님은 오히려 중요한 말씀을 하신다. 무슨 말씀일까? "너희들은 누가 이웃이고 아닌지에 관심이 있지만, 그러나 그건 옳지 않은 질문이다. 사람 중에는 이웃과 이웃 아닌 사람이 있는 게 아니라, 오직 이웃이 되어주는 사람과 이웃이 되기를 거부하는 사람이 있을 뿐"이라는 말씀이다. 그러니 "너희는 가서 곤경당한 자들에게 이웃이 되어주라"는 것이다.

결국 주님은 구약으로부터 줄곧 말씀하시던 공의와 정의가 있는 삶, 즉 외모(민족, 학벌, 재산, 지위)로 사람을 차별하지 않고, 그저 이웃의 형편과 처지에 공감하고 반응하며 살라는 것이다. 사실 오늘 우리 주변에는 강도 만난 것 같은 사람들이 너무나 많다.

우리 목사님은 좌파인가?

그런데 이런 본문을 가지고 '공의와 정의'를 설교하면서, '강도 만난 자'에 담긴 뜻을 사회적 약자들로 구체적으로 확장하면 교인들은 금세 '우리 목사님 좌파인 모양이야'라고 생각한다.

안타까운 것은, 일부 교인들이 성경의 가르침과 좌파를 구별도 하지 못한다는 것이다. 심지어 일부 목사들까지 그렇다. 어떻게 긍휼과 좌파가 같은 것인가?

성경과 마르크스-레닌 계열의 사회주의는 완전히 다르다. 성경은 너무나 자주 고아와 과부 같은 사회적 약자에 대해 말한다. 하지만 그것이 정치적 사회주의를 지지하는 것은 아니다.

성경은 따뜻한 이야기이지만, 마르크스-레닌 계열의 사회주의는 살벌하다. 그런 극단의 사회주의는 따뜻하게 보듬기보다 오히려 심한 분열과 갈등을 가져온다. 그들의 운동 에너지는 유산자, 즉 자본가와 많이 가진 자에 대한 증오와 적개심이다. 근본적으로 계급론이다. 세상을 기본적으로 자본가와 노동자라는 두 계급으로 본다. 세상에 고아와 과부가 있는 이유를 자본가의 탐욕 때문이라고 보는 것이다. 그러니 그들에게 그 모순을 해결하는 방법은 계급투쟁뿐이다.

그렇다고 그 반대쪽으로 도망쳐도 큰 소용이 없다. 자유주의 우파라고 크게 다르지 않기 때문이다. 자유주의 우파는 그 '자유'로 인해 사회에 활력을 가져오지만, 그런 자유는 여건을 갖춘 사람들에게나 자유이지 그렇지 못한 사람에게는 자유가 아니라 오히려 소외를 불러온다. 누구에겐 자유일지 몰라도 또 다른 누군가에겐 소외라는 것이다. 오죽하면 사회적 약자를 지칭하는 표현도 'marginal people' 즉 '여백(도시로 치면 변두리 또는 교외)에서 사는 사람들'이겠는가? 그들은 여백에 얹혀서 살 뿐, 그 페이지에 기록된 주요 이야기와는 아무 상관이 없다는 것이다.

선한 사마리아인의 비유는 이런 여백의 사람들에게 관심을 가지고, 그들의 아픔에 공감하며 다가가 치유하라는 말씀이다.

'많은 활동'이 곧 '실천'은 아니다

그런데 또 성경을 읽다 보면, 우리는 그 비유 다음에 나오는 마리아와 마르다 이야기에 놀란다. 왜냐하면 그 이야기는 실천을 강조한 선한 사마리아인의 비유와 상반되는 느낌을 주기 때문이다. 앞에서는 "너도 가서 이같이 하라"고 실천을 강조했는데, 여기서는 오히려 열심히 일하는 마르다가 창피를 당하는 것 같고, 어이없게도 아무 일도 안 하는 마리아가 칭찬을 듣는다.

하지만 이것은 모순되는 이야기가 아니다. 성경은 이것을 통해 우리의 실천이 무엇과 균형을 이루어야 하는지를 보여준다. 우리의 실천은 주님 앞에 머물러 조용히 주님을 바라보는 데서 출발해야 한다는 것이다. 기독교의 실천은 성급하고 경솔한 활동이 아니라, 차분히 주님과 깊이 교제하는 데서 시작되어야 한다는 것이다. 이것은 단순히 기도를 많이 하라는 말이 아니다.

단순히 열정과 분량만 내세우는 우리의 기도는 마리아의 모습과 동떨어진 모습일 때가 많다. 오히려 제멋대로 일을 벌여놓고 안 도와준다고 떼를 쓰는 마르다의 모습에 더 가까울 때도 많다.

주님 앞에 앉은 마리아의 모습은 단순히 기도를 많이 한다는 게 아니라, 주님 앞에 머물러 그분의 성품과 인격을 깊이 응시하면서, 그분으로부터 듣고 배우는 것이다. 주님도 말씀하셨다.

나는 마음이 온유하고 겸손하니 나의 멍에를 메고 내게 배우라 그리하면 너희 마음이 쉼을 얻으리니 _마 11:29

그리스도인은 세상과 이웃을 위해 일해야 한다. 실천해야 하는 것이다. 그러나 무슨 일을 시작하기 전에 주님부터 배우는 게 중요하지 않은가?

조용히 주님 앞에 머무는 시간의 유익

|

그렇다면 주님 앞에 머물러 주님을 바라보면서 그분께 듣는 그 시간에 어떤 일이 일어나는가?

- 하나, 주님의 아름다움을 봄으로써 그분을 사랑하게 된다.
- 둘, 그 아름다움을 통해 영혼의 쉼과 회복을 경험한다. 그것은 사람들이 주말이면 산이나 들로 가는 이유와 같다. 사람들은 왜 주말마다 산으로 가는가? 자연의 아름다움과 청량함을 볼 때 치유와 회복을 경험하기 때문이다. 그 자연은 주님이 지으신 것이다. 우리 주님께 진정한 아름다움과 신선함이 있다는 말이다. 사실 주님 안에는 세상에서 가장 온전한 진선미(眞善美)가 있다. 그러므로 우리가 그분을 깊이 뵐 때, 우리 영혼은 새 힘을 얻는다.
- 셋, 우리는 아름다움과 선하심을 보면서 그것을 배운다. 아름다움을 분별하려면 아름다운 것을 많이 보아야 한다. 수준 높은 아름다움을 보면 아름답지 못한 것이 무엇인지를 저절로 알게 된다. 선에 대해서도 마찬가지다. 무엇이 선인지 알려면 정말 선한 것을 많이 보아야 한다. 그럴 때 우리는 무엇이 잘못인지를 저절로 느끼게 된다. 정치적 실천에서도 마찬가지다. 따라서 우리는 실천에 앞서 먼저 주님 앞에 나아가 그분 앞에

정치 공간에 그리스도인으로 서기

앉아서 차분히 그분을 바라보아야 한다. 주님은 선한 사마리아인의 비유를 마치고서 "너희도 가서 그렇게 하라"고 하셨다. 하지만 그때에도 먼저 예수님을 깊이 묵상하여야 한다. 왜 그럴까? 주님이 우리에게 진정한 사마리아인이시기 때문이다.

• 넷, 우리는 주님 앞에 앉아서 그분을 바라볼 때 주님의 시각을 배운다. 그분의 시각은 지으신 모든 것을 향한 따뜻한 시각이다.

• 다섯, 그 앞에 머물러 그 아름다운 섬김을 보면, 우리는 겸손하게 되고 또 감사하게 된다.

• 여섯, 주님 앞에 머물면 우리 안에 한껏 부풀었던 욕망들은 제자리로 돌아가게 되고 잘못된 충동들도 다스려진다. 이런 과정 없이 활동부터 하면 모든 것이 뒤죽박죽되기 쉽다. 그분의 아름다움에서 오는 감동이 아니라 자신의 교양과 도덕심과 계획이 앞장서게 되어, 결국 마르다처럼 남을 비난하며 정죄하게 된다.

• 일곱, 주님을 바라보며 그 앞에 머물면 세상의 갈채와 환호 속에서도 길을 잃지 않게 된다. 더 이상 지지자의 숫자에 연연하거나 그것을 정당성의 근거로 삼지 않을 것이다. 꽤 많은 지지자들이 모여서 함성을 질렀다고 해서, 그것을 정당성의 근거로 삼는 우를 범치 않을 것이다. 그런 논법으로 모든 걸 정당화하면 반대편 사람들도 거리로 뛰쳐나오지 않을 수 없게 된다.

연기같이 사라지는 사람들의 환호와 갈채를 자신에 대한 긍정의 근거로 삼는 것은 어리석은 일이다. 얼마나 많은 연예인들이 그러다가 박수가 그치는 순간 삶의 의미를 잃고 목숨을 끊었는가?

'신 앞의 단독자'로 서라

주님 앞에 나아가 그분께 초점을 맞추면 그렇게 하지 않게 된다. 주님으로부터 깊이 배우기 때문이다.

오병이어로 5천 명을 먹이셨던 어느 날, 사람들은 그를 왕으로 삼으려고 했다. 하지만 주님은 지지자들의 숫자에 마음이 흔들리지 않았다. 그것을 하늘의 뜻으로 보지 않았다. 오히려 서둘러 제자들을 바다 건너로 보내고 자신은 산으로 올라가셨다. 조용히 아버지 앞에 나아가 그분을 바라보기 위함이었다. 그렇게 사셨기에, 어느 날 사람들의 갈채가 끊어지고 그 갈채가 "못 박으라"는 함성으로 돌변했을 때에도, 주님은 평정심을 잃지 않았다. 주체할 수 없는 눈물을 흘리며 무너져 내리지 않았다. 어떻게 그러실 수 있었을까? 어떻게 그렇게 평정심을 유지할 수 있었을까? 평소 진리이신 아버지께 나아가 그분 앞에 머물러, 그분께만 집중하셨기 때문이다.

'신 앞의 단독자'라는 개념으로 잘 알려진 키에르케고르는 정치 체제의 중대한 변화를 둘러싸고 민심이 소용돌이치던 시대를 살았다. 그는 그 소용돌이 속에서 대중주의의 위험을 직감했다. 사람들이 무리를 지어 정치적·사회적 요구를 쏟아내는 과정을 보면서, 인간 내면의 폭력성이 위험스럽게 어른거리는 것을 보았다. 그때 그가 느낀 것은 모두가 먼저 하나님 앞에 단독자가 되어야 한다는 것이었다. 정치적·사회적 운동은 늘 대중을 향해 손짓하지만, 대중은 윤리적 심판자가 되기에 너무나 감정적이기 때문이다.

그는 홀로 하나님 앞에 설 줄 아는 사람들만이 참된 공동체의 출발점이 될 수 있다고 보았다. 그분 앞에 설 때 자신의 추악함을 알고, 그분의 두루 따뜻하고 균형 잡힌 시각에 비추어 볼 때 자신의 이기적 편협함을 보게 되기 때문이다. 하지만 그렇지 않다면, 아니 그렇게 되지 못하기 때문에, 사람은 아무리 많이 모여도 하나님이 될 수 없고, 그 분노는 아무리 많이 모아도 정의가 될 수 없다.

광장의 대결이 한창 뜨거울 때, 혹자는 "집단지성이 이루어가는 위대함을 보라"고 열광했다. 집단지성에 대한 신뢰는 '집단은 개인보다 현명하다'라는 기대에 근거를 두고 있다. 개인이 잘 모르는 것도 집단으로 해결해가면 옳은 답을 얻게 된다는 것이다. 대체로 옳은 말이다.

하지만 집단지성의 커다란 약점은 그 가운데 한두 사람의 '전문적' 선동가가 낄 때 손쉽게 악마로 돌변하기도 한다는 것이다. 그렇기 때문에 우리는 군중 속에서도 늘 깨어 있어야 한다.

문제는 오늘 우리의 교회들에서 마리아처럼 주님 앞에 나아가 그분 앞에 앉아서, 조용히 '선한 사마리아인 되신 주님'을 바라보며 들음으로써, 그분에게서 우러나는 설교를 들을 수 있는가 하는 것이다. 오늘의 위기의 중심에는 그것 없이 화려한 수사와 기법만 있는 강단이 있지 않을까 생각해본다.

PART

2

그리스도인의
생각의 출발점

7.
이데올로기에 물든 청중,
무엇으로 설득할까?

¹너희는 자기를 위하여 우상을 만들지 말지니 조각한 것이나 주상을 세우지 말며 너희 땅에 조각한 석상을 세우고 그에게 경배하지 말라 나는 너희의 하나님 여호와임이니라 ²너희는 내 안식일을 지키며 내 성소를 경외하라 나는 여호와이니라 ³너희가 내 규례와 계명을 준행하면 ⁴내가 너희에게 철따라 비를 주리니 땅은 그 산물을 내고 밭의 나무는 열매를 맺으리라 ⁵너희의 타작은 포도 딸 때까지 미치며 너희의 포도 따는 것은 파종할 때까지 미치리니 너희가 음식을 배불리 먹고 너희의 땅에 안전하게 거주하리라 ⁶내가 그 땅에 평화를 줄 것인즉 너희가 누울 때 너희를 두렵게 할 자가 없을 것이며 내가 사나운 짐승을 그 땅에서 제할 것이요 칼이 너희의 땅에 두루 행하지 아니할 것이며 ⁷너희의 원수들을 쫓으리니 그들이 너희 앞에서 칼에 엎드러질 것이라 _레 26:1–7

지금 우리는 엄청난 어려움 속에 있다. 코로나로 인해 겪는 어려움도 어려움이지만, 무엇보다 나라의 정치 상황으로 인해서 더욱 고통받고 있다. 정치의 갈등은 기본적으로 시대가 변하고 있기 때문에 생기는 자연스러운 현상이기도 하다. 지금 우리의 시대, 그리고 앞으로 예견되는 시대가 이전과 같지 않은 것이다. 모든 것이 변했다. 그리고 또 더욱 변할 것이다. 그렇기 때문에 사람들은 이전의 패러다임을 더 이상 신뢰하지 않는다.

새로운 시대 상황은 새로운 패러다임의 정치를 요구한다. 다들 살아남아야 하니까 의견이 다양하고 격렬할 수밖에 없다. 이전의 패러다임을 지키려는 사람, 기존의 것을 유지하면서 필요한 만큼만 바꾸자는 사람, 아예 이참에 판을 바꾸자는 사람들이 제각각 있기 마련이다.

무조건 기존의 패러다임을 지키자는 의견은 옳지 않을 것이다. 기존의 생각은 어느 정도 늘 다시 생각해보아야 한다. 그렇다면 얼마만큼 지키고 또 얼마를 바꿀 것인가? 의견이 다양할 것이다. 어느 정도의 일리는 다 있을 것이다. 하지만 어느 편에 손을 들어주든, 중요한 것은 당신이 그 편을 드는 이유다.

판을 아예 바꾸자는 사람들도 생각이 다 같지는 않다. 그 주장을 순수하게 하는 사람도 있겠고, 자신의 실패와 그로 인한 고통스러운 현실을 죄다 남 탓으로 돌리면서, 이참에 판을 바꾸자는 사람도 있을 것이다. 좌절감을 이해는 하지만, 그 실패가 사회구조적으로 기울어진 운동장 때문인지, 개인의 지나친 욕심이나 어리석음 때문인지에 따라 생각해야 할 방향 또한 다를 것이다. 이런 때 그리스도인은 어떤 입장을 가져야 할까? 이런 때 성경에서 답을 찾는 것은 너무 진부한 행동일까?

성경 말씀이 자기 마음에 안 들 때

사실 성경을 통해 답을 찾는 일은 너무나 중요한데도 대부분은 그렇게 하지 않는다. 그렇게 하지 않는 이유는 성경이 오늘날에도 답이 될 것이라는 믿음이 부족하기 때문이다. 21세기를 살고 있는 우리에게 성경이 너무 고대의 책으로 느껴지는 것이다. 그러나 사실 성경은 이 모든 것에 대해 이 세상에 존재하는 그 어떤 것보다 귀한 지침이 된다. 물론 오늘날과 같은 현대적 이슈를 직접 거론하며 대답하고 있지는 않지만, 그것들이 어떻게 다루어져야 하는지에 대해서는 가장 올바른 시각과 원리를 제공한다. 그 성경의 말씀이 누군가의 마음에 들지 않을 수는 있다. 좌와 우로 나뉘어 싸우고 있는 상황에서는 성경 말씀이 한편으론 마음에 들지만, 다른 대목에서는 거슬릴 수도 있다. 그러나 기억하라! 말씀은 설교자인 필자에게조차 마음에 안 들 때가 있다는 것을….

사람들은 오해한다. '설교자가 자신이 사는 만큼을 말하거나, 자기 생각과 같은 것을 말할 것'이라고…. 그래서 '설교자가 저렇게 설교하는 것을 보니 목사님도 저쪽인 모양'이라고! 물론 그럴 수도 있을 것이다. 그러나 필자는 그렇게 설교하려 하지 않는다.

필자는 종종 성경 말씀이 나의 생각과 너무도 다르다는 사실을 발견하고는 당황한다. 그래서 때로는 설교하는 나조차 내가 설교하는 그것이 100퍼센트 마음에 들지 않을 때가 있다. 하지만 설교자는 자기 생각과 다르고 마음에도 안 드는 그 말씀을 설교해야 한다. 왜냐하면 설교란 설교자의 생각을 말하는 것이 아닐 뿐 아니라, 사실 우리의 생각도 항상 어딘가에 치우쳐 있기 때문이다.

나의 생각은 내가 어릴 때 여유 있는 집에서 여유있게 자랐는지, 아니면 가난이 찌든 집에서 태어나 돈 때문에 얼마나 설움을 겪었는지에 따라 다르다. 또, 현재 내가 여유 있는 상황인지, 아니면 쪼들리고 불안한 상황인지에 따라 다르다.

주택 정책만 하더라도 그렇지 않나? 필자는 이 글을 쓰는 현재 필자 명의의 집을 가지고 있지 않기에 집값이 폭락하기를 바란다! 그러나 여러분 중에 집이 두 채인 사람, 갭 투자를 한 사람, 대출받아서 집을 산 사람은 집값이 오르기를 바랄 것이다. 한 채만 있는 분은 그보다는 온건한 입장이겠다. 집값이 오르든지 안 오르든지 '그냥 살 집이니까' 하는 분도 있을 것이고, "물론 오르면 좋지만, 안 올라도 괜찮아요" 하는 정도의 입장일 것이다. 그게 사람이 착해서가 아니라, 물질적으로 소유한 조건이 그렇기 때문에 그렇게 생각하는 것이다.

양보 운전을 잘하는 것이 심성이 착해서 그럴 수도 있지만, 약속 시간을 잘못 알고 30분 일찍 출발하는 바람에 길에서 시간을 죽이느라 그러는 사람도 있다.

그런 점에서 유물론이 전혀 터무니없는 소리는 아니다. 물론 그것이 물질을 만물의 근원으로 보고, 모든 정신 현상도 단지 물질적 작용이나 그 산물이라고 주장하는 점에서는 말도 안 되지만, 그러나 인간의 사회적 행동에 관하여, 중요 생산수단을 어떻게 소유하고 있는지에 따라 입장과 생각이 달라진다는 것을 관찰해서 말한 점은 일리가 있다! 어렵게 말해서 그렇지, 쉽게 예를 들어 말하면, 이 시대의 사람들이 주식이나 부동산을 가지고 엄청난 수입을 올리고 있다고 하는데, 그런 점에서 나는 그런 흐름에 동참할 수 있는 입장인지, 아니면 완전히 소외되어 있는지에 따라 사람의 생각과 감정이 바뀐다고 생각한다. 선과 악에 대한 판단이라는 것조차 경제적 입장에 따라 바뀐다는 말이다.

그러나, 유물론에 따르는 자들의 말에 대해 전부 수긍할 수 있나? 인간 존재 자체를 유물적으로 규정하는 일은 긍정할 수 없지만, 사회학적으로 인간이 그렇게 생각하고 행동한다는 것을 어느 정도라도 인정할 수 있다면 어떤 결론이 나는가? 일반적으로 사람들이 하는 정치경제적 주장은 자신이 처한 물질적 조건을 반영하고 있는 것이지 객관적 진리가 아니라는 것이다. 당신이 어떤 입장을 가지고 있든 그것이 진리라는 보장이 없다는 것이다.

각 사람의 입장이 그러하니 설교가 '여러분의' 마음에 드는지 안 드는지는 전혀 중요하지 않다. 그 설교가 설교자 본인의 마음에 드는지 안 드는지도 중요하지 않다. 필자는 앞으로 계속되는 이 긴 글(설교)을 그런 마음으로 준비한다. 이 글을 통해 필자의 생각을 말하려 하지 않는다. 오히려 많은 부분에서 내 생각과 다른, 혹은 '내 마음에 안 드는' 하나님의 말씀, 그러나 생각해보면 너무나 아름답고, 지나고 보면 언제나 옳은 하나님의 말씀을 전하려 한다.

성경에 답이 있을 거라는 기대

이렇게 답을 얻을 것이라는 기대를 가지고 성경에 다가가는 것이 왜 중요한가? 지금 우리의 현실은 각자 자기 생각을 극단적으로 주장하며, 다른 진영의 사람들을 극단적으로 몰아붙이고 있기 때문이다. 그렇게 해서는 대립과 투쟁만 있지 해결은 없을 것이다. 기준이 없기 때문이다.

정말 중요한 것은 하나님의 말씀, 그분의 생각이다. 필요한 것은 우리 모두가 그분의 뜻을 깊이 우려내어 차처럼 같이 마시며, 그것을 기준으로 생각을 조정해나가는 것이다. 오늘과 같이 첨예한 갈등 속에서는 더욱 그렇다. 그리스도인이 해야 할 역할이 그것이다. 직접 정치에 몸을 담든, 아니면 직장에서 정치 이야기를 하든, 하나님의 말씀의 입장을 알고 그 위에 서서 생각하고 말하는 것이다. 그러기 위해 중요한 것은 하나님의 뜻을 아는 일이다. 사회적 이슈들에 대해 하나님의 뜻을 이해하는 것이다. 자칫 내 생각을 입힌 하나님의 뜻이거나, 내 생각을 둔갑시킨 하나님의 뜻이 아니라, 내 생각과 다른, 혹은 내 생각과 반대일 수 있는 하나님의 뜻을 찾는 작업을 해야 하는 것이다. 그리고 끝없이 그 뜻에 나도 여러분도 맞추어가야 한다. 현실적으로 어느 정당과 노선에 몸을 담았을 때에도 말씀을 따라 끊임없이 자기를 조정해가야 한다.

우리는 자라온 환경이나 현재의 경제적 조건 때문에 왼편이나 오른편에 설 수 있지만, 우리가 서 있는 그 자리가 하나님의 뜻과 얼마든지 다를 수 있음을 알아서, 말씀을 기준으로 자신을 살피며 수렴해가면 이렇게까지 서로 원수같이 과격하게 '내란선동적'인 정치를 하지 않아도 될 것이다. 매스컴과 시민단체와 댓글부대들의 국민 갈라치기에 말려들어 속수무책으로 괴물로 변해가지도 않을 것이다. 한쪽 국민을 들어 다른 국민을 치게 하는 선동적인 정치, 갈등을 증폭시켜서 반사이익을 취하는 방식에는 가담도 하지 않을 것이다.

말씀으로 깨어 있다는 것

|

그렇다면 이렇게 노골적인 편가름과 자기 편 챙기기를 반복하고 있는 현실을 바꾸기 위해서 기독교인들은 어떻게 되어야 할까? 날이 갈수록 대중을 가르고 그 간격을 더욱 넓혀, 결국 국민이 다른 국민을 더 적으로 느끼게 하는 일을 멈추게 할 방법은 무엇일까? 기독교인들이 '말씀으로 깨어 있는 것'이다. '말씀으로 깨어 있다'라는 것은 이런 것이다.

- 하나, 말씀의 뜻을 아는 일의 가치를 늘 높이 평가하고 그 일에 헌신하는 것이다.
- 둘, 하나님이 이런 이슈들에 대해 무어라고 말씀하시는지에 대해 깊이 있게 이해하고, 또 이해하려고 발버둥치는 것을 말한다.
- 셋, 하나님의 뜻이 자신의 생각과 같을 것이라고 편리하게 생각하는 것이 아니라, 당연히 자신의 생각과 다를 것임을 인식하고 주의깊게 살피는 것이다.
- 넷, '이 말씀이 진리구나', '이 말씀이 살리는 것이구나', '그 뜻을 따르는 것이 우리의 행복이구나'라는 확신 아래에서, 그 뜻을 기준으로 자신의 생각을 정리하고 수렴해가는 것이다.

자신의 생각과 입장이 자신이 경험해온 경제적 배경과 조건에 의해 좌우되는 것임을 알아서 자기 입장을 극단적으로 주장하지 말고, 온 세상을 향한 그분의 마음이 무엇인지를 알아서 그것을 중심으로 입장을 반성(反省)해가면, 비록 정권(政權)이야 상황에 따라 좌와 우를 왔다 갔다 할지라도, 좌나 우라는 둘은 멀어지기보다 서로 가까워질 것이다. 좌우로 흔들리는 추는 계속 흔들리지만, 그 운동이 중심점을 인식하고 있는 한, 그 운동은 점차 진폭을 줄이고 중심에 다가가는 것처럼 말이다. 물론 또 충격(변화)이 주어지면 다시 잠깐 좌우로 흔들리겠지만, 수렴해야 할 중심점을 알고 있다면 다시 그곳으로 수렴하는 것이다.

현실적으로 어느 정치적 집단에 속하지 않을 수 없다 하더라도, 그리스도인은 그 집단에 완전히 속해 버리는 것이 아니다. 그 집단을 하나님이 말씀하신 '그 지점'으로 돌아가게 하는 힘이 되어야 한다. 기도하고 말씀 보고 찬송하는 것을 전부로 삼고서 다른 모든 것에 대해 무관심하다가, 그저 예배드리기에 좀 불편해졌다고 '종교탄압'이라는 소리를 내고, 그것만 해결되면 다시 어떤 사회적 이슈에도 관심이 없는 상태로 돌아가는 존재가 아니라, 우리가 처해 있는 곳에서, 우리가 속한 그곳이 성경적 중심을 향해 움직이게 하는 힘이 되어야 하는 것이다.

길게 이야기했지만, 핵심은 두 가지다.

첫째, 우리 각자의 입장은 진리가 아니라는 것이다. 그것은 단지 자신이 처해온 배경과 상황이라는 좁디좁은 입장을 반영하는 일시적 의견일 뿐이다.

둘째, 세상은 늘 혼란스러운 상황이지만 기준은 있다는 것이다. 우리 각자의 입장과 확연히 구분되는 영원히 진리인 '입장'이 있다는 것이다. 그것은 창조주 하나님의 뜻이다.

'창조주 하나님의 뜻'이라는 표현은 그 자체로 몇 가지를 자명하게 한다.

- 하나, 그 뜻이 완전하다는 것이다. ('하나님'의 뜻이니까!)
- 둘, 그 뜻은 영원히 진리라는 것이다. ('영원하신' 하나님의 뜻이니까!)
- 셋, 그것은 공평하다는 것이다. ('창조주'의 뜻이기에, 각자의 입장을 주로 반영하는 우리 각자의 뜻과 달리 피조물 전체를 염두에 두고 사랑하는 입장이기에!)

하나님의 뜻이 '본질상 영원하고 완전하며 공평하다'는 것은, 오늘과 같은 상황에서도 말씀이 케케묵은 것이 아니라 여전히 현대적이며 답이 되는 말씀이라는 뜻이다. 이것은 답을 찾는 우리에게 너무나 중요한 것이다.

누구의 입장이 기준이 될 것인가?

|

우리는 지금 우리 사회가 이전에 한 번도 경험해보지 못한 상황을 맞고 있다. 기술의 발전으로 성장은 하되 고용이 없고, 고용이 없기에 수많은 사람들은 이 순간에도 실업자가 되기 위해 태어나는 것처럼 되어버렸다. 하지만 성장은 하고 있기에, 이 순간에도 부(富)는 누군가의 손으로 흘러 들어가고 있다. 사회는 극단적으로 양극화되고, 젊은이들은 꿈을 펼쳐보기도 전에 시들어간다.

2020년 OECD 통계에 따르면 한국인의 우울증 유병률은 36.8 퍼센트로 조사대상국 중에서 가장 높다고 한다. 늘 비교당하고, 그래서 이를 악물고 치열하게 경쟁해보지만, 몇 년째 취업이 보장되지 않는 불확실한 상황에서 경쟁하는 상황은 젊은이들로 하여금 절망을 느끼게 할 수밖에 없다. 무얼 해야 더 나은 미래를 만들어낼 수 있는지를 알 수 없는 상태에 내동댕이쳐진 느낌인 것이다. 지금 우리의 상황은 한 개인이 열심히 노력했느냐 안 했느냐를 따질 수 없다.

상황이 이렇게 변했는데 낡은 이념으로 정치할 수 있겠나? 새로운 패러다임이 필요하다. 하지만 수많은 사람들의 수없이 다양한 주장에 대해 옳고 그름을 무엇으로 판단할까? 각자 자기 상황만 대변하는 좁디좁은 목소리들 가운데에서 누구의 입장이 기준이 될 것인가? 기업가의 입장인가? 노동자의 입장인가? 아니면 정치인의 입장인가? 기준이 없다!

기준이 없는 상황에서는 흔히 목소리가 큰 사람이 기준이 된다. 여론을 조작할 수 있는 사람이 우위에 선다는 말이기도 하다. 그렇기 때문에 다수가 지지하는 여론도 잘 판단해보아야 한다. 그러자니 기준이 필요한 것이다. 모든 것을 판단할 '참된' 가치관이 있어야 하는 것이다.

여기에 하나님의 말씀이 있다! 말씀이 기준이 될 수 있는 것이다. 왜냐하면 말씀은 창조주의 뜻이기 때문이다. 그러므로 말씀은 영원히 완전하며 영원히 공평하고, 따라서 이렇게 복잡하게 바뀐 요즘 세상에서도 여전히 기준이 될 수 있다.

우리가 그분의 뜻을 피상적으로 '십일조 하라' '주일성수하라'는 정도로만 알지 않고, 그 명령들이 가지는 사회적 의미와 그 말씀이 얼마나 아름답고 완전한지를 충분히 이해하기만 한다면, 그리스도인은 모든 상황에서도 기준을 가진 사람들이 되는 것이다.

그리스도인이 하나님의 말씀을 그런 식으로 이해했더라면, 기독교인이 우리 사회에서 이런 상태에 있지 않았을 것이고, 우리 사회도 달라졌을 것이다. 그것을 바로 이해했다면, 기독교인들이 어느 한 정당에 목숨 걸지 않을 것이다. 정당에 소속하지 않는다는 말이 아니라, 정당에 몸담을 수는 있지만, 그들이 변질할 때 그들을 비판하는 양심 세력이 될 것이라는 말이다. 어떤 일에 있어서도 무조건 눈감고 특정인을 지지하는 괴물은 되지 않을 것이다. 마치 특정 지도자가 구세주라도 되는 듯, 무조건 지지하는 우상숭배자는 되지 않을 것이다.

무서운 세상 되지 않으려면

이 장에서는 '우리가 이렇게 현저히 변화된 시대에도 이 시대의 갈등과 문제에 대한 답을 왜 고대의 책인 성경에서 찾아야 하는지'에 대해 살펴보았다. 그것을 살펴본 이유는, 지금 우리에게 필요한 것이 '말씀에 대한 확신'이기 때문이다. '오늘도 말씀이 답'이라는 확신이 필요한 것이다. 이 말씀으로 천지가 만들어졌고, 그 말씀을 담은 법궤를 앞세워 요단강을 갈랐고, 그 말씀을 따라 성을 돌 때 여리고 성이 무너졌다. 그 말씀은 지금도 말한다.

> ³너희가 내 규례와 계명을 준행하면 ⁴내가 너희에게 철따라 비를 주리니 땅은 그 산물을 내고 밭의 나무는 열매를 맺으리라 ⁵너희의 타작은 포도 딸 때까지 미치며 너희의 포도 따는 것은 파종할 때까지 미치리니 너희가 음식을 배불리 먹고 너희의 땅에 안전하게 거주하리라 ⁶내가 그 땅에 평화를 줄 것인즉 너희가 누울 때 너희를 두렵게 할 자가 없을 것이며… _레 26:3-6

사람들은 지금 불안해하고 두려워하고 있다. 무엇이 두려운

가? 미래가 두렵고 외적이 두렵고, 경제적 파고와 불황이 두렵다. 심지어 자기와 다른 이념의 사람들이 두렵다. 좌파는 우파를 불신하고 두려워하고, 우파는 좌파를 불신하며 두려워한다. 심지어 북한 공산당보다 그들이 더 현실적인 위협이라고 생각한다. 비극이다.

그런데 하나님은 말씀하신다. 이렇게 하면 '너희를 두렵게 할 자가 없을 것'이라고…. 말씀에 답이 있으니 말씀에서 답을 찾으라는 거다! 그 안에 생산성과 개인적 사회적 안전과 평화, 즉 샬롬이 있다고 한다!

'그 땅'(가나안)이 원래 어떤 땅인가? 약육강식의 땅이었다. 갈등과 폭력이 횡행하던 땅이다. 강력한 문명의 충돌지점이어서 미래가 항상 불안하던 땅이다. 어떤 점에서는 샬롬이 있기가 가장 어려운 지정학적 조건을 가진 땅이다.

레위기는 하나님이 이스라엘 백성을 바로 그런 곳으로 들여보내면서 주신 말씀이다. 그곳이 젖과 꿀이 흐르는 땅이 되게 할 것이라면서…. 그러니 오늘 우리도 그 말씀을 들여다보아야 하지 않겠는가? "너희가 내 규례와 계명을 준행하면"이라고 하셨는데, 그렇다면 그 '규례와 계명'이 무엇인지 들여다보아야 하지 않겠는가?

8.
이런 첨단 시대에
왜 레위기인가?

레 26:1-7

해마다 새해 첫날을 맞는 풍습은 참 다양하다. 중국은 폭죽을 터뜨리고, 스페인은 새해 12초 전에 청포도 12알을 먹는다고 한다. 덴마크는 친구 집 앞에 가서 접시를 깨고, 우리나라 사람들은 새해 첫날 떠오르는 태양을 보면서 손바닥을 비빈다. 모양은 다르지만, 내용은 다 악귀는 물러가고 좋은 운세가 시작되기를 바라는 것이다.

모습은 저마다 다르지만, 그들이 다양한 방식으로 빌며 소원하는 것은 뭘까? 단순히 새해 첫날이 아닐 것이다. 그들이 정말 바

정치 공간에 그리스도인으로 서기

라는 것은 새날이다. 지난 한 해 정말 어려웠던 그런 세월 말고, 진정 새날이 오기를 바라는 것이다.

나라가 두 쪽으로 나뉘어 날이면 날마다 대립하고 싸우지만, 우리 모두가 진정으로 갈망하는 것은 단순히 경쟁에서의 승리가 아니라 새날이다. 그렇다면 그 새날은 어떻게 이루어지나? 필자에게는 이 대목에서 생각나는 말씀이 시편 37편이다.

> ³여호와를 의뢰하고 선을 행하라 땅에 머무는 동안 그의 성실을 먹을 거리로 삼을지어다 ⁴또 여호와를 기뻐하라 그가 네 마음의 소원을 네게 이루어 주시리로다 _시 37:3-4

'네 마음의 소원'이라고 되어 있지만, 그렇다고 그것이 '우리가 마음에 바라기만 하면 뭐든지 다 이루어준다'는 의미에서의 '아무 말 소원 성취'는 아니다. 여기에서 이 '소원'은 우리 존재의 가장 깊은 소원, 즉 우리 존재의 가장 깊은 필요를 의미한다. 사람들이 하나님 앞에 무엇을 소원하더라도, 그 사람의 존재 자체가 바라는 진정한 필요는 그가 인식하고 있는 그것이 아닐 가능성이 많은데, 하나님은 인간의 가장 깊은 필요에 응답하신다는 것이다. 그것은 오늘 우리에게 '새날'이라고도 할 수 있다.

그렇다면 그 새날은 어떻게 이루어지나?

시편 37편에 따르면 여호와를 신뢰하고 선을 행하면 하나님께서 이루어 주신다. '여호와를 의뢰하고 그분을 기뻐한다'라는 말은 그분을 신뢰하고 기뻐함으로, 그분의 길과 방식을 기꺼이 선택하여 담대하게 그 길로 가는 것을 말한다. 그러면 하나님께서 우리 모두의 마음 깊은 소원, 곧 '새날, 새 사회, 새 시대'가 열리게 해 주신다는 말씀이다.

새날은 우리가 그저 새날을 소원해서, 우리가 생각하는 무엇을 시도함으로 되는 것이 아니라, 우리가 하나님을 신뢰하고 그의 길을 기뻐하여 그 길로 담대하게 행하면, 하나님이 우리의 깊은 필요를 채우심으로 더 아름다운 삶, 더 의미있는 날들이 되도록 이루어 주신다는 말이다. 새날은 달력을 바꾼다고 오는 날이 아니라는 말이다. 새해는 되겠지만, 그런다고 새날이 되는 것은 아니다. 새날이란 우리의 안전과 번영과 평화에 대해 우리가 무엇을 믿고 의지할 것인지에 관해 내리는 결단과 선택에 의해 이루어지는 것이지, 태양에게 빌거나 단순히 달력을 넘긴다고 오는 날은 아니다.

불안한 사회, 기준이 없으니 소리만 커진다

요즈음 우리 시대는 이전에 상상할 수 없었던 변화로 인한 극심한 양극화와 미래에 대한 예측 불가능성으로 인해 사람들의 마음이 극도로 불안한 가운데 있다. 봇물처럼 쏟아지는 새 정치에 대한 요구들도, 마음이 불안한 만큼 그 표현들이 날로 격렬해지고 있다. 갈등의 양상은 마치 전쟁 같은데, 그 가운데에서 사람들은 아무런 기준도 없이 소리만 지르고 있다.

도대체 기준은 어디에 있는 걸까? 기준도 없는데 소리만 지르면 이 싸움은 언제 끝난단 말인가? 각자의 주장이 수렴해야 할 기준은 있어야 하는 것이 아닌가? 그리고 그 기준이 있다면, 그것은 어떤 이유로 기준이 될 수 있는 것인가? 대답해주는 사람이 없다!

앞의 글에서는 이 점에서, 서로 함께 이야기할 수 있기 위한 최소한의 공감대를 형성하기 위해 애를 썼다.[4] 그때 언급한 첫 번째는, 우리 중의 누구도 정답이 아님을 이해하자는 것이다. 우리의 주장은 모두 다 우리가 지금까지 살아온 세월과 그 안에서 겪은 성공이나 실패, 기쁨과 설움을 반영하여 나온 것이기에 객관적인 게 아니라는 것이다. 그것은 지금 나의 경제적 상황을 반영하는 입장에 불과할 수 있다.

앞에서 강조한 두 번째는, 성경이 비록 오래된 고대의 책이지

---

4 정치 상황에 관련한 설교를 하고자 할 때 절대 피해야 할 것들이 있는데, 그 중 한두 가지를 언급하자면, 너무 간단하게 말하지 말라는 것과 지나치게 구체적 사안을 언급하는 것은 피하는 게 좋다는 것이다. 특히 설교 중에 한두 마디 언급하는 식으로 넘어가는 것은 극도로 좋지 않은데, 그 이유는 이 사안이 그리 간단하지 않기 때문이다. 각 사람이 각 노선을 지지하는 데에는 각자의 배경과 이유가 있기 때문이다. 그러므로 설교에는 그들의 상황에 대한 공감과 설득이 필요하다. 천천히, 길게, 충분히 나누는 것이 필요하다. 그리고 (몇몇 두드러지게 명확한 사안을 제외하고는) 구체적인 경우에 대해 언급하는 것을 자제해야 하는 것이 좋은 이유는 목사가 구체적인 사안의 전문가는 아니며, 습득한 정보 자체에 한계가 있기 때문이다. 정보나 해당 분야의 식견의 부족에도 불구하고 무리하여 언급하면 설교자가 전하는 '하나님의 말씀'의 권위마저 위협받게 될 것이다. 우선 말씀의 원리를 충분히 가르치고, 그것을 가지고 각자 생각하도록 하는 것이 좋겠다.

만 여전히 현대적이어서, 오늘 이 시대에도 기준이 될 수 있다는 것이다. 특별히 성경에는 영원하신 하나님, 창조주의 생각이 담겨 있다. 그것은 '하나님'의 말씀이기에 영원히 진리이며, '창조주'의 말씀이기에 객관적이고 공평하다. 지으신 만물에 대해 동일하게 애정을 가지고 계시기 때문이다. (그러나 이데올로기는 그렇지 않다.)

바로 그런 점과 관련지어 언급했던 또 한 가지는, 우리의 생각이 항상 그분의 말씀과 다를 가능성이 농후하다는 것이다. 도대체 자신의 생각이 하나님의 말씀과 항상 같을 수 있겠는지, 말씀을 대하는 자신의 습관을 돌아보라! 우리는 말씀을 읽으면서 색연필로 밑줄을 긋지만, 늘 마음에 드는 말씀 밑에만 그러는 경향이 있다. 그러다 보니 마음에 맞는 말씀은 밑줄도 긋고 기억도 하지만, 마음에 안 드는 말씀에 대해서는 그런 말씀이 거기에 있었는지조차 모른다. 그러니 어떤 결과가 오겠는가?

우리의 생각은 하나님의 뜻과 대개 다르다. 한쪽에 치우친 채, 자기 마음에 드는 말씀만 편식해온 우리들의 생각이 하나님의 뜻과 일치할 것이라고 기대하는 건 무리다. 아이러니한 말이긴 한데, 지금 우리에게 꼭 필요한 것은 각자 자기 마음에 안 드는 하나님의 말씀을 듣는 일이다. '태○○ 부대'도 자기 마음에 드는 말씀만 듣지 말고 제대로 된 말씀을 들어야 한다. 그 말씀은 그들의 마음에 들지 않을 것이다. 'O빠'들도 마찬가지다. 그들도 자기 마음에 안 드는 하나님의 말씀을 들어야 한다.

당신은 혹시 하나님의 말씀이 자기가 지지하는 대통령을 지지해줄 것이라고 기대하는 건 아닌가? 아니면 태OO 부대나 거기서 맹활약을 하는 목회자들을 지지해줄 것이라고 기대하지는 않는가? 천만의 말씀이다. 하나님의 뜻이 당신이 지지하는 그들을 지지하기를 기대하지 말라! 그렇게 기대하기보다, 그들이 하나님의 뜻에 따라 끝없이 자신의 생각과 정책을 조정해가기를 소원하고 기대하며 도와줘야 한다. 당신이 어느 노선에 있든 거기서 거수기 노릇하지 말고, 자기가 속한 그 노선이 중심(그리스도)으로 수렴되도록 방향을 잡아주는 균형추가 되어야 한다.

그런데, 왜 하필 레위기?

그렇다면 이제 생각할 것은, 우리가 왜 이런 시점에 다른 책도 아닌 레위기로 돌아가야 하는가 하는 문제이다. 우리가 왜 성경으로 돌아가야 하는지에 대해서는 이해했다 하더라도, 그렇다고 하필 왜 레위기로 돌아가는지 의아할 것이기 때문이다.

레위기는 너무 지루한 책이 아닌가? 온통 제사에 대한 이야기, 정(淨)과 부정(不淨)에 대한 이야기, 비늘 없는 물고기를 먹지 말고, 돼지처럼 새김질을 하지 않는 짐승의 고기도 먹지 말라고 하는 등, 우리 삶과 별 관계없는 것 같은 이야기로 가득한 것이 레위기인데, 그런 레위기로 왜 돌아가느냐 싶은 것이다.

그러나 그건 오해다. 레위기는 우리의 삶과 별 관계가 없는 책이 아니라 너무나 관계가 깊은 책이다. 사실 레위기가 쓰인 상황 자체는 오늘 우리가 겪고 있는 이 현실과 같은 연관성을 가지고 있다. 레위기는, 많은 사람들이 생각하듯, 실생활과 아무 상관도 없는 제사와 정과 부정에 대한 규정으로 가득한 책이 아니다. 그것은 구약 중에서 생활과 가장 밀접한 책이며, 심지어 바로 그런 점에서 구약에서 가장 중요한 책이다.

레위기는 사실 오경의 중심이요 성경의 모든 것을 푸는 열쇠다. 레위기를 무시하는 사람은 마치 열쇠 꾸러미를 들고서 보물 창고를 열고자 하면서, 그 열쇠 중의 하나가 너무 오래된 것처럼 보인다는 이유 하나로 그걸 (성경이라는) 꾸러미에서 뽑아 버리는 사람과 같다. 사실 그 열쇠가 맞는 열쇠인데, 그걸 버린다는 것은 그 창고의 보물을 결코 꺼낼 수 없음을 의미하는 것이다. 레위기가 바로 그 열쇠와 같다. 비록 아주 진부한 책 같아 보이지만, 구약 성경에서 하나님, 예수님의 십자가, 그리고 신자의 삶을 그렇게도 명료하게 열어 보여주는 책은 없다.

레위기의 중요성은 여러 가지 모양으로 확인되는데,[5] 그 중 하

---

5 이것과 관련된 후술(後述) 내용이 좀 어렵고 딱딱하더라도 굳이 설교에 포함한 것은, 이제 연속되는 내용에서 계속 강조할 것이 단순히 설교자의 생각이 아니라 성경의 중심적 메시지라는 인식을 심어 줄 필요가 있기 때문이다. 그 일을 위해 이렇게 컨텍스트를 아는 것이 꼭 필요하기 때문이다. 메시지의 내용이 좀 부담되거나 회중 자신의 입장과 다르더라도, 그 메시지가 설교자의 말이 아니라 성경의 중심적 내용이라는 것을 확신하기 위해서는 오경뿐 아니라 성경 전체가 바로 그것을 말하고 있음

나는 마태복음에 나오는 한 율법사와 예수님의 대화 속에서 확인된다. 한 율법사로부터 받은 "율법 중에 어느 계명이 크니이까?"라는 질문에 대답하면서, 예수님께서 율법을 이렇게 요약하신다. "네 마음과 목숨과 뜻을 다하여 주 너의 하나님을 사랑하고 또 네 이웃을 네 자신같이 사랑하라." 이때 예수님이 율법의 요약으로 제시하신 말씀이 바로 레위기의 말씀이었다.

> 원수를 갚지 말며 동포를 원망하지 말며 네 이웃 사랑하기를 네 자신과 같이 사랑하라 나는 여호와이니라 _레 19:18

예수님이 율법의 핵심으로 제시한 말씀이 레위기의 말씀이라는 것은 결코 우연이 아니다. 그것은 성경 속에서 레위기의 위치를 반영하는 것이다.

오경의 중심 메시지 : 레위기

사실 레위기는 오경의 중심이요 구약 성경의 중심이다. 오경이라 함은 구약 성경 처음 다섯 권의 책을 말한다. 오경의 사건 중에서 가장 중심적인 것은 출애굽 사건이다. 혹자는 창세기의 창조 이

이 확실하게 드러나야 하는 것이다. 성경 속에서 레위기의 중요성을 알고, 그 핵심 내용이 오늘 우리의 삶에도 적용되어야 할 성경적 가치라는 것, 그리고 그런 점에서 현대 정치와도 깊은 관련이 있다는 것을 현대교회가 확신할 필요가 있다.

야기가 더 중요할 것이라고 생각하지만, 그러나 출애굽 이야기가 없다면 창조 이야기는 '어쩌면 그다지' 중요하지 않다. 하나님의 구원 드라마가 없다면 구원받은 백성도 없고 세상에는 희망도 없다는 것인데, 그렇다면 애초에 창조 이야기가 무슨 소용인가? 창세기가 중요한 이유는 출애굽해서 구원받은 백성이 있고, 그들이 왜 출애굽하게 되었는지, 그 사건의 배경을 설명하고 있기 때문이다.

이스라엘, 그들이 원래 누구인지, 왜 애굽에 살게 된 것인지, 그런데 왜 이제는 애굽을 떠나야 하는지, 어디로 가는 것인지, 왜 거기로 가는지…, 그리고 그들을 부르시고 그들에게 약속을 주시고, 그 모든 것을 이루어가시는 하나님은 어떤 분이신지, 이 모든 것을 설명하는 데에 창세기가 필요한 것이다.

레위기와 달리, 오경의 마지막 책인 신명기는 모세가 가나안 입성을 앞둔 이스라엘과 작별하면서 광야 40년 동안의 하나님의 은혜와 그들의 반역의 역사를 반추하는 것이다. 그리하여 이제 그들이 그 땅에 들어가면 어떻게 살아야 할지를 권면하는 내용이다. 하지만 그 역사는 이미 출애굽기과 민수기에 기록된 것들이고, 권면은 대부분 시내산에서 들려주셨던 레위기 말씀의 반복이다. 출애굽 1세대가 광야에서 다 죽어버렸고 이제 2세대가 그 땅으로 들어갈 것이기에, 시내산에서 레위기의 말씀을 듣지 못했던 이들에게 그것을 반복해서 들려주는 것이다. 이는 결국 레위기가 핵심적으로 중요한 '삶의 권면'이라는 말이다.

이렇게 오경의 첫 책(창세기)과 마지막 책(신명기)의 의미를 알고 보면, 오경의 핵심 부분은 가운데 있는 세 권의 책, 즉 출애굽기-레위기-민수기에 분포할 것이라는 추측을 가능하게 한다.

하지만 그 세 권의 책도 자세히 들여다보면, 출애굽기 1장부터 18장까지는 시내산을 향해 가는 여정에 관한 기록이고, 민수기 10장 이후부터 끝까지는 시내산을 출발하여 가나안을 향해 가는 여정이다. 그렇게 보면 출애굽기 19장부터 민수기 9장까지는 그 내용이 장소로 볼 때 시내산에 머물러 있는 동안 있었던 일에 대한 기록이다. 이를 도표로 표현하면 다음과 같다.

출애굽기	레위기	민수기
1장-18장까지: 시내산에 이르는 과정 19장-40장까지: 언약 체결, 성막 지시와 건축		10장 이후: 출발! 가나안을 향한 행군

이것을 장소를 중심으로 다시 정리하면 결국 이렇게 세 부분으로 구분된다.

시내산을 향하여 To the mountain	시내산에서 At the mountain	시내산으로부터 From the mountain
창세기- 출애굽기 18장	출애굽기 18장- 민수기 9장 	민수기 10장- 신명기 끝

이렇게 나누고 보면 우리는 성경의 주요 내용들이 '시내산에서의 언약을 향하고' 있고, 그리고 '그 언약으로부터 시작되고' 있다는 것을 알 수 있다.

시내산에서 일어난 일

그렇다면 '시내산에서'는 무슨 일이 있었나?

제일 중요한 것은 출애굽한 이스라엘이 거기에 모여서 공식적으로 하나님과 언약을 맺었다는 것이다. 그렇게 언약을 맺음으로써, 그들은 이제 세상을 구원하시려는 하나님의 계획과 목적을 위해 특별히 구별된 소유이자 백성, 곧 제사장 나라가 되었다. 마치 훗날 이스라엘의 제도 속에서 제사장들이 특별히 하나님을 더 아는 자로서, 그 백성들 가운데서 말과 삶으로 하나님을 가르치고 그들을 위해 기도하는 것처럼, 세상을 향해 그런 역할을 하도록 부름받은 것이다.

이스라엘이 그렇다는 것은 오늘 교회도 그렇다는 말이다. 교회도 세상 속에서 하나님을 아는 자로서 구별되는 삶을 삶으로써 보이지 않는 하나님을 보이게 하고, 또 세상을 위해 기도하는 사명이 주어진 것이다. 이것이 '모델하우스' 비유의 뜻이다.

시내산에서의 언약 체결은 오경의 중심 사건이다. 이후 시내산에 머무는 동안 그들에게는 성막 건립(출애굽기), 성막과 함께 하는 언약 백성들의 예배와 삶에 대한 지시(레위기), 그리고 다시 출발하기 위한 대열 정비(민수기)가 있었다. 그리고 가나안을 향하여 출발하는 것이다.

이 부분을 표로 만들면 다음과 같다.

시내산에서 At the mountain		
출애굽기	**레위기**	**민수기**
19장-40장까지 : 언약 체결 예식 동거를 위한 준비 -성막 건립 지시 -성막 건립 -완성	하나님과 동거하는 사람들에 대한 지침 제사-죄 문제 해결 하나님과의 관계 회복 삶-하나님나라 모델하우스 속에 담겨야 할 관계와 삶	1-9장 : 출발 준비 대열 정비 (인원 파악 점호) 10장 이후 : 출발! 가나안을 향하여

이렇게 정리해보니 무엇이 느껴지는가? '하나님께서 출애굽한 이스라엘에게 하고 싶었던 말씀의 핵심 내용들이 레위기에

담겨 있겠구나'라는 생각이 들지 않는가? 그렇다. 레위기에 집중적으로 담겨 있다. 그런 점에서 레위기는 오경의 핵심이다. 그들은 시내산에서 하나님과 공식적인 관계를 맺고, 언약의 주(Lord of the covenant)의 지시를 받은 후에 가나안(세상)으로 출발한 것이다.

삶에 대한 레위기의 가르침은 이스라엘 공동체를 남다르게(거룩하게) 하는 가장 중요한 요소다. 그것은 그들이 어떻게 (주변 모두가 보고 있는 가운데) 세상 속에서 하나님을 드러내는 구별된 자들로 살아갈 것인지를 말해준다.

그 책에 담긴 내용

그렇다면 레위기에는 어떤 내용이 담겨 있을까?

우선 전반부, 1장부터 16장까지에는 제사제도에 관련된 내용이 들어 있다. 제사제도에 관한 규정들은 일견 매우 복잡하고 골치 아프게 보이는데, 그러나 그런 규정들이 거기에 쓸데없이 있는 것은 아니다. 그것들은 이스라엘 백성이 공동체 안에서 하나님이나 이웃에게 범죄했을 때, 그 상황을 어떻게 처리하고 회복할 것인지에 대한 말씀이다.

그런 제도가 거기 있다는 것은 그 자체로 시사하는 바가 있다. 첫째, 그들은 비록 구원은 받았지만 아직 완전하지 않으며, 매일 날마다 자비와 용서가 필요한 자들이라는 것이다. 둘째, 그런 그들을 위해 하나님은 이미 모든 제도적 장치(provisions)를 준비해 두고 계시다는 것이다. 즉, 그들이 실수하고 범죄했을 때 쫓겨나지 않고 용서받을 수 있는 길을 열어둔 것이다. 아직 완벽하지 않은 모습 그대로 하나님의 사랑을 잃지 않고 살아갈 수 있도록, 필요한 조치를 마련하신 것이다.

그리고 레위기의 후반부, 17장부터 27장은 출애굽 구원을 경험한 그들이 공동체 내에서 서로를 향해 어떤 태도로 관계를 맺으며 살아가야 하는지에 대한 말씀이다. 그들에게 요구되는 삶의 특징은 한 마디로 표현하면 거룩함 혹은 사랑이고, 두 마디로 표현하면 공의와 정의이다. 서로의 형편과 처지에 대한 공감과 이해, 상호 구조(救助)와 함께 모두에게 공평하고 정당한 사회를 만드는 것이다.

그런데 레위기의 전반부와 후반부, 그 두 가지는 이스라엘 앞에 동시에 놓여 있었다. 우선 전반부의 제사에 대한 말씀으로는 그들 자신이 구원 이후에도 여전히 죄와 허물과 연약함으로 가득 찬 자들이며 매일 용서가 필요한 상태에 있다는 것을 일깨워주고, 그리고 후반부의 말씀으로는 그런 그들이 공동체 내에서 어떻게 공의와 정의를 이루기를 힘쓰는 삶을 살아야 하는지를 보여준다.

허물과 연약함으로 인해 매일 용서를 필요로 하는 자들이 공동체 속에서 공의와 정의의 실현을 위해 노력해야 한다면, 과연 어떻게 살아야 하는 걸까? 하루하루가 자신을 깊이 돌아보는 삶이 아닐 수 없다.[6]

엄청난 구원을 경험하였으나 아직도 매일 주님의 용서가 필요한 그들이 정치를 하면 어떤 정치가가 되어야 하며, 교사를 하면 어떤 교사가 되어야 하고, 재판관이 되면 어떤 재판을 하여야 할까? 그런 우리가 우파가 되면 어떤 우파가 되며, 좌파가 되면 어떤 좌파가 되어야 하겠나? 지금 우리 사회에서 보는 것같이, 덮어 놓고 나는 옳고 너는 틀렸다는 식의 좌파나 우파가 될 수 있을까? 자신의 허물은 무조건 덮어 놓고 집요하게 상대의 허물만 캐는, 그런 개혁자가 될 수 있을까? 필요한 개혁은 하되 겸손한 개혁자, 양심 있는 개혁자가 되지 않을까.

공의와 정의에 대한 요구와 함께 각종 제사에 대한 지침을 담고 있는 레위기는 우리로 하여금 개혁은 하되, 뻔뻔스럽게 남에게만 칼을 들이대는 개혁이 아니라, 자신에게도 많은 허물과 이중성이 있음을 항상 돌아보고 고백하는, 겸손하고 솔직한 개혁자가 되게 할 것이다. 불의와 부정의를 방치하지 않도록 명하면서

---

6 레위기의 이런 얼개는 바울의 로마서와 흡사하다. 바울도 전반부에서 죄사함과 칭의의 은혜를 다 설명한 후에 후반부에서 그것을 자연스레 공동체의 삶과 연결한다. "그러므로 형제들아 내가 하나님의 모든 자비하심으로 너희를 권하노니 너희 몸을 하나님이 기뻐하시는 거룩한 산 제물로 드리라 이는 너희가 드릴 영적 예배니라"(롬 12:1). 바울은 신자에게 개혁된 삶으로 자신의 삶 자체를 제물로 드리라고 권하면서, 그런 삶을 추동하는 동력을 신자라면 경험했을 하나님의 자비하심에서 찾고 있다. 그 자비, 즉 구원이 나의 어떠함이 아니라 하나님의 측량할 수 없는 자비로 말미암았음을 경험한 우리에게, 그 구원이 삶의 갱신과 개혁으로 이어지게 하라고 권면하는 것이다.

도, 우리 자신 또한 동일한 연약함 가운데 있는 존재임을 외면하지 못하도록 하고 있다.

레위기는 단지 고대의 케케묵은 책이 아니다. 그것은 오늘날의 상황에 대해서도 너무나 적실한 책이다. 거기에는 성경의 핵심적 내용들이 다 담겨 있으며, 그런 점에서 신구약 성경을 푸는 열쇠라고 할 수 있다. 신구약 성경의 진리들이 이 한 권의 책 속에 마치 씨앗 속에 있는 배아처럼 들어 있다.

지금 이처럼 혼란스러운 상황에 우리가 고대의 책인 성경으로, 그것도 특별히 레위기로 돌아가는 이유를 알겠는가? 그렇다면 이제 세상 속에서 살아가는 하나님 백성에게서 풍겨 나오는 핵심 가치와 사상의 향취가 무엇인지를 살펴보아야 하겠다.

9.
샬롬의 희망,
우리의 책임

레 26:1-7

바이든 후보가 미국의 제46대 대통령으로 선출되었다. 하지만 2020년 말경 당선과 취임 사이, 권력의 미묘한 공백기에 미국 사회의 갈등은 도를 넘는 모습이었다. 선거 결과에 불만을 품은 트럼프 지지자들이 50개 주에서 무장봉기를 하기로 했다는 보도도 있었다. 워싱턴에 100만 명이 모여 시위를 할 것인데, 그 중에 더러는 총기를 휴대할 것으로 예상되었다. 상황이 통제할 수 없는 방향으로 치달을 것을 염려한 트럼프 대통령은 물러나기 직전에 급기야 워싱턴 봉쇄를 결정했다.

그때 생각해보았다. 만약 100만 명이 모인다면 어떻게 될까? 혹시 그 중에 누구라도 군경을 향해 총을 쏘기라도 한다면 어떻게 될까? 혹시 질서 유지군 측에서 군중을 향해 한 발이라도 발포한다면…. 혹시, 정말 혹시라도 미국을 혼란에 빠뜨리기를 원하는 외부 세력이 어디선가 숨어서 군중을 향해 발포한다면 어떻게 될까? 세계는 한 순간에 혼돈에 빠지지 않을까? 그 혼란을 틈타 지구촌 곳곳에서 동시다발적으로 수많은 국지전이 벌어질지도 모른다. 그리고 그것은 또 걷잡을 수 없이 그 다음 단계로 진행될 수도 있다.

사실 1400만 명이 목숨을 잃고, 700만 명 넘는 군인들을 장애자로 만들어버린 1차 세계대전도 사라예보에서 울린 총성 두 발에 의해 시작되었다. 누가 19살짜리 청년이 쏜 총성 두 발이 세계대전을 불러오리라고 상상이나 했겠나? 당시 민족주의라는 감정의 휘발유가 유럽 전역에 흥건하게 뿌려져 있던 상태에서 누가 성냥을 그었느냐는 중요하지 않았다. 그저 누군가 성냥불을 던졌다는 것만으로 충분했다.

그렇게 오랜 민주주의의 역사를 가진 사회도 그렇게 한 순간에 붕괴의 위기를 맞을 수 있었다면, 우리 사회는 어떨까? 우리 사회에도 적잖게 적대적 감정의 휘발유가 뿌려져 있다. 그런 중에도 양의 가죽을 쓴 정치인들은 입으로는 양 같은 소리를 내면서 실제로는 분열을 자신의 정치적 자산으로 챙기고 있다. 나라가 어떻게 되든 국민을 갈라서라도 정권만 잡으면 된다는 생각을 가진 사람들은 지도자이기는커녕, 아이는 죽어도 좋으니 차라리 아이를 반으로 갈라달라고 요구한 악랄한 여인과 다를 바 없다.

이렇게 갈라져 오늘도 쉼 없이 이념 전쟁을 치르고 있는 우리 사회를 두고 교회는 무엇을 할 수 있을까? 어느 한 이데올로기 편에 서서 성경을 동원하는 것이 아니라 성경의 입장에 서서 그것들을 비판적으로 바라볼 수 있도록 무엇인가를 말해주어야 하는데, 그런 소리가 들리지 않는다. 어느 한 편에 치우쳐 단편적으로 성경을 동원하는 사람들은 많은데, 그들 모두를 떠나 그 사상들을 비판적으로 볼 수 있게 하는 성경적 지점으로 데려가 주는 사람은 보이지 않는다. 성경에서 답을 찾으려는 노력이 보이지 않는 것이다. 안타까운 일이다.

레위기 : 낮은 곳으로 임한 말씀

앞의 글에서는, 성경 특히 오경의 구조 속에서 레위기의 특별한 위치에 대해 말씀드렸다. 레위기는 사실 출애굽이라는 오경의 중심적 사건 가운데 특별히 하나님께서 이스라엘 백성에게 꼭 당부하고자 하신 기본 내용이 집대성된 책이다. 레위기에는 그들이 하나님의 백성으로서 세계 속에서 어떤 존재야 하는지, 그들의 정체성과 가치관, 삶의 규범 등이 압축적으로 나타나 있다. 이 말씀이 오늘 이데올로기 전쟁터에서 살아가는 우리에게도 특별히 중요한 까닭은 가나안에 세워질 이스라엘 공동체와 주변 세상과의 관계 때문이다. 그 공동체가 영향을 미쳐야 할 주변 세상은 진공상태의 공간이 아니라는 것이다. 거기에는 이미 전통과 관습과 이방 종교와 이데올로기가 존재하고 있었다. 그런데 그들은 그런 공간 한 가운데에 들어가 거기에 하나님 나라의 가치에 맞는 공동체를 세우고, 그것으로 주변에 빛을 비취도록 되어 있었다. 오늘날 교회라는 기독 공동체가 세상과 더불어 살아가는 현실도 동일하다.

레위기는 단순히 제사와 예전에 대한 책이 아니라, 오늘날로 말하자면, 이렇게 이데올로기로 요동치는 광장에서 하나님의 백성이 어떻게 그들의 삶을 통해 세상과 다른 기준을 선포하도록 요구받고 있는지를 보여주는 책인 것이다. 세상 속에서 살면서 세상의 이데올로기들을 어떻게 바라보아야 할지, 그것들을 올바로 바라볼 수 있는 위치를 가르쳐주신 것이라고 할 수 있다.[7] 어떤 점에서 레위기는 이 세상 한 가운데로 내려온 하나님의 말씀이다. 레위기 1장 1절은 레위기의 그런 특징을 선명하게 보여준다.

---

7 크리스토퍼 라이트는 그의 책 〈하나님 백성의 선교〉에서 "이스라엘은 하나님이 '성문에서', 현대 용어로 말하면 직장 · 공적 무대에서 정의를 요구하신다는 말을 되풀이해서 들었다"라고 말했다 (335). 김근주 교수 또한 "구약의 말씀은 이스라엘만을 위한 말씀이 아니라 이스라엘을 통하여 주어진 열방을 향한 말씀이다. 달리 표현하면 구약의 말씀은 교회와 믿는 이들만을 위한 말씀이 아니라 교회를 통해 세상 모든 사람들에게 임한 여호와의 통치를 드러낸다. 이사야서는 성경을 교회 공동체만을 위한 것으로 좁히지 말고 온 세상을 향한 말씀으로 넓히라고 요구한다"(이사야 특강, 162쪽). 교회는 그것을 먼저 경험하고 그것으로 나아가도록 부름받은 공동체다.

그것은 이렇게 시작한다.

여호와께서 회막에서 모세를 부르시고 그에게 말씀하여 이르시되

_레 1:1

이것을 그냥 읽으면 별 다른 점을 느끼지 못할 수 있다. 하지만 이 한 절에는 엄청나게 중요한 변화가 나타나 있는데, 말씀하시는 하나님의 공간적 위치가 획기적으로 변한 것이다. 단 한 절 앞, 즉 출애굽기의 마지막 장까지는 하나님께서 시내산 정상에서 말씀하셨던 것이다. 강림하신 그곳에는 불꽃과 뇌성과 연기가 있었고, 산조차 감당하지 못해 떨고 있었다. 아무도 그 영광을 감당할 수 없었고, 그곳을 침범할 수 없었다.

필자는 시내산 정상이 불꽃과 뇌성과 연기와 진동으로 뒤덮였던 것은 존재의 무한한 차이를 감당할 수 없을 때 일어나는 현상이라고 생각한다. 이렇게 비유하면 너무 가벼운 비유일까 염려되는데, 드라이아이스를 물에 넣으면 물이 소리를 내며 진동하고 연기를 만들어낸다. 마치 그런 현상과 비슷하다고 생각하면 조금 감을 잡을 수 있지 않을까?

그런데 그 하나님이 내려오신 것이다. 어마어마한 차이를 내려놓고 내려오셔서 사람들과 같은 레벨(Level)에서 말씀하시기 시작하셨다. 그런 점에서 이 성막(회막)은 성육신을 예표한다. 비록 다

른 종교의 신전과는 비교할 수 없이 초라한 외형을 가졌지만, 그 안에 있는 말할 수 없이 화려한 무엇은 성막이 인간의 몸으로 오신 하나님의 아들을 상징하기에 적합하다. 요한이 말한 그대로다.

말씀이 육신이 되어 우리 가운데 거하시매 우리가 그의 영광을 보니 아버지의 독생자의 영광이요 은혜와 진리가 충만하더라 _요 1:14

이렇게 성막이 성육신 사건을 예표하고 있지만, 레위기는 더 핵심적으로 '구약에 나타난 그리스도'라고 할 수 있다. 거기에 제사제도와 절기가 포함되어 있다는 뜻에서가 아니다. 방금 말한 성막, 그 성막 안에서 말씀하기 시작하신 하나님의 음성을 기록한 것이 레위기이기 때문이다. 시내산의 '맹렬한 불꽃 가운데서 말씀하시던 하나님'이 두려운 심판주로서의 위용을 내려놓으시고 백성 가까이 내려오셔서, 그 '소박한 성막 안에서 말씀'하신 그것을 기록한 것이니 얼마나 중요한 말씀인가 하는 말이다. 그런 점에서 레위기는 명백하게 구약성경에 나타난 그리스도인 것이다.[8] 이 땅에 내려온 말씀, 그 텐트 속에서 들려온 그 말씀은 자기 백성의 연약함을 잘 알고 있다.

---

8 그 낮아지신 하나님(미래의 예수님)은 레위기를 통해 전반부에서는 하나님의 자비하심을, 후반부에서는 그 자비하심이 우리에게 요청하는 삶을 말씀하고 있다. 그 점에서 레위기는 하나님께서 성막에서 말씀해주신 로마서라고 할 수 있다.

마태복음의 산상수훈 – 레위기의 평지수훈

레위기의 이런 특징은 바로 그런 점에서 마태복음 5장과 의외의 긴밀한 관계를 가진다. 레위기가 시내산에서 내려오신 하나님이 성막 안에서 말씀하기 시작하신 것을 기록하고 있는 것처럼, 마태복음 5장은 이 땅에 오신 하나님의 아들이 '입을 열어' 가르치기 시작하신 것을 기록하고 있기 때문이다.

> ¹예수께서 무리를 보시고 산에 올라가 앉으시니 제자들이 나아온지라 ²입을 열어 가르쳐 이르시되 ³심령이 가난한 자는 복이 있나니 천국이 그들의 것임이요 _마 5:1–3

산상수훈이라고 불리는 이 부분은 복음서에 기록된 예수님의 설교 중에서 분량도 가장 많지만, 내용도 가장 광범위하고 본질적이다. 주님은 거기에서 특히 하나님 나라 백성의 정체성, 그들의 영적 특징과 사명, 그리고 하나님의 백성들이 세상 속에서 어떤 가치를 선포하는 삶을 살아야 하는지를 말씀하셨다. 즉, 그들이 세상에서 살아야 할 남다른 삶에 대해 다루신 것이다. 사실상 레위기와 동일한 내용이라고 할 수 있다. 그런 점에서 레위기는 구약의 '산상수훈'(레위기는 사실상 평지수훈)이라 할 수 있다.

그렇다면 필자는 이 점을 왜 이렇게 장황하게 설명하고 있을까? 레위기의 중요성을 말하기 위함이다. 이제부터 나눌 내용은 레위기에 기반을 두게 될 것인데, 레위기가 아무도 무시할 수 없을 정도로 중요하다는 것이고, 레위기 내용이 성경 말씀의 변두리가 아닌 중심에 위치하고 있음을 느껴보게 하기 위함이다. 독자 자신이 신자로서 이데올로기 전쟁에서 어느 노선에 서 있든지 간에, 자신의 입장과 다른 성경 말씀을 듣더라도 그 앞에 승복할 마음의 준비를 하라는 것이다.

그러면 이제부터 레위기 26장의 말씀을 살펴본다. 레위기 26장은 레위기의 거의 마지막에 위치해 있으며 그 책의 모든 말씀을 거의 마무리하는 말씀이다.

매일 용서가 필요한 자로서 사는 삶

앞서 말했다시피 레위기 전반부에는 제사 규정이 있다. 하지만 그것은 "내가 너희를 구원했으니 이제부터 너희는 나에게 제물을 드리라"는 뜻의 말씀이 아니다. 하나님께 제사의 제물이 필요하거나, 그것이 그분의 권리라서 레위기의 전반부에 있는 게 아니다. 그 내용은 이스라엘을 위해 거기에 있는 것이다.

이스라엘이 은혜로 택함을 받고 출애굽하여 하나님의 특별한 소유가 되었지만, 아직도 허물과 연약함에 싸여 있어서 수많은 죄와 실수를 저지를 수밖에 없었다. 그런 그들이 하나님 앞에서 삶을 이어가고, 하나님과의 교제를 계속할 수 있게 하기 위한 하나님의 조치가 바로 레위기의 제사제도였다. 그런 점에서 제사제도는 하나님을 위한 것이 아니라 그들을 위한 것이다. 하나님께서는 그들에게 '이제 그 땅에 들어가거든 그들 자신이 매일 이렇게 용서가 필요한 자들임을 기억하고, 그런 자의 입장에서 다른 사람들과 관계를 맺으라'고 하신 것이다.

삶에 관한 후반부의 말씀도 바로 그런 연장선에 있다. 출애굽 구원과 매일의 용서를 경험하고 살아가는 그들이 어떻게 살아야 할지를 말씀해주신 것이다. 그것은 한 마디로 '거룩한 삶'인데, 한편으로는 세상 사람들과 구별된다는 점에서 거룩하고, 다른 한편으로는 바로 그런 삶이 그들을 부르신 목적(세상에 빛이 됨 / 구원의 도구가 됨)에 맞는다는 점에서 거룩한 삶이었다. 거기에는 수많은 금지와 명령이 있는데. 그것들의 중심 사상은 이어지는 글에서 살펴볼 것이다.

아무튼 레위기 26장 본문은 이전의 모든 명령과 금지 명령을 마무리하면서 그들의 순종과 불순종이 어떤 결과를 가져올지에 대해 말씀하고 있다. 그 순종의 결과가 구원을 좌우하는 문제가 아니고, 이미 구원받은 자들이 구원의 목적과 결과를 어느 수준에서 누리며 살게 될지에 대한 말씀이다. 삶의 윤리에 관련된 문제이지만, 개인적인 차원보다 공동체 차원에서 말씀하신 것이라고 볼 수 있다. 그들의 선택에 따라 공동체의 미래가 결정된다는 말이다. 하나님의 규례와 계명을 기뻐하고 순종하면 개인적으로도 복을 받지만 공동체가 안전하고 번영한다. 그것이 3절-12절이다.

> ³너희가 내 규례와 계명을 준행하면 ⁴내가 너희에게 철따라 비를 주리니 땅은 그 산물을 내고 밭의 나무는 열매를 맺으리라 ⁵너희의 타작은 포도 딸 때까지 미치며 너희의 포도 따는 것은 파종할 때까지 미치리니 너희가 음식을 배불리 먹고 너희의 땅에 안전하게 거주하리라 ⁶내가 그 땅에 평화를 줄 것인즉 너희가 누울 때 너희를 두렵게 할 자가 없을 것이며 내가 사나운 짐승을 그 땅에서 제할 것이요 칼이 너희의 땅에 두루 행하지 아니할 것이며 ⁷너희의 원수들을 쫓으리니 그들이 너희 앞에서 칼에 엎드러질 것이라 _레 26:3-7

대상이 농경사회의 사람들이니까 이렇게 표현했지만, 오늘날로 말하자면 이런 말씀이 될 것이다. "너희 경제와 국방과 외교와 안보와 사회에 안정과 평화가 있을 것이다." "노사정이 평안할 것이다." 한마디로 이 땅에 '샬롬'이 있게 될 것이라는 말이다.
　하지만 불순종하면 어떻게 될까? 그 반대가 될 것이다.

> ¹⁴그러나 너희가 내게 청종하지 아니하여 이 모든 명령을 준행하지 아니하며 ¹⁵내 규례를 멸시하며 마음에 내 법도를 싫어하여 내 모든

계명을 준행하지 아니하며 내 언약을 배반할진대 ¹⁶내가 이같이 너
희에게 행하리니 곧 내가 너희에게 놀라운 재앙을 내려 폐병과 열
병으로 눈이 어둡고 생명이 쇠약하게 할 것이요 너희가 파종한 것
은 헛되리니 너희의 대적이 그것을 먹을 것임이며 ¹⁷내가 너희를 치
리니 너희가 너희의 대적에게 패할 것이요 너희를 미워하는 자가
너희를 다스릴 것이며 너희는 쫓는 자가 없어도 도망하리라

_레 26:14-17

복을 받지 못함은 물론이고, 적극적으로 우리를 벌하심으로, 샬
롬과 정확히 반대의 현상이 일어나게 할 것이다.

"하나님께서 재앙을 내려서 그 땅에서 생명이 쇠약하게 되며
파종한 것은 헛되게 될 것이다. 그나마 대적이 그것을 먹을 것이
다. 그들을 미워하는 자가 그들을 다스릴 것이다. 쫓는 자가 없어
도 두려워서 도망할 것이다."

이런 모습은 문자적인 예언이라기보다 어떤 전반적인 혼돈의
상태를 묘사한 것이다. 자연재해뿐 아니라 사회적 재앙이 일어
나, 생명이 풍성해야 할 땅에서 생명들이 쇠하게 된다는 것이다.
어떤 땅 위에서 살아가는 사람들의 생명이 쇠하게 된다는 것은,
마치 땅의 지력이 부실해지면 그 위에서 살아가는 식물들이 다
비실거리듯, 그 사회에서 살아가는 사람들 속에서도 생명의 힘이
부족해지는 것이다. 사람들의 마음이 불안하고 희망이 없어 우울

에 빠지고 비관하는 사회가 되는 것이다.

청년들이 입만 열었다 하면 미래의 꿈과 비전이 아닌 '헬조선' 이야기나 하고, 그들 속에 청년다운 기백과 활력과 패기를 발견할 수 없게 되는 요즘 우리나라가 어쩌면 그런 것이다. 이 땅 위에 사는 존재들에게 생명의 힘이 부족한 것이다. 그 결과, 그 사회와 국가의 방어 능력이 쇠약해질 것이고, 결국 "너희를 미워하는 자가 너희를 다스리는" 원치 않는 상태가 올 수도 있다. 아니, (잘못하면 그런 상태가) 올 것이다! 왜 그렇게 되며, 그 결과는 어떻게 되나?

- 하나, 그들을 사랑하는 하나님의 말씀을 싫어하기 때문이다.
- 둘, 하나님 대신, 그들이 싫어하는 이데올로기가 지배하는 세상이 될 것이다.
- 셋, 자본이 지배하거나, 파괴적 이데올로기나 폭력적인 투쟁 계급이 지배하는 세상이 될 것이다.
- 넷, 사회에 사랑이 없고 혐오와 적대감이 지배할 것이다.

이렇게 되면 "쫓는 자가 없어도 도망하리라"는 말씀이 실현되는 셈이다. 괜히 불안한 사회가 되는 것이다. 자신들이 '섬기고 있다'고 믿는 그 하나님이 도리어 그들을 치고 계시기 때문이다. 하나님의 계명을 준행하지 아니하며 언약을 배반했기 때문이다.

선지자들의 메시지에 담긴 레위기

그런데 여기서 주목할 것은 하나님께서 이 말씀을 하시는 이유다!

하나님은 단지 그들이 두려워하게 만들려고 이 말씀을 하시는 게 아니시다. 오히려 그들에게 희망을 갖게 하려고 그렇게 하신다(물론 경고도 하시지만). 그래서 말씀을 보면 경고인 듯하지만, 그 경고와 경고 사이에서 하나님은 자신이 어떤 분이신지를 열심히 드러내신다. 마치 '성육신하신 예수 그리스도'를 통해 하나님 아버지가 어떤 분이신지를 계시하듯이 '구약의 그리스도'인 〈레위기〉 속에도 자신을 계시하신 것이다.

그리고 레위기에서 나타난 하나님은 그 이후의 구약성경의 모든 메시지의 근간을 이룬다. 성경의 모든 이야기는 결국 레위기를 중심으로 한 오경에서 확장된 것이다. 선지자들의 경고나 심판이나 위로의 메시지도 오경, 특히 레위기에 연원(淵源)을 가지고 있다. 선지자들이 자기 안에 들어온 하나님의 '감동'이 진실로 하나님으로부터 온 것인지 분별할 최소한의 근거가 있었다면, 그것은 오경에서 이해된 그 하나님일 것이다. 그것이 그들에게 분별의 기준이었을 것이다. 그런 점에서 선지자들의 메시지는 결코 레위기와 상충하지 않는다.

여호와의 말씀이니라 너희를 향한 나의 생각을 내가 아나니 평안이요 재앙이 아니니라 너희에게 미래와 희망을 주는 것이니라 _렘 29:11

그러나 여호와께서 기다리시나니 이는 너희에게 은혜를 베풀려 하심이요 일어나시리니 이는 너희를 긍휼히 여기려 하심이라 …
_사 30:18

예레미야나 이사야가 비난과 심판의 메시지를 계속하다가 갑자기 이렇게 선포해야 할 때도 스스로 불안하지 않을 수 있는 이유 또한 마찬가지였다. 선지자들에게 주어진 감동이 그들이 오경을 통해 알고 있는 하나님의 속성과 부합한다는 사실이 확인되는 것, 그것은 그들에게 큰 확신과 담대함을 주었을 것이다.

우리가 레위기에 나타나는 하나님의 자기 계시를 마음에 잘 담아야 하는 이유도 동일하다. 수많은 이데올로기의 경쟁 속에서 우리가 무엇을 말해야 하며 무엇을 선택해야 하는지를 결정할 때, 우리에게 필요한 것은 하나님을 아는 지식이기 때문이다. 그 기준을 분명하게 알수록 우리는 담대할 수 있다.

23여호와께서 이와 같이 말씀하시되 지혜로운 자는 그의 지혜를 자랑하지 말라 용사는 그의 용맹을 자랑하지 말라 부자는 그의 부함을 자랑하지 말라 24자랑하는 자는 이것으로 자랑할지니 곧 명철하여 나를 아는 것과 나 여호와는 사랑과 정의와 공의를 땅에 행하는 자인 줄 깨닫는 것이라 나는 이 일을 기뻐하노라 여호와의 말씀이니라 _렘 9:23-24

레위기가 소개하는 하나님

그렇다면 레위기에는 하나님이 어떻게 계시되고 있나?

나는 너희를 애굽 땅에서 인도해 내어 그들에게 종된 것을 면하게 한 너희의 하나님 여호와이니라 … _레 26:13

첫째, 끝내 언약을 이루시는 신실하신 하나님이다.

하나님은 400년 전에 아브라함에게 주셨던 약속을 언약의 당사자인 아브라함이 죽은 지 400년이 지난 후에도 여전히 기억하시고 신실하게 이행하시는 분이시다. 아브라함에게 주셨던 씨의 약속을 이루어 그들로 거대한 민족이 되게 하신 그분은 이제 땅의 약속을 위하여 애굽 땅에서 그들을 인도하여 내신다. 이때 스스로 칭하신 이름 '여호와'는 언약의 하나님의 이름이다. 죄의 굴레에서 도무지 벗어나지 못하는 인류를 불쌍히 여기셔서 그들을 죄의 사슬에서 구원할 계획을 가지고, 아브라함을 택하여 부르시고 그와 언약을 맺으신 분이다.

사실 인간의 편에서 보면 그 언약은 언제라도 깨어질 수밖에 없는 것이었다. 아브라함, 이삭, 야곱, 그리고 요셉과 그의 형제들의 삶만 보아도, 그들의 삶은 한 마디로 부모가 물려준 죄와 죄의 결과에다 자신과 그 형제들의 죄과에 그 결과를 더하여 후손들에게 물려주는 삶이었다. 그들의 삶은 엉킬 대로 엉켰고, 갈수록 점점 더 깨어지고 엉켜서 풀 수 없는 상태로 빠져드는 삶이었다. (아브라함→이삭→야곱→그 아들들→이스라엘 민족을 보라.)

하지만 하나님은 이스라엘 백성의 실패에도 불구하고 주권적으로 역사하셔서, 도무지 한 가문으로 유지될 수도 없었던 야곱의 가문을 끝내 12지파로 구성된 커다란 언약 공동체가 되게 하셨다. 그리고 그들이 큰 민족이 되고 그들에게 새 땅을 주시겠다는 약속대로, 그 땅을 주시기 위해 애굽에서 인도하여 내셨다. 레위기의 모든 말씀은 사실 여기서 시작한다.

둘째, 우리의 연약함을 아시고 동정하시는 분이다.

레위기의 하나님은 출애굽 구원 이후에도 그들에게 여전히 남아 있는 연약함을 아셨고, 그것을 위해, 그들이 요청하기도 전에 용서와 회복에 필요한 제사제도를 준비해주셨다.

셋째, 자기 백성이 자신을 닮은 자들로 살기 원하시는 분이다.

그들이 하나님의 그러하심을 경험한 자로서, 세상 속에서 그분의 성품을 닮은 자들로서 살아가기를 원하시는 분이다. 특히 그들의 공동체에 '그분의 어떠함'이 반영되기를 원하신다. 그리하여 그것을 위해 필요한 계명과 율례를 주셨다.

넷째, 자기 백성들의 선택과 결정을 존중하는 분이다.

그 하나님은 그들이 그 땅에서 어떤 사회를 이루어 어떤 미래를 살 것인지에 대해서는 강제가 아닌 선택에 맡기시는 분이다. 본문에는 "만약 … 하면"이라는 말이 계속 나오는데, 그것은 "모든 것은 다 너의 선택에 달렸다"라는 말이다. 어떤 사람으로 살 것인지, 그리고 어떤 공동체가 될 것인지 스스로 선택하라는 것이다. 이것이 지금 우리에게도 선택이 중요한 이유다. 우리가 오늘도 레위기를 깊이 묵상해보아야 할 이유가 여기에 있는 것이다.

다섯째, 바른 선택 위에 복 주시는 분이다.

만약 그들이 하나님과 그분의 말씀을 사랑하고 순종하면, 하나님도 그들의 순종의 노력 위에 복을 주셔서 그 노력이 좋은 결과를 이루도록 모든 것을 주장해주신다.[9] 그러나 불순종하면 각자의 노력과 도모에도 불구하고 사회가 기대한 대로 되지 않고 오히려 더 사납고 위험해지며, 갈수록 갈등과 어려움과 황폐함이

---

9 우리는 예수 믿으면 무조건 '복을 주셔야 한다'고 생각하지만, 순종이 저절로 되는 것이 아니듯, 순종이 기계적으로 좋은 결과를 가져오는 것은 아니다.

심각해지게 하시는 분이시다. 우리의 노력이 다가 아니다. 새날은 우리의 선택 위에 내리시는 그분의 은혜로 온다.

> 여호와께서 집을 세우지 아니하시면 세우는 자의 수고가 헛되며 여호와께서 성을 지키지 아니하시면 파수꾼의 깨어 있음이 헛되도다
> _시 127:1

우리는 집을 세우고 파수꾼으로서 지켜야 하지만, 인생이나 공동체가 그런 노력만으로 다 되는 것은 아니다.

여섯째, 징계하시나 벌하기를 기뻐하시는 분은 아니다.

오히려 어떻게든 할 수만 있다면 벌하지 않으려는 분이다. 레위기 26장에서도 하나님은 단계적으로 벌을 내리시면서 그 반응을 주의해서 지켜보신다.

> 18또 만일 너희가 그렇게까지 되어도 내게 청종하지 아니하면 너희의 죄로 말미암아 내가 너희를 일곱 배나 더 징벌하리라 19내가 너희의 세력으로 말미암은 교만을 꺾고 너희의 하늘을 철과 같게 하며 너희 땅을 놋과 같게 하리니 20너희의 수고가 헛될지라 땅은 그 산물을 내지 아니하고 땅의 나무는 그 열매를 맺지 아니하리라 21너희가 나를 거슬러 내게 청종하지 아니할진대 내가 너희의 죄대로

너희에게 일곱 배나 더 재앙을 내릴 것이라 ²²내가 들짐승을 너희 중에 보내리니 그것들이 너희의 자녀를 움키고 너희 가축을 멸하며 너희의 수효를 줄이리니 너희의 길들이 황폐하리라 _레 26:18-22

벌을 주신 후에 그 반응을 지켜보시고, 그래도 회개치 아니하면 징벌의 강도를 높이신다. 하늘을 철과 같게 하고 땅을 놋과 같게 하며, 들짐승을 보내 그것들이 자녀를 움키고 가축을 멸하며 수효를 줄이게 하신다는 것이다.

농경사회이기에 그렇게 표현했지만, 오늘날의 현상으로 말하자면 사회에 짐승 같은 인간들이 많이 돌아다녀서 우리 자녀들이 안심하고 다니지 못하는 상황일 수 있다. 하늘이 철과 같고 땅이 놋과 같아서 경제적인 소출이 없다. 인간의 힘으로 어떻게 할 수 없는, 개인으로는 아무리 애써도 아무것도 되지 않는 심각한 경제 공황과 황폐가 올 것이라는 말이다.

그렇게 하시고도 하나님은 또 지켜보신다. 그리고 끝내 돌이키지 않으면 하나님은 또 징벌의 강도를 높이신다. 그 사회가 점점 더 각박하고 흉포한 사회가 되게 하시는 것이다.

²³이런 일을 당하여도 너희가 내게로 돌아오지 아니하고 내게 대항할진대 ²⁴나 곧 나도 너희에게 대항하여 너희 죄로 말미암아 너희를 칠 배나 더 치리라 _레 26:23-24

"얘야! 제발 여기서 그만하자!

레위기 26장을 읽다 보면 하나님께서 백성의 반응을 보아가며 점점 더 강도를 높여가시는 것을 보게 된다.

그렇다면 징벌을 이렇게 여러 단계로 나누어 시행하면서 단계마다 반응을 살핀다는 것은 무엇을 의미하는가? 하나님은 벌 주기를 참으로 꺼리는 분이시라는 뜻이다. 그것은 마치 엄마가 사랑하는 자녀를 훈육하는 것과 같다. 부모들은 어린 자녀를 어떻게 훈육하나?

"그만 안 해? 셋 셀 때까지 그만 둬! 하나 … 둘 … 둘 반 … 둘 반의 반 … 둘 반의 반의 반 … ."

그런 하나님을 보는 듯하다. 하나님이 얼마나 그러신가 하는 것은 26장 40절 이후를 보면 안다.

⁴⁰그들이 나를 거스른 잘못으로 자기의 죄악과 그들의 조상의 죄악을 자복하고 또 그들이 내게 대항하므로 ⁴¹나도 그들에게 대항하여 내가 그들을 그들의 원수들의 땅으로 끌어 갔음을 깨닫고 그 할례 받지 아니한 그들의 마음이 낮아져서 그들의 죄악의 형벌을 기쁘게 받으면 ⁴²내가 야곱과 맺은 내 언약과 이삭과 맺은 내 언약을 기억하며 아브라함과 맺은 내 언약을 기억하고 그 땅을 기억하리라

_레 26:40-42

하나님은 그 백성이 불순종으로 인하여 모든 것이 더 이상 돌이킬 수 없을 정도로 망가져버린 경우라 하더라도, 그들이 회개하기만 하면 그 상황을 되돌리겠다고 말씀하신다. 심지어 그들이 아주 먼 나라로 잡혀가버린 경우라 하더라도, 그들이 깨닫고 돌이키기만 하면 그렇게 하실 것이라고 하신다.

그런즉 그들이 그들의 원수들의 땅에 있을 때에 내가 그들을 내버리지 아니하며 미워하지 아니하며 아주 멸하지 아니하고 그들과 맺은 내 언약을 폐하지 아니하리니 나는 여호와 그들의 하나님이 됨이니라 _레 26:44

모세는 훗날 이 부분을 확장하여 더욱 구체적으로 말한다.

¹내가 네게 진술한 모든 복과 저주가 네게 임하므로 네가 네 하나님 여호와로부터 쫓겨간 모든 나라 가운데서 이 일이 마음에서 기억이 나거든 ²너와 네 자손이 네 하나님 여호와께로 돌아와 내가 오늘 네게 명령한 것을 온전히 따라 마음을 다하고 뜻을 다하여 여호와의 말씀을 청종하면 ³네 하나님 여호와께서 마음을 돌이키시고 너를 긍휼히 여기사 포로에서 돌아오게 하시되 네 하나님 여호와께서 흩으신 그 모든 백성 중에서 너를 모으시리니 ⁴네 쫓겨간 자들이 하늘 가에 있을지라도 네 하나님 여호와께서 거기서 너를 모으실 것이며

정치 공간에 그리스도인으로 서기

거기서부터 너를 이끄실 것이라 ⁵네 하나님 여호와께서 너를 네 조상들이 차지한 땅으로 돌아오게 하사 네게 다시 그것을 차지하게 하실 것이며 여호와께서 또 네게 선을 행하사 너를 네 조상들보다 더 번성하게 하실 것이며 _신 30:1-5

훗날 예레미야도 오경과 동일하게 이렇게 말한다.

¹¹여호와의 말씀이니라 너희를 향한 나의 생각을 내가 아나니 평안이요 재앙이 아니니라 너희에게 미래와 희망을 주는 것이니라 ¹²너희가 내게 부르짖으며 내게 와서 기도하면 내가 너희들의 기도를 들을 것이요 ¹³너희가 온 마음으로 나를 구하면 나를 찾을 것이요 나를 만나리라 ¹⁴이것은 여호와의 말씀이니라 나는 너희들을 만날 것이며 너희를 포로된 중에서 다시 돌아오게 하되 내가 쫓아 보내었던 나라들과 모든 곳에서 모아 사로잡혀 떠났던 그 곳으로 돌아오게 하리라 이것은 여호와의 말씀이니라 _렘 29:11-14

하나님은 이런 분이시다.

'이 겨울 언제 가나' 싶다면

당신은 오늘 이 시대에 대해 어떻게 느끼는가? 너무 망가져서 절망감이 느껴지는가? 돌이킬 수 없이 엉켰다고 생각하나? 나 한 사람이 어떻게 한다고 무엇이 변하겠나 싶은가? 그런 사람들은 시편 19편을 묵상했으면 한다.

> ¹하늘이 하나님의 영광을 선포하고 궁창이 그의 손으로 하신 일을 나타내는도다 ²날은 날에게 말하고 밤은 밤에게 지식을 전하니 ³언어도 없고 말씀도 없으며 들리는 소리도 없으나 ⁴그의 소리가 온 땅에 통하고 그의 말씀이 세상 끝까지 이르도다 하나님이 해를 위하여 하늘에 장막을 베푸셨도다 ⁵해는 그의 신방에서 나오는 신랑과 같고 그의 길을 달리기 기뻐하는 장사 같아서 ⁶하늘 이 끝에서 나와서 하늘 저 끝까지 운행함이여 그의 열기에서 피할 자가 없도다

_시 19:1-6

이 시에서 시인은 토라(율법)를 우주에 가득한 소리와 하늘을 운행하는 태양에 비유한다. 그러면서 "그 온기에서 피하여 숨은 자 없도다"(한글개역)라고 한다. 시편의 이 대목은 나에게 어느 따스한 봄날의 경험을 생각하게 한다. 해마다 겪는 일인데도 여전히 신비하고 따스한 경험이다.

필자는 어느 봄날에 그 비유적 표현을 묵상하다 감동이 와서 이렇게 시처럼 정리해본 적이 있다.

겨우내 '이놈의 겨울 언제 가나' 했는데
아직도 추운 어느 날
길가 마른 풀들 사이로 비죽 내민 어린싹 하나!
반가운 마음에 마른 풀들 헤쳐 보면
나 모르는 사이에
봄은
나뭇가지에 … 또 돌멩이 아래 …
온 세상 구석구석 이미 와 있다.

나도 모르게 오는 봄!
하나님의 은혜도 그러하리라

나 늘 더디고 어리석은 것 같아
늘 초조하고
내 마음 '빠른 응답' 늘 생각하지만
하나님 은혜는 봄같이 온다.
말씀 따라 살다보면 더 나은 세상 …
봄처럼 와 있을 거다.

시대가 너무 망가진 것 같아 절망감이 들 때, 나 한 사람이 어떻게 한다고 무엇이 변하겠나 싶을 때, 그리고 하나님의 방법이 늘 더디고 무력하게 보일 때, 그래도 하나님의 말씀을 기억하자.

하나님은 우리의 상황이 아무리 회복 불능처럼 보여도, 심지어 우리가 다 망하고 다른 나라로 끌려가 있다고 하더라도 거기서 돌아오게 하실 수도 있다고 하신다. 아니, 그렇게 하시겠다고 약속하신다. 실제로 훗날에 이스라엘 백성이 포로로 잡혀갔을 때, 국제 정세를 바꾸어서라도 그들을 돌아오게 하셨다. 그렇다면 하나님께서 오늘 우리의 경제적·정치적 상황을 바꾸는 일이 그것보다 어렵겠는가?

그러므로 우리가 지금 하나님의 뜻을 알고, 그 뜻에 따라 선택하는 것, 그것이 중요하다. 그렇다면 그 길은 누가 선택하겠는가? 하나님을 아는 우리가 아니라면 누가 먼저 그 길을 가겠는가?

10.
당신은 무엇이 있을 때
안전하다고 느끼는가?

레 26:1-7

우리는 성경 66권 중에 레위기가 얼마나 중요한 책인지를 살펴보았다. 레위기는 단지 제사제도에 대한 지루한 책이 아니라 구약의 책들 가운데 하나님과 그분의 뜻에 대해 가장 잘 나타내는 책 중에 하나다.

또한 레위기는 자기 백성들을 향한 하나님의 기대가 가장 구체적으로 잘 나타나 있는 책이다. 그것은 그들이 주변의 나라들이 보는 앞에서 어떤 가치관을 가지고 살아가야 하는지에 대해 잘 말해줌으로써, 그 땅에 세워질 새로운 공동체의 성격을 규정해준다.

'젖과 꿀이 흐르는 땅'은 일견 그 땅의 기후나 토양 조건을 말하는 것 같지만, 그러나 그것은 사실 그 땅에 이루어질 경제·사회·외교·국방 전반에 걸친 총체적 복리를 말하는 것이다.

하나님의 백성이 말씀을 준행하여 살려고 할 때, 그 공동체의 구성원들이 분별 있고 지혜롭게 되어 그 땅에 공의와 정의가 시행됨으로, 곳곳에 하나님의 생명의 원리가 제대로 작동하게 되며 그 땅에 흐르게 되는 샬롬을 의미한다.[10]

땅을 차지한다고 끝나는 게 아니다

샬롬은 그저 땅만 소유하면 누릴 수 있는 게 아니다. 그 위에서 하나님의 말씀을 따르는 삶을 구축함으로써 누리게 된다. 훗날 아모스는 하나님의 말씀을 거슬러 단지 부자들과 힘 있는 사람들의 나라가 되어버린 이스라엘 공동체를 향해 이렇게 말했다.

오직 정의를 물같이, 공의를 마르지 않는 강같이 흐르게 할지어다

_암 5:24

10 말씀이 그 공동체 구성원을 어떻게 만들어줄 것인지 그 가능성에 대하여는 앞 장에서 언급한 것처럼 시편 19편을 참조하라. "여호와의 율법은 완전하여 영혼을 소성시키며 여호와의 증거는 확실하여 우둔한 자를 지혜롭게 하며 여호와의 교훈은 정직하여 마음을 기쁘게 하고 여호와의 계명은 순결하여 눈을 밝게 하시도다"(시 19:7–8).

아모스의 말과 나란히 대조해보면, 하나님께서 그 땅에 흐르게 할 것이라던 젖과 꿀은 사실상 공의와 정의였고, 그것의 다른 말은 샬롬이라는 것을 이해하게 된다. 그렇게 이해하고 보면, 하나님이 그들을 젖과 꿀이 흐르는 땅으로 인도하신다고 할 때, 그 말은 단지 그 땅에 이르는 지리적인 길을 안내하겠다는 말이 아니다. 그들이 그 땅에서 실제로 공의와 정의가 있는 사회, 샬롬이 있는 사회, 하나님 나라를 미리 맛보는 공동체를 이루는 길을 인도하실 것이라는 말이다.

하나님께서 그들을 그 길로 인도하시는 이유나 목적은 분명하다. 이 세상에 샬롬이 없기 때문이다. 그래서 그들을 통해 세상에 샬롬을 다시 가져오려는 것이다. 그런 점에서, 남다른 공동체가 되라는 레위기의 요구는 당장은 이스라엘만을 향한 요구 같아 보이지만, 궁극적으로는 온 세상을 향한 그분의 뜻을 반영한 것이다.

세상은 스스로 그런 세상이 될 수 없으므로, 하나님은 결국 그의 아들을 통해 그 일을 이루기로 하셨다. 하지만 그럼에도 불구하고, 주님이 재림하시기까지는 전면적으로 그런 세상은 출현하지 않을 것이기에, 그때까지 하나님은 자기 백성의 공동체가 주님의 통치를 받아들여 샬롬을 이루는 대안 사회를 이룸으로써 (모델하우스처럼 보여줌으로써) 하나님의 통치가 세상의 희망임을 보여주게 하신 것이다.

오경의 이런 내용은 훗날 선지자들의 메시지의 근간을 이루게 되는데, 그런 점에서 이사야서에 대한 김근주 교수의 다음 해설은 그대로 레위기에도 적용된다고 할 수 있다.[11]

"구약의 말씀은 이스라엘만을 위한 말씀이 아니라 이스라엘을 통하여 주어진 열방을 향한 말씀이다. 달리 표현하면 구약의 말씀은 교회와 믿는 이들만을 위한 말씀이 아니라 교회를 통해 세상 모든 사람들에게 임한 여호와의 통치를 드러낸다. 이사야서는 성경을 교회 공동체만을 위한 것으로 좁히지 말고 온 세상을 향한 말씀으로 넓히라고 요구한다."

그러므로 하나님의 백성의 공동체는 다음과 같은 사명과 모형을 보여야 한다.

- 하나, 그들의 공동체 내에서 하나님의 통치(공의와 정의에의 부름)에 부응함으로써, 공동체 내에 샬롬이 흐르는 것을 먼저 경험해야 한다.
- 둘, 세상과 비교되는 '대조 사회'의 모습을 통해 하나님의 통치의 어떠함을 선포하는 '도구'가 된다.[12]

---

11 김근주, 이사야 특강, 162쪽.

12 "아버지여, 아버지께서 내 안에, 내가 아버지 안에 있는 것 같이 그들도 다 하나가 되어 우리 안에 있게 하사 세상으로 아버지께서 나를 보내신 것을 믿게 하옵소서"(요 17:21), "너희가 이 떡을 먹으며 이 잔을 마실 때마다 주의 죽으심을 그가 오실 때까지 전하는 것이니라"(고전 11:26) (이 말씀 바로 앞에 서로가 서로를 배려하지 않고 먹는 애찬에 대한 일갈이 있었음을 기억하라! 예수 그리스도의 은혜에서 비롯된 존중과 배려가 있는 관계 속에서 행하는 성찬은 주님의 대속의 죽으심을 전하는 것이 된다는 것이다.)

- 셋, 공동체의 구성원들은 공동체 안에서 공의와 정의의 실천을 통해 그 아름다움을 맛보고, 이상적 공동체를 이루어가는 과정에서의 실패와 좌절을 통해 배우고 지혜를 얻어, 세상 속에 나아가 관계를 맺어야 한다. 그렇게 살게 되어 있는 것이다.

그런 의미에서 그 공동체는 장차 완성될 하나님 나라의 그림자이다. 그림자는 완성된 실물과 같지 않고 실물에 못 미치는 부분이 많다. 하지만 실물의 그림자이기에 많은 부분은 실물을 반영한다. 그런 점에서 현실의 교회에서 우리는 그 나라를 구현하기를 힘써야 하지만, 그러나 조금 미흡한 부분을 경험한다 해서 지나치게 부정적이 될 필요는 없다. '이미'와 '아직' 사이를 살아가는 우리로서는 어쩔 수 없는 일이다.

이 모든 것을 종합해보면, 레위기는 21세기 세상의 정치적 현실에 대해서도 지침이 되기 위해 기록된 것임을 알 수 있다. 오늘 우리가 겪는 이데올로기 갈등의 한 가운데서도 레위기가 중요한 지침이 될 수 있다는 말이다. 그러므로 그리스도인은 이 세상의 이데올로기로 세례를 받지 말고, 말씀과 성령으로 세례를 받고 세상으로 나아가야 한다.

하나님의 백성답게 하는 두 요소

|

하나님께는 인간의 힘으로는 어찌해볼 도리가 없을 방안들이 너무나 많다. 그걸 우리는 최근 코로나를 통해 보고 있다. 우리의 평범한 일상조차 전혀 당연한 게 아니었음을 통감하고 있다.

그렇다면 중요한 게 뭘까? 계명에 순종하는 것일 게다. 그러면 우리가 지켜야 할 것들은 무엇일까? 물론 레위기 전체가 말하는 모든 계명일 것이다. 자기를 살펴 제사를 통해 용서받아야 할 것을 용서받고 회복하는 것, 정한 것과 부정한 것을 구분하고 부정한 것을 멀리하는 것, 공평과 정의를 지키는 삶, 사회적 약자에 대해 마땅한 배려를 하는 것들 말이다. 그런데 26장은 레위기를 마무리하면서 그 모든 것을 이렇게 짧게 압축한다.

> ¹너희는 자기를 위하여 우상을 만들지 말지니 조각한 것이나 주상을 세우지 말며 너희 땅에 조각한 석상을 세우고 그에게 경배하지 말라 나는 너희의 하나님 여호와임이니라 ²너희는 내 안식일을 지키며 내 성소를 경외하라 나는 여호와이니라 ³너희가 내 규례와 계명을 준행하면 _레 26:1-3

뜻밖에도 '우상숭배를 하지 말라, 안식일을 지키라'로 압축하신다. 너무 뜻밖이지 않은가? 왜 그렇게 하실까? 이유는 하나다.

앞에서 하신 모든 경고의 말씀이 이 두 계명에 담겨 있기 때문이다. 이 두 계명이 사람들이 통상 생각하는 정도의 말씀이 아닌 것이다.

우상에게 절하지 말라는 말씀은 단지 목상이나 석상을 만들어 절하지 말라는 말이 아니며, 안식일을 지키라는 말씀도 그저 예배 빼먹지 말라는 말이 아니다. 그 둘은 그들을 하나님의 백성답게 만드는 가장 중요한 요소들을 담고 있는 것이다.

우선 우상숭배 금지부터 살펴보자. 본문에서는 우상 금지에 대해 이렇게 말한다.

너희는 자기를 위하여 우상을 만들지 말지니 조각한 것이나 주상을 세우지 말며 너희 땅에 조각한 석상을 세우고 그에게 경배하지 말라 나는 너희의 하나님 여호와임이니라 _레 26:1

성경이 우상숭배를 이렇게 표현하니까 대부분의 그리스도인은 그것이 자기와 아무 상관 없다고 느낀다. 자신은 그딴 것 앞에 절하는 행동을 하지 않기 때문이다. 그래서 이 계명에 신경조차 쓰지 않는다. 하지만 이는 우상을 이해하지 못한 채 우상 이야기를 해서 생기는 현상이다. 무엇을 논하든지 그게 무엇인지에 관해 초점이 안 맞으니, 내게 우상이 있는지 자체가 잘 안 보이는 것이다.

다음 사진을 보자. 같은 나뭇잎인데 왼쪽은 초점이 맞지 않아 흐리고 오른쪽은 초점이 맞아 선명하다. 많은 경우, 자신이 우상을 섬기고 있으면서도 우상이 무엇인지 오해해, 즉 초점이 맞지 않아 정확하고 선명하게 자기 문제를 보지 못한다.

그러나 우상에 대해 정의를 바로 내리면, 무엇이 우상인지가 분명해지고, 비로소 내게 수많은 우상이 있음이 보인다.

우상 바로 이해하기

전통적 정의에 따르면 우상은 하나님보다 '더 사랑하는 무엇'이다. 내게 하나님보다 더 사랑하는 무엇이 있으면 그게 우상인 것이다. 하지만 그 정도의 정의로는 우상이 명확하게 보이지 않을 수 있다. 예를 들어 '사랑'이란 단어는 우리에게 늘 어떤 연모의 감정처럼 이해된다. 살아가는 가운데 '사랑이라는 감정'을 느끼는 대상이 없으면 우상이 없는 것처럼 느끼기 쉽기 때문이다.

더구나 이런 정의는 하나님에 대한 이해를 왜곡시키기 쉽다. 전통적으로 많은 사람들은 이것과 관련하여 "하나님은 우리가 하나님보다 무엇을 더 사랑하면 싫어하신다"라고 가르쳤다. 그래서 하나님이 참 고약한 분같이 느껴지기도 했다. 여기에 '질투하는 하나님'이라는 표현까지 가세하면 하나님은 참 형편없는 분이 되어버린다. 누군가의 자식이 먼저 죽었을 때 슬퍼하는 부모 뒤에서 "그렇게 아들만 사랑하더니 하나님이 질투하셔서 데려간 모양이다!"라고 수군대는 사람들까지 있고 보면, 그런 식의 설명은 오해의 여지가 많다.

그러면 우상에 대한 더 나은 정의는 무엇일까? 위에서는 주상이나 석상을 세우고 거기에 절하는 것이라고 했지만, 그러나 사실 거기서 따져 보아야 할 것은 '그것이 당시 사람들에게 의미하는 것이 무엇이었을까?'일 것이다.[13] 그것은 개인과 공동체의 안녕과 번영, 그 해의 생산과 수확, 전쟁에서의 승리 등 그들이 생각하는 가장 중요하고 근본적인 것들을 그것에게 의탁하는 마음의 표현이었을 것이다.

그러니 우상숭배에서 문제가 되는 것은 그들이 그것들 앞에서

---

[13] 산상수훈에서 예수님이 살인과 간음에 대해 행위보다 마음의 동기와 생각을 언급하신 것과 같이, 여기서도 석상과 주상을 세우고 절하는 그들이 그 행위를 할 때, 그 마음의 동기와 생각이 무엇일지를 생각하는 게 당연하다.

종교 행위를 한다는 것보다, 그들이 하나님께 의지하고 기대해야할 것을 그것들에게 의탁한다는 점이다. 이것은 실생활에서 중요한 의미를 갖게 되는데, 왜냐하면 우리가 삶의 가장 근본적인 것들이 어떤 것에 달려 있다고 믿는 순간, 그것이 우리 삶의 중심에 오게 되고, 이후 모든 것은 그것을 중심으로 재배열되고 지배당하게 되기 때문이다. 희로애락과 안전감과 불안 같은 삶의 가장 기본적인 감정들이, 내가 믿고 있는 것들이 안전한지 혹은 위협받고 있는지에 따라 좌우되는 것이다. 삶의 중요한 결정들도 다 그것들에 의해 결정된다.

그런 점에서 보면 오늘 우리에게도 우상은 있다. 비록 목상이나 석상같이 기괴한 모양으로 표현된 우상은 없지만, 그러나 오늘날 우리에게도 우리의 삶에서 근본적인 것들, 안전과 번영과 만족이나 삶의 의미에 관해 의지하는 것들이 있는 것이다.

내게 우상이 있는지를 쉽게 알려면 자신에게 이렇게 물어보면 된다.

"나는 내게 무엇이 있으면 가장 안전하다고 느끼는가?"

"내게 하나님이 계시다는 것보다, 그게 있으면 더 안도감이 느껴지는 무엇이 있나?"

"무언가를 결정할 때 하나님의 말씀보다 더 강하게 나를 속박하여, 그 말씀의 뜻과 다른 선택과 결정을 하게 하는 무엇이 있는가?"

당신의 만족과 기쁨에 대해서도 동일하게 물어볼 수 있다.

"나는 나의 가장 큰 만족을 어디에 두고 살아가고 있는 걸까? 돈일까? 사람의 인정일까? 쾌락 혹은 성적인 만족일까?"

당신의 가장 큰 만족이 하나님이라기보다 사실상 '그것'이라면, 그것이 당신에게 우상이다. 우리의 존재감의 궁극적 근거, 내가 살아갈 궁극적 이유는 하나님이어야 하는데 다른 무엇이어서, 그것이 없으면 살 의욕이 없다든지 삶 자체를 포기할 것 같다면, 그것이 우상인 것이다. 우리에게 그런 것이 있다면 우리의 감정과 결정은 그것에 의해 심하게 좌우된다. 내가 의지하는 것이 좀 있다 (혹은 된다) 싶으면 아주 즐겁고, 좀 부족하다 싶으면 너무 슬프거나 불안하다. 하늘이 무너지는 것같이 슬프고, 곧 무너질 것 같이 불안하다. 우상은 그런 식으로 우리의 마음(생각과 감정과 판단)을 실제적으로 지배한다.

그런 점에서 우상을 어떤 나쁜 것, 흉측한 것이라고만 생각하면 실수하기 쉽다. 우상은 오히려 우리가 그토록 매달려 모든 기쁨과 만족과 삶의 의미를 거기에 둘만큼 좋은 것일 가능성이 훨씬 높다. 너무 좋아서 우리 안에서 기꺼이 하나님의 자리를 내어주고, 우리의 감정을 지배하도록 내어주게 되는 것이다.

죄악과 불행의 뿌리

|

우상은 그 자체도 옳지 않은 것이지만, 모든 불행과 죄악의 원인
이기에 더욱 문제다. 우상의 문제는 본질적으로 덜 중요한 것이
가장 중요한 분의 자리를 대체한다는 데 있다. 하나님이 아닌 무
언가가 가장 중요한 것이 되는 순간 그것의 지배가 시작되고, 삶
의 질서는 다 무너진다. 덜 중요한 것이 더 중요한 것이 되어 더
중요한 것들이 희생되는 것이니, 삶 속에는 많은 상처와 아픔, 무
질서와 혼란이 유발되게 된다.

삶의 궁극적 기쁨과 만족과 존재의 의미가 무엇인가에 달려 있
게 되면, 사람의 감정과 판단은 그것에 의해 지나치게 좌우되게
된다. 그것이 불충분하거나 불안정하게 되면 나도 불안해지고,
그것이 위협받게 되면 나도 불안하게 되어 분노하게 된다. 하찮
은 것이 위협받을 때도 마치 가장 중요한 것이 위협받는 것처럼
느끼기에 불안하고 분노하며, 때론 방어를 위해 공격적으로 반응
하게 된다. 비정상적이지만, 때론 병적이고 지나치게 강한 반응
으로 인해 주변 모두가 거기에 순응하도록 길들여진다. 결과적으
로 하찮은 그것을 위해 주변의 모든 것이 다 희생되게 된다.

우상은 그것을 조금이라도 건드리거나 불안하게 하면 발작적
으로 불안을 느끼게 하므로 정상적 판단이 불가능해진다. 심지
어 느껴야 할 것을 거꾸로 느끼는 경우도 나타나, 중요한 것을 덜

중요하게 느끼고 덜 중요한 것을 더 중요하게 느끼는 일이 나타난다. 그래서 때에 맞는 적절한 말을 하지 못하고, 오히려 해야 할 말을 안 하고 안 해야 할 말을 한다. 그래서 간혹 집안 전체에, 주변의 모든 것에 상처만 주게 되는 것이다.

그런 예를 우리는 야곱에게서 발견할 수 있다. 야곱은 모든 것을 자신의 뜻대로 통제하지 않으면 안 되는 사람이었다. 자신의 계산대로 무언가를 해나가야 하고, 그렇지 않으면 견디지 못하는 성격이었다. 그에게는 '통제'가 우상이었다. 주변이 통제되면 행복하고 만족하고 안심이 된다. 그러나 그렇지 않으면 그는 불안하고, 어떻게든 상황을 통제 가능한 방향으로 바꾸어야 한다. 그에게는 하나님보다 자신이 통제하고 있다는 느낌이 중요했다.

그리고 야곱에게는 또 다른 우상이 있었는데, 그것은 라헬과 라헬이 남긴 아이들이었다. 일찍이 자신을 무척이나 사랑했던 어머니와 갑자기 이별했던 그는 자신의 분리 불안에 대한 대답을 라헬에게서 찾은 것이다. 그에게 라헬은 단순히 아내가 아니라 구원의 여인이었다. 라헬은 그에게 모든 만족과 기쁨, 즉 삶의 의미였다(창 29:20,30). 급기야 야곱이 라헬과 라헬의 소생에게 자신의 모든 것을 다 걸자, 그의 가정에는 편애와 부적절한 판단과 부적절한 말로 인한 상처가 가득해졌다. 그가 요셉이나 베냐민에게 자신의 생의 의미까지 걸자, 그의 입에서는 상황에 맞지 않는 말, 다른 자식들 앞에서는 절대 하지 말아야 할 말들이 그냥 나와

버렸다.

창세기 42장을 보면, 야곱은 천신만고 끝에 애굽에서 양식을 구해온 아들들에게 먼 길에 고생 많았다는 격려의 말 한 마디 없이, 또 애굽에 볼모로 잡혀 있는 시므온에 대한 염려의 말도 없이, "무엇 때문에 애굽 총리 앞에서 가나안에 막내가 남아 있다는 얘기를 해서 이 아이(베냐민)를 데려오라고 하게 했느냐"라며 역정을 낸다. 그러면서 그는 말한다. "내 아들은 못 간다! 너희가 다 간다 하더라도 내 아들은 못 간다!"

그러면 다른 아들들은 무엇이란 말인가? 그 자리에는 십중팔구 시므온의 아내와 자식들을 비롯해, 양식을 구하러 멀리 이집트까지 다녀온 '집안 영웅들'을 보느라 가족이 다 모여 있었을 텐데, 그런 자리에서 그들이 야곱의 말을 듣고 받았을 상처를 생각하면 지금도 마음이 아플 정도다. 이것이 우상이 만들어내는 전형적인 모습이다.

덜 중요한 것에게 더 중요한 것을 바치다

우상의 체제에서는 모든 것이 하나를 위해 존재하게 되는데, 그 결과로 나의 시간과 노력과 생각은 다 그 하나의 제단에 바쳐진다. 그게 나의 신이기 때문이다. 덜 중요한 것 앞에, 내가 나의 모든 것으로 삶의 예배(산 제사 Living Sacrifice)를 드리는 것이다. 덜 중요한 것들에게 더 중요한 것들을 희생제물로 드리는 것이다.

우상은 이렇게 우리 삶을 망치고 온통 상처투성이가 되게 한다. 하나님은 우리 삶에 올바른 질서를 가져오고 샬롬을 가져오는데, 우상은 그 반대인 것이다. 우상은 한 개인이나 가정도 그와 같이 망가뜨릴 수 있으며, 넓게는 한 사회도 마찬가지다.

우상을 이렇게 이해하고 보면, 우상숭배는 단지 고대인들만의 문제가 아니라 현대인의 문제이기도 하다. 그리고 단지 불신자들의 문제가 아니라 기독교인의 문제이기도 하다. 교회 다닌 지 30년 된 기독교인, 매일 새벽기도 하는 사람에게도 우상이 있을 수 있다. 매일 새벽기도를 하지만 여전히 돈이 삶의 중심이고, 삶에서 중요한 결정을 돈이 하게 된다면, 아무리 30년간 새벽기도를 해도 그건 종교행위일 뿐, 실제 삶에서는 돈이 그의 신(神)이다.

돈과 마찬가지로, 어떤 사람에게는 '사람들의 인정'이 우상이다. 이 경우 그 사람의 기본 감정은 자신이 받아들여지고 있는지 여부에 의해 좌우된다. 사람들이 그들의 모임에 자신을 부르는가 안 부르는가에 늘 눈치를 심하게 보게 된다. 모임에서 배제될 것에 대한 두려움이 불안이라는 감정으로 그 사람을 지배한다. 받아들여지는 게 그에게는 너무 중요해서 그들의 작은 요구 하나도 거절하지 못하며, 그것을 위해 중요한 것들을 희생하게 된다. 친구들의 작은 요구를 거절하지 못해, 만만한 가족에게 화를 내며 그들을 희생시킨다. 우상은 그런 방식으로 그 사람을 지배한다.

개인의 우상숭배는 사회적 문제에도 영향을 주는데, 덜 중요한 것을 위해 더 중요한 것이 희생되는 메커니즘이 그 통로가 된다. 돈이 우상이 되면 얼마의 돈을 위해 정의와 공의를 외면하게 되는 식이다. 사람들의 인정에 목말라 하는 사람은 그들의 마음에 들기 위해 그 인정의 제단 앞에 정의와 공의의 배를 갈라 제물로 드리는 일이 일어나는 것이다. 사람들의 비난과 외면이 두려워서 아닌 것을 아니라고 말하지 못한다. 정의와 공의의 가치보다 소외의 두려움이 더 크게 작용하기 때문이다. 분명 그의 종교는 기독교인데, 중요한 결정의 순간에 하나님 생각이 안 난다. 자신의 우상이 위협당하자 마음이 극도로 불안해지기 때문이다.

이데올로기가 우상이 되면 생기는 일

현대의 우상과 관련하여 우리가 생각할 더 중요한 것은 이데올로기다. 지금 우리 사회에서 이데올로기는 많은 사람들에게 우상이 되어 있다. 사람들은 자신의 이데올로기가 이 사회를 구원하리라 기대한다. 더러는 그 우상에 너무 깊이 빠져 있어서 다른 사람의 말을 차분히 들을 수도 없다. 그 속에서 우상이 난리를 치기 때문이다.

우리가 이데올로기와 진영이라는 우상숭배에 빠져 있는지를 무엇으로 아나? 남의 이야기를 들을 때 무엇이 당신의 태도를 결정하는지를 보면 안다. 다음의 네 가지 질문으로 테스트해보라.

- 하나, 그 사람의 말을 충실히 듣고 그 사람의 입장을 생각할 수 있나?
- 둘, 그 사람의 말을 듣다 말고 '이 사람 우측 아냐? 이 사람 좌측 아냐?' 하는 생각부터 먼저 하나? 그 사람의 말을 깊이 듣고, 그 말의 옳고 그름을 따라 공감하며 이해하기보다, 우선 마음과 귀를 닫고 '이 사람, 어느 진영의 사람인가'를 먼저 알려고 하지 않는가?
- 셋, 당신의 판단에 있어서 중요한 것이 '이건 좌측 생각 아냐? 이건 우측 생각 아냐?'라는 생각인가?
- 넷, 인터넷에서 어떤 글을 읽을 때, 그 글쓴이의 진영을 알게 되면 그 말이나 글을 듣고 볼 필요도 없이, 그냥 그 제목 하나만 읽는 것으로 충분하다고 생각하는가?

아마도 많은 사람들, 솔직히 말해 다수의 기독교인들도 여기에 해당할 것이다. 그렇다면 우리는 어느 정도 이데올로기를 우상숭배하고 있는 중이라 할 수 있다. 우상숭배 때문에 이웃의 말을 제대로 들을 수 없는 것이다. 그 말의 옳고 그름에 귀를 기울이기 전에, 자신의 신인 이데올로기가 '이걸 기뻐할까, 싫어할까'를 먼저 생각하는 것이다. 그런 상황에서는 어떤 문제 제기나 건설적인 제안도 아무 의미가 없다. 좋은 의견도 그저 진영논리를 따라 소비될 뿐이다.

하나님께서 가나안에 들어가는 그들에게 우상숭배를 하지 말라고 요구하신 것은 바로 이런 이유 때문이다.[14] 그들의 공동체만큼은 '하나님을 중심으로' 질서 잡힌 사회가 되어야 하기 때문이다. 그렇지 않으면 덜 중요한 것이 중심이 되어 그것을 위해 더 중요한 것들이 희생되는 사회가 될 것이기 때문이다. 돈 때문에 인간이 희생되거나, 덜 중요한 것들을 위해 공의와 정의가 희생되니 거기에 젖과 꿀이 (샬롬이) 흐를 수 없는 것이다.

우상숭배를 버리라는 말은 정말 중요한 것이 중요하게 여겨지고, 덜 중요한 것이 우선순위를 내어주는 올바른 질서가 세워지기 위한 것이다. 돈보다 사람이 더 중요하게 여겨지고, 그런 점에서 공의와 정의가 세워지고 샬롬이 있기 위해, 하나님 앞에 다른 신이 없게 해야 하는 것이다.

우리 사회도 마찬가지다. 우리 사회에도 성경적 샬롬까지는 아니라도 그나마 더 올바른 질서가 지배하기 위해서는, 교회부터 우상을 몰아내고 하나님만 섬기는 교회가 되어야 한다.[15] 교회가

---

14 우상숭배가 탐욕적 삶을 가져오고, 그것이 그 땅의 모든 질서를 망가뜨린다는 점에 대해서는, 크리스토퍼 라이트의 '현대를 위한 구약 윤리' 211쪽 이하를 참조하라.

15 출애굽기의 금송아지 사건 이후 진노하신 하나님께서 저들을 다 진멸하시려 하다가 모세의 중보로 뜻을 돌이키시고, 대신 "너희들끼리 가라! 너희들끼리 가더라도 그 땅에 들어갈 수 있게 해주겠다"라고 하셨을 때, 모세가 한 말을 기억할 수 있겠다. 모세가 "…주께서 친히 가지 아니하시려거든 우리를 이곳에서 올려보내지 마옵소서"(출 33:15)라고 한 것은 대단히 깊은 지혜의 말이다. 그는 그

그 질서에 대해 더 중요하게 여기며 자주 말해야 하고, 성도들이 그 질서로 세워지는 공동체를 교회 안에서 경험해야 한다. 그리고 그 말씀과 경험에서 우러나온 지혜를 가지고 세상 속으로 나가야 한다. 그럴 때 우리 사회에서 그리스도인은 이데올로기의 갈등 가운데서도 자신이 서야 할 자리를 알고, 지혜를 가지고 말하고 행하게 될 것이다.

> [7]여호와의 율법은 완전하여 영혼을 소성시키며 여호와의 증거는 확실하여 우둔한 자를 지혜롭게 하며 [8]여호와의 교훈은 정직하여 마음을 기쁘게 하고 여호와의 계명은 순결하여 눈을 밝게 하시도다
>
> _시 19:7-8

부디 우상에서 벗어나서, 이데올로기의 전쟁터에서 올바로 분별함으로 하나님의 뜻에 한 걸음 더 가까이 나아가는 한국교회가 되기 바란다.

곳이 하나님 중심이 되지 않고 하나님 없는 공동체가 된다면 더 이상 젖과 꿀이 흐르는 땅이 될 수 없음을 알았다는 뜻이다. 하나님의 법의 다스림 없이, 그분의 법질서 확립 없이 '땅과 자손'만으로는 젖과 꿀이 흐르는 곳이 되지 않는다는 뜻이다.

11.
이데올로기라는
우상

레 26:1-7

하나님은 이스라엘 백성이 들어갈 땅 가나안을 젖과 꿀이 흐르는 땅이라고 불렀는데, 그것은 단순히 그 땅의 토양을 말하는 게 아니었다. 그것은 그들이 거기서 하나님의 통치를 제대로 받들 때 그 땅에서 경험하게 될 공동체의 특성을 일컫는 말이다. 그 땅에 흐를 것이라던 젖과 꿀은 사실상 샬롬이었고, 그것의 다른 말은 공의와 정의였다. 공의와 정의가 없이는 샬롬도 없기 때문이다. 그 땅에 흘러야 할 젖과 꿀에 대해 훗날 아모스 선지자는 이렇게 말했다.

오직 정의를 물 같이, 공의를 마르지 않는 강 같이 흐르게 할지어다

_암 5:24

젖과 꿀이 흐르는 땅이라는 이상(理想)은 하나님의 백성들이 그 땅에서 하나님의 말씀을 따라 살아갈 때 이루어지는 것이다. 하나님의 은혜를 경험한 자들이 규례와 계명을 준행할 때, 그 땅 위에 법과 제도가 제대로 자리를 잡고 그 위에 하나님이 복을 주셔서, 모든 것이 잘되는 방향으로 되어가게 하신다. 소출도 풍성한 방향으로, 사회적으로 큰 갈등이 될 만한 상황도 잘 해결되는 방향으로 흘러간다. 사회가 아름다운 가치관에 따라 서로 합의하게 되어, 가만히 두어도 질서 있고 안전하게 되고, 치안과 국방 차원에서도 '누워 있어도 두렵게 할 자가 없는 상태'가 될 것이라 하신다.

이 이상적 삶은, 비록 세상이 지금 당장 그렇게 되지 않는다고 하더라도, 궁극적으로 하나님이 이루실 것의 모형이요 그림자이므로, 이를 믿는 성도들에게 말씀은 세상에서 사는 날 동안 삶의 지향점이 된다. 이는 오늘날처럼 이념으로 나누어진 현대 사회에서 판단의 좋은 기준이 될 수 있다.

그렇다면 이제 중요한 것이 무엇이겠나? 그 땅이 젖과 꿀이 흐르는 땅이 되게 하기 위해 지켜야 할 중요한 것은 무엇인가 하는 것이다. 그것에 대해 레위기 26장은 두 가지로 압축했는데, 그것

은 너무나 의외다. 우상숭배 금지와 안식일의 준수 명령이기 때문이다. 우리는 이런 이야기를 들을 때 실망한다. 그래서 이런 생각이 든다. '아니 뭐~야! 정치와 이데올로기 문제와 관련해서 생각해야 할 답이 고작 우상숭배 하지 말라는 거야? 안식일을 지키는 것과 함께?'

이런 생각이 드는 이유는 기독교인 모두가 이 두 계명은 비교적 잘 지키고 있다고 생각하기 때문이다. 그뿐만 아니라 이 두 계명이 종교적 의미 외에 사회적으로는 별 의미가 없다고 생각하기 때문이다. 우상숭배 금지란 그저 석상이나 목상에게 절하지 말라는 것이고, 주일에 놀러 가지 말고 예배하라는 것에 불과하다고 느끼기 때문이다. 또한 약간 냉소적인 반응 속에는 "그런데 그렇게 해서 한국교회가 지금 잘 된 게 뭐야? 그렇게 해온 한국교회가 지금 겨우 이 꼴이란 말이야?"라는 뜻도 있다. 그런 반응들은 대체로 이 중요한 두 계명을 제대로 이해하지 못한 데서 기인한다. 그런 점에서, 앞 장에서 우선 우상의 진정한 의미부터 살펴보았다.

성경의 일부 구절들이 우상숭배를 단지 석상이나 목상을 만들고 그 앞에 절하는 것을 의미하는 것처럼 묘사했지만, 그러나 우상숭배는 그들이 그렇게 하는 내적 동기와 더 관련이 있는 것이다. 고대인들이 우상을 만들 때는 그냥 만든 것이 아니다. 그것들의 실체가 자신들의 안전, 번영, 풍요, 승리를 보장한다고 믿고 만들었으며, 거기에다 절을 한 것이다. 그들의 삶의 가장 근본적인 것들을 하나님이 아닌 '그것들'에게 의지한 것이다. 그런 점에서 우상은 얼른 보아 나쁜 것이거나 흉측하게 생긴 것이라고 가정할 필요가 없다. 오히려 그 반대일 수도 있다.

우리가 그것에 우리의 모든 행복과 안전과 만족이 달려 있다고 여길 만큼, 우상은 그 자체로는 선하고 아름다운 것일 수 있다. 다만 문제는 그것이 단지 '그것'에 머무르지 않고, '모든 것'이 되고 '하나님 자리'를 차지한 것이다. '그것'은 자식일 수도 있고 돈일 수도 있다. 그 자체로는 필요하기도 하고 좋은 것이기도 한데, 그런 정도를 넘어 모든 것이 되어 버린 것이다.

당신의 인생에 그런 것은 없나? 평소 당신에게 전부가 되어 버린 것이 없는가 말이다. 전부가 되어, 이젠 그것이 없다는 상상만 해도 불안해지고 두려워져 모든 생각과 감정이 마비될 것 같은 것, 그 문제만 불거지면 평소의 당신일 수 없게 되는 것…. 그게 뭔가? 금전인가? 사람들의 인정인가? 친구 사이에 끼지 못하는 것에 대한 두려움인가? 자식인가? 당신의 가장 큰 기쁨과 만족은 어디에 있는가? 우상을 이렇게 이해하면, 현대인이라고 해서 우상이 없는 게 아니다. 기독교인이라고 없는 것도 아니고, 30년 동안 새벽기도 한 사람이라고 없는 것도 아니다.

마치 고대인들에게 농사의 신, 결혼의 신, 바다의 신, 전쟁의 신이 따로 있는 것과 흡사하게, 오늘 현대인에게도 각 분야마다 믿는 게 있다. 결혼에는 학벌과 가문이라는 신이, 살아가는 데에는 돈과 재력이라는 신이, 정치에는 진영논리와 이데올로기, 혹은 지지자들이라는 신이 지배하고 있는 것이다.

이 말을 오해하지 말기 바란다. 필자는 지금 그것들의 필요나 기능을 부정하고 있는 게 아니다. 다만 지나치도록 중요하게 여겨지는 그 모든 것들을 전부 제자리로 돌려보내야 한다는 것이다. 그리고 그들 위에 하나님의 질서가 통치하게 해야 한다는 말을 하는 것이다. 돈이 그저 돈이 되고, 자식이 그저 자식이 되고, 이성이 그저 이성이 되며, 성(性)이 성(性)이 되게 하고, 정치적 입장이 그냥 정치적 입장이 되게 하여, 그것들을 그 위에서, 하나님께서 다스리게 하자는 말이다. 그렇게 할 때, 그분께서 우리의 메마른 결혼과 가정, 그리고 인생과 사회 위에 젖과 꿀이 흐르게 한다는 말이다.

우상을 금지한 이유

그렇다면 이제, 가나안에 들어가는 이스라엘이 그들에게 우상이 없게 해야 한다는 것과 그 땅에 젖과 꿀이 흐르는 공동체를 세우는 것이 무슨 상관이 있는지를 생각해볼 수 있게 되었다. 그 땅에서 지켜야 할 모든 규례와 계명들이 왜 '우상숭배를 하지 말라'는 한 마디에 요약되는 것일까?

모든 죄의 이면에 우상숭배가 있기 때문이다.

십계명 중 첫 번째가 우상 금지인 이유도 모든 죄가 우상숭배에서 비롯되기 때문이다. 모든 죄가 하나님 아닌 다른 것을 더 중요시하게 된 데서 시작되는 것이다. 살인이 왜 일어나겠나? 무언가 그 사람에게 너무나 중요한 것, 건드리면 그 사람의 감정과 인격이 붕괴될 정도로 소중한 무언가가 위협을 받았기 때문이다. 자존심이든, 존재 이유든, 안전감이든, 삶의 의미든, 그가 가장 중요하게 생각하는 핵심 우상을 건드리면 극도로 불안해지거나 분노하게 되어 그러는 것이다. 그래서 위협이 되는 그 사람을 '제거'하는 것이다.

왜 이웃의 소유를 탐내겠나? 왜 이웃의 아내를 탐내겠나? 그것이 자신에게 진정한 만족과 기쁨을 줄 것으로 생각되기 때문이다. 따지고 보면 이것은 에덴에서부터 그랬다. 아담과 하와가 저지른 범죄도 본질적으로는 우상숭배였다. 진정한 기쁨과 만족을 하나님이 아닌 다른 것에서 구한 것이다. 그만큼 우상숭배는 역사가 깊으며 불순종의 핵심이다. 하나님 아닌 다른 무언가가 더 짜릿하게 만족을 줄 것 같고, 더 실제적인 도움이 될 것 같고, 자신을 더 잘 지켜줄 것같이 여겨지는 것이다. 돈이 실제로 안전을 지켜줄 것 같고, 친구 그룹이 자신을 더 만족하게 할 것 같고, 그래서 그들 사이에 끼지 못할 것 같은 불안감이 그의 존재를 뒤흔들어 놓는 것이다. 그럴 경우 친구들과의 관계 유지를 위해 말씀에 불순종하는 것이다.

가나안 땅이 하나님의 말씀과 그 말씀이 가르치는 가치들에 의해 세워지고 지배되기 위해서는 우상이 없어야 한다. 그 땅에서 사는 사람들은 그들의 안전과 행복과 만족과 평안이 근본적으로 하나님께 있다는 것을 확신해야 하는 것이다.

우선순위를 바꾸어 놓음으로써 삶의 질서를 허물어뜨리기 때문이다.

그런 일이 어떻게 일어나는가? 우상은 근본적으로 덜 중요한 것을 위해 더 중요한 것을 희생시키는 것이기 때문이다. 또한 하나님 아닌 것을 하나님처럼 섬기는 것이고, 하나님에게만 둘 기대를 하나님 아닌 것에 두는 것이기 때문이다. 그러니 모든 것의 질서가 무너진다. 있다가도 없는 것, 없으면 불편하긴 하지만, 그것 때문에 못 살 건 아닌 어떤 것에 삶의 근본 의미와 가치, 만족과 기쁨을 의지하니, 그것을 위해 더 중요한 것들이 다 희생될 수밖에 없는 것이다.

그러니 어떻게 되겠나? 주변의 질서가 무너지고 샬롬이 사라진다. 마치 사춘기의 아이들이 학교 친구들과의 관계에서 소외당하지 않기 위해 멀쩡하게 착한 아이가 '학원 폭력'에 가담하기도 하고, 어울리지도 않는 욕을 입에 달고 살기도 하고, 심지어 친구들과의 하찮은 약속을 지키기 위해 더 소중한 부모나 형제들에게 화를 내고 짜증을 내고, 심지어 가출도 한다. 내가 잃어버리기 두려워하는 그것이 너무 중요하게 여겨지다 보니, 그것을 위해 더 중요한 것들이 희생되는 것이다.

정치인들은 당의 공천을 받는 것이 매우 중요하다 보니 할 말을 못한다. 할 말을 못할 뿐 아니라 못할 말을 하고 못할 짓도 한다. 국회의원이 되기 전에 언론인이나 법조인일 때는 그 사람이 그런 사람이 아니었는데, 전혀 상상도 못 했던 처신을 한다. 진영의 논리에 무조건 굴복하고 이데올로기의 우상 앞에 절한다.

이데올로기가 우상이 되니 어떤 일이 벌어지나? 옳고 그름을 따지기보다 우리 편인가 아닌가부터 따진다. 우리 편이면 무조건 옳고 상대편이면 무조건 틀리다. 내가 가진 이데올로기는 그냥 내가 경험해 온 세상을 반영하는 하나의 입장일 뿐인데, 그것을 절대시하고 그것이 구원을 가져다줄 것처럼 생각하니까, 토론되어야 할 것이 토론되지 못하고 무조건 상대방을 부정하고 자기 주장만 하게 된다. 진영 패거리에서 소외될 수 없다는 생각과 앞으로 공천도 받아야 한다는 실리가 범벅이 되어 이데올로기와 진영이 강력한 우상이 되는 것이다. 그러니 그렇게 우상숭배가 횡행하는 땅에서는 어떤 문제 제기도 바르게 다루어질 수 없다. 그런 우상 앞에서는 공의와 정의도 희생될 수밖에 없다. 진실도 희생당하고 만다. 무슨 문제가 생기든지 당파적 유불리에만 집착하는 정당들로는 진실에 이를 수 없다. 그러니 그런 땅에는 샬롬이 있을 수 없다.

지난 일이지만 '정인이 사건'을 예로 들어보자. 입양 아동을 학대한 사건이 입양에 관한 이해의 문제로 확대되었다. 건전한 논의가 가능한 사회 분위기라면 입양에 대한 바른 이해와 입장이 정리될 수 있는데, 그저 공격과 방어로만 일관하니 올바른 정리에 이를 수 없었다. 입양이라는 이슈가 각 정파에 의해 부적절하게 소비될 뿐이어서 안타까웠다. 입양아와 입양 부모의 입장이나 입양 제도라는 가장 중요한 이슈가 그저 각 진영의 생색내기 쇼에 이용되었고, 진지한 논의나 진전 없이 희생당하고 말았다. 이런 예는 어떤 사회적 이슈가 등장할 때마다 자주 나타나는 이 나라 정치와 사회의 모습이다.

또한 원자력 발전소 문제는 얼마나 중요한 이슈인가! 하지만 이데올로기와 진영논리라는 우상숭배에 휘말리면 이 또한 제대로 다루어질 수 없다. 국민의 안전과 국가의 미래가 달린 문제이니 각 단계 별로 조사도 정당하게 실시하고, 그 결과도 투명하게 공개하여 열린 토론을 거쳐 결론을 도출해야 국민 모두에게 이익이 된다. "대통령이 국민들의 투표로 당선되었으니 그의 모든 공약은 국민이 다 허락한 거다. 그러니 반대하면 안 된다." 이런 논리를 펼치면 말이 안 된다.

국민이 대통령을 어떻게 뽑는가? 대통령 후보 진영이 만들어내는 수많은 공약을 국민들이 다 알고 뽑는가? 그렇지 않은 것을 우리는 잘 알고 있지 않은가? 국민은 한 후보에 대해서도 어떤 공약은 지지하지만 어떤 공약은 반대하고, 어떤 공약은 이해도 하지 못한 채 후보 중에 한 명을 선택하는 것이다. 그런데도 대통령으로 뽑았으니 그 공약은 다 허락한 거라는 식으로 말한다는 것은 그 사람이 아예 참말을 하지 않기로 작정한 것이다. 그런 식의 발언을 하는 정치인은 다음 선거에서 반드시 걸러내야 한다.

대통령은 후보 시절에 낸 공약이라도 추진할 때에는 정당한 절차를 밟아야 한다. 더구나 원자력 발전 같은 거대한 예산이 들어가는 사업에 대해서는 타당성 조사가 반드시 필요하다. 그리고 타당성 조사 보고서는 어떤 이유로도 조작되어서는 안 된다. 왜냐하면 그 이후의 모든 판단이 그 보고서를 기초로 이루어지기 때문이다. 그러므로 이런 문제는 수사해야 하는 것이다. 공약을 수사하는 것이 아니라, 타당성 조사 결과를 누군가가 고의로 왜곡시켰다고 의심받는 그 부분을 수사하는 것이다.

하지만 이 일도 진영에 빠져 허우적대서는 안 된다. 원전이 언젠가 엄청난 위험을 유발할 수 있다는 사실에 대해서도 조금도 방심해서는 안 된다. 한번이라도 잘못되면 돌이킬 수 없는 문제가 생기기 때문이다. 그런 점에서 타당성 조사 결과의 조작에 대해 수사를 촉구하는 사람들도 원전의 위험성을 고의로 축소시키는 일을 저질러서는 안 된다. 단지 노선 경쟁에서 이기기 위해, 그저 되든 안 되든 상대방을 궁지로 몰기 위한 정파적 말만 해서는 안 된다.

검찰 개혁 문제도 마찬가지다. 우리나라 검찰에는 개혁되어야 할 문제점들이 많다고 생각된다. 하지만 모두가 진영과 이념의 우상에 빠져서 무엇이든 진영의 싸움으로 만들어버리는 상황에서는 분명한 진실조차 확정하기 어렵다. 진영논리로만 정치 문제를 다루는 것은 모두가 불행해지는 길이다. 진영논리로는 진실에 결코 다가갈 수 없다. 진영논리에 갇힌 채 무엇이 진실인지도 가리지 않아서 알지도 못하는데, 어떻게 올바른 선택을 하겠나? 그런 곳에 어떻게 샬롬이 있을 수 있겠나?

그래서 하나님은 우상을 버리라고 하시는 것이다. 이념이 우상이 된 사회 속에서 이념을 우상으로 숭배할 것이 아니라, 하나님의 규례와 율법을 기준으로 삼으라는 것이다. 그래야 진실에 다가설 수 있을 것이다. 그런 점에서 우리에게 하나님 외에 다른 신은 없는지, 우리의 결정이 하나님이 아닌 다른 기준, 즉 두려움이나 강박에 의해 결정되는 일은 없는지 살펴보라는 것이다. 덜 중요한 것을 위해 더 중요한 것을 희생하는 상태에서는 결코 공의와 정의를 이룰 수 없다.

현재 한국교회 성도들은 크게는 정치에 애써 무관심한 그룹과 정치에 큰 관심을 두는 그룹, 두 부류로 나뉘어 있다. 애써 정치에 무관심한 그룹은 사실과 다르게 모순이 되는 자가당착에서 스스로 벗어날 수 없을 것이다. 자신의 모든 삶과 행위가 다 정치와 무관하지 않은데, 자기 혼자 애써 무관할 수 있는 줄로 생각하는 것이다. 반면 정치에 관심을 둔 사람들은 신자임에도 불구하고 거의 이데올로기 우상에 빠져 있다. 이데올로기가 유일한 진리가 아닌데, 그것이 자신의 개인적 역사 속에서, 즉 살고 있는 세상 속에서 우연히 일시적으로 서게 된 입장임에도 불구하고, 성경 말씀보다 오히려 그것을 추종한다. 마치 그것이 불변의 진리라도 되는 양 말이다. 그런 점에서 우리는 이데올로기 우상으로부터 개종이 필요하다.

우상숭배자는 결국 그 우상에게 산채로 잡아먹히기 때문이다.

우상은 그 사람이 자신의 안전과 만족과 기쁨과 반영을 근본적으로 좌우한다고 믿는 어떤 것이다. 우상이 그 사람에게 그런 비중을 갖는 존재이기에, 우상은 그를 근본적으로 불안하게 하고 두렵게 한다. 그래서 그로 하여금 병적으로 그것에 매달리게 하고, 살아갈 모든 에너지를 거기에 쏟게 한다. 더러는 친구 관계를 그런 종류의 것으로 인식함으로써 우정이 아닌 집착이 되게 하고, 혹은 진영과 그 이데올로기에 대해 그러하여 거기에 모든 에너지를 쏟게 한다. 그러다 보면 입으론 공의와 정의를 말하지만 진정한 공의와 정의에 이르지 못한다. 진실에조차 이르지 못한 채 헛된 일에 젊음과 진액을 다 쏟게 되는 것이다. 결국, 마치 괴기 영화에서 흡혈귀에 목이 물려 모든 피와 진액을 빨아 먹힌 채 버려지는 사람처럼 되고 만다.

"나 외에 다른 신이 있게 하지 말라!" 이 말씀은 이스라엘 백성이 들어가야 할 그 땅 가나안에서 새 날이 시작되게 하는 데에 가장 먼저 필요한 말씀이다. 그것은 오늘 우리가 살아가야 할 이 시대에도 마찬가지다. 이 말씀이 마음에 깊이 박혀서, 이 땅에 새 날이 펼쳐지는 일이 일어나기를 간절히 바란다. 마치 에스겔의 환상에서 만물을 새롭게 하는 물이 성전 문지방에서 흘러나와서, 처음에는 발목만큼 차오르다가 나중에 허리까지 오고, 그 다음에는 사람들이 건너지 못할 강처럼 된 것같이, 복음에서 시작된 변화가 이 땅에 가득하기를 바란다.

12.
이념전쟁과
안식일

¹너희는 자기를 위하여 우상을 만들지 말지니 조각한 것이나 주상을 세우지 말며 너희 땅에 조각한 석상을 세우고 그에게 경배하지 말라 나는 너희의 하나님 여호와임이니라 ²너희는 내 안식일을 지키며 내 성소를 경외하라 나는 여호와이니라 ³너희가 내 규례와 계명을 준행하면 ⁴내가 너희에게 철따라 비를 주리니 땅은 그 산물을 내고 밭의 나무는 열매를 맺으리라
_레 26:1-4

⁸안식일을 기억하여 거룩하게 지키라 ⁹엿새 동안은 힘써 네 모든 일을 행할 것이나 ¹⁰일곱째 날은 네 하나님 여호와의 안식일인즉 너나 네 아들이나 네 딸이나 네 남종이나 네 여종이나 네 가축이나 네 문안에 머무는 객이라도 아무 일도 하지 말라 ¹¹이는 엿새 동안에 나 여호와가 하늘과 땅과 바다와 그 가운데 모든 것을 만들고 일곱째 날에 쉬었음이라 그러므로 나 여호와가 안식일을 복되게 하여 그 날을 거룩하게 하였느니라 _출 20:8-11

이스라엘이 그 땅에서 지켜야 할 규범의 말씀으로서 우상 금지와 더불어 안식일을 지키라는 말씀이 있다. 우상 금지와 안식일 준수가 그들이 들어가야 할 땅이 젖과 꿀이 흐르는 땅, 다시 말해 샬롬이 흐르는 사회가 되는 데 꼭 필요한 말씀이었다면, 그 말씀 속의 원리는 오늘 우리 시대에도 그대로 적용해야 할 원리라고 할 수 있다. 그런 점에서 이제부터는 안식일을 지키라는 말씀을 살펴보려고 한다.

안식일을 지키라는 말씀을 살펴보려 하면, 대부분의 반응은 '따분하다'는 것이다. 평생 안식일에 대해 들어온 이야기는 늘 '날을 지키는 것'이었을 뿐, 그 안에 담긴 아름다운 진리를 제대로 들어본 적이 없기 때문이다. 그래서 과거에 안식일 혹은 주일성수는 많은 이에게 성가신 문제처럼 취급되었고, 늘 단순히 (주일에는) 무엇을 '하지 말라!'는 얘기로만 인식되었다. 그래서 우리나라 성도들에게 안식일에 대해 말해보라면 늘 무얼 안 한 것에 대한 이야기부터 했다. 주일에 돈을 안 쓴 이야기, 일 안 한 이야기, 장사 안 한 이야기, 공부 안 한 이야기뿐이다. 그래서 주일은 단순히 무얼 안 하는 날로 여겨졌다. 그런 데 비해, 왜 그래야 하는지에 대해서는 그다지 깊이 생각하지 않았다.

이와 관련하여 전설적인 이야기가 많았다. 그 중에 대표적인 이야기를 하나 소개한다. 한국교회 보수신학의 태두인 박윤선 박사가 부산에 계실 때, 주일에 부산에서 외항선이 출항하기 전에 예배 인도를 부탁하기에 택시를 타고 가서 설교하고 왔는데, 그게 교단에서 문제가 된 것이다. 주일에 왜 돈을 썼느냐는 것이었다. 그로 인해 박윤선 박사는 교단에서 곤욕을 치러야 했다.

그렇다면 그렇게 주일성수에 열심이었는데, 그렇게 열심히 지킨 결과가 무엇인가? 교회가 더욱 교회답게 되었는가? 교회가 세상 속에서 빛과 소금의 사명을 더 잘 감당하게 되었는가? 불행히도 실상은 그 반대다. 오늘날 교회는 이 사회에서 설 자리를 잃었으며, 빛과 소금이 되기보다 사회의 염려거리가 되었다. 왜 그렇게 되었을까? 안식일에 대해 '날 지키기'는 하되 그 기본 정신을 녹여내지 못했기 때문이다. 그것을 잘 소화하고 녹여냈으면 많은 부분이 달랐을 텐데, 안타까운 일이다. 이 장의 이야기가 안식일 준수 규정 속에 담긴 놀랍고 아름다운 뜻이 무엇인지를 아는 계기가 되었으면 한다.

첨단과학 시대에 그날이 의미하는 것

우선 우리가 기억할 것은, 안식일에 관한 모세 오경의 말씀이 오늘 우리의 상황과 무관한 것이 아니라는 것이다. 물론 그 말씀이 주어진 시대는 우리의 상황과 완전히 다르다. 당시는 고대 농경 사회이고 지금은 21세기 첨단과학 인공지능 시대다. 또한 당시에 이 말씀이 주어지던 대상이 이스라엘, 곧 신정체제로 운용되던

단일 신앙 국가였던 반면, 오늘 우리는 대단히 다원적인 사회를 살아가고 있다. 그러니 이 말씀을 오늘에 곧바로 연관시키는 것은 무리일 수 있다. 하지만 그대로 적용하는 것이 무리라고 해서, 이 말씀이 오늘날 아무 상관이 없거나 가치가 없는 게 아니다. 여전히 매우 소중하고 귀한 말씀이다. 심지어 이 말씀은 우리를 이데올로기의 혼란으로부터 건질 수 있는 말씀이기도 하다. 왜 그럴까? 이 말씀 속에는 영원하신 하나님 자신이 드러나 있고 인류를 향한 보편적 기대가 나타나 있기 때문이다. 말씀이 비록 그 시대의 문화에 담겨 표현되어 있지만, 그러나 그런 것들을 적절하게 옮겨오는 과정을 거치기만 하면, 우리는 거기서 오늘에 적용할 중요한 원리를 발견할 수 있다. 하나님은 어제나 오늘이나 영원토록 동일하신 분이기 때문이다.

그러므로 이제 우리가 해야 하는 것은 이 말씀 속에서 원리를 찾는 것이다. 그냥 형식적 의미에서 그날을 지키는 것이 아니라, '그날'이 의도하는 뜻을 찾는 것이다. 사회 환경의 변화로 인해 안식일을 문자 그대로 지킬 수 없는 경우들도 많이 있을 수 있다. 당시는 농경사회이지만 지금은 산업 사회이기 때문에, 예를 들자면 철강 공장 용광로의 불은 주일에도 꺼뜨릴 수 없다. 항공기 조종사는 주일에도 떠 있을 수밖에 없다. 하지만 그럴 때에도 우리는 그날 자체가 아니라, 그날이 의미하는 바는 지킬 수 있을 것이다.

가나안 땅은 티그리스나 유프라테스, 혹은 나일과 같은 큰 강

정치 공간에 그리스도인으로 서기

이 흐르는 곳이 아니다. 따라서 그 땅은 다른 곳처럼 비옥하다고는 할 수 없다. 하지만 하나님은 거기에 젖과 꿀이 흐르는 땅을 약속하셨다. 단순히 토양과 기후 조건을 말하는 게 아니라, 거기에 '모두가 행복하고 살맛나는 사회', '샬롬이 있는 사회'를 이루도록 인도해주시겠다는 것이다. 그런 점에서 이 말씀은 오늘 우리와도 아주 관계가 깊다. 왜냐하면 오늘 우리도 샬롬이 없는 메마른 땅에서 살고 있기 때문이다.

사실 우리 사회가 오늘날처럼 이렇게 삭막하게 깨어진 때가 있었을까? 이렇게 최적화된 소수만이 직장을 가지고 살아가는 적자생존의 사회가 된 적이 있었을까? 그리고 그 결과이긴 하지만, 이렇게 서로 상치되는 이데올로기로 나뉘어서 죽기 살기로 맞부딪힌 때가 있었을까?

우리는 지금 이념의 골이 너무 깊어서 무슨 이야기를 하든 싸움이 되는 사회를 살고 있다. 그 골이 너무 깊어서 교회의 하나됨도 그저 문제가 되는 말을 꺼내지 않았을 동안만 하나인 것처럼 보일 뿐, 누군가 그 주제를 건드리는 순간, 교회는 그때까지 어느 한순간도 하나였던 적이 없었음을 그대로 드러내고 만다. 그래서 우리는 현재의 모습을 믿을 수 없는 상황에 있다.

교회 안에서조차 모두 자신의 진짜 정치적 지향을 꽁꽁 감춘 채 살아가고 있다. 교인이 교회에서든 개인의 SNS에서든 자신의 정치적 관점을 그대로 표현하면 간혹 공동체에서 손해(?)를 보는 결과를 낳기도 하는 탓이다. 편가름이 너무 심하다 보니, 옳고 그름이나 진실 여부보다 누가 그것을 말했는지가 더 중요하고, 거기에 따라 찬성과 반대가 결정되는 이상한 사회가 되었다.

어제까지 진실을 왜 은폐하느냐고 항의하던 사람이 정권을 잡으면 오늘은 아무것도 밝히지 못하게 방해하는 일이 정권이 바뀔 때마다 반복되고 있다. 이래 가지고야 그것을 지켜보는 우리의 자녀들에게 도덕적 일관성이 형성될 수 있겠는가? 이런 상황에서 우리 그리스도인은 어떤 일관성을 가지고 있는가? 또 이 땅의 샬롬을 위해 어떤 모습으로 살아야 하는가? 안식일은 이 모든 주제와 깊은 관계가 있다.

안식일에 담긴 두 가지 정신

그렇다면 안식일은 과연 무엇이며 그날의 목적은 무엇일까? 그리고 어떻게 하는 것이 그날을 지키는 것일까? 또 그날이 가나안에 세워지는 그 공동체의 기본 성격과 어떤 관계에 있길래, 하나님은 그것을 중요한 지침 두 가지(우상 금지와 안식일 준수) 중에 하나로 삼았을까? 이것을 알기 위해 안식일 계명이 들어 있는 십계명을 살펴보자.

십계명은 오경 중 출애굽기와 신명기에 각각 한 번씩 등장한다. 거기에는 그것을 지켜야 할 이유가 각각 다르게 설명되고 있

　　　　　　　　　　　　　정치 공간에 그리스도인으로 서기

는데, 안식일을 통해 기억하고자 하는 사상이 두 가지임을 말해주는 것이다. 그것은 안식일이 그 땅에 세워지는 공동체의 핵심 가치라는 말이기도 하다. 그러므로 안식일에 기억해야 할 두 가지 사상, 즉 안식일의 두 가지 정신은 오늘 우리에게도 너무나 중요하다. 왜냐하면, 그것은 오늘 우리에게도 사회 문제를 깊이 숙고할 때 기준으로 삼아야 할 중요한 가치이기 때문이다.

그러면 안식일을 지켜야 할 두 가지 이유와 그 사상은 무엇인가? 이 장에서는 우선 출애굽기의 십계명 말씀을 통해 '그날'을 지키라고 하신 첫 번째 이유를 찾아보자.

⁸안식일을 기억하여 거룩하게 지키라 ⁹엿새 동안은 힘써 네 모든 일을 행할 것이나 ¹⁰일곱째 날은 네 하나님 여호와의 안식일인즉 너나 네 아들이나 네 딸이나 네 남종이나 네 여종이나 네 가축이나 네 문안에 머무는 객이라도 아무 일도 하지 말라 _출 20:8-10

이렇게 그날을 지키라고 하면서, 그 이유를 11절에서 설명한다. 그리고 이것이 안식일을 지켜야 할 첫 번째 이유이자 출애굽기의 안식일 준수 사상이다.

이는 엿새 동안에 나 여호와가 하늘과 땅과 바다와 그 가운데 모든 것을 만들고 일곱째 날에 쉬었음이라 그러므로 나 여호와가 안식일

을 복되게 하여 그 날을 거룩하게 하였느니라 _출 20:11

출애굽기의 십계명은 그들이 안식일을 구별해서 지켜야 할 이유를 '창조'에서 찾는 것이다. 창조 때에 하나님이 6일 동안 창조하신 후 일곱째 날에 쉬셨다는 것이다.

그렇다면 하나님이 7일째 쉬셨다는 것은 무슨 말일까? 6일간의 창조가 너무 힘드셔서 쉬셨다는 말일까?[16] 그래서 "나도 힘든데 너희는 얼마나 힘들겠니? 그러니 너희도 이제부터 7일에 한번은 쉬어라!" 이렇게 말씀하신 것일까? 그럴 리가 없다.

하나님이 7일째에 안식하셨다는 표현의 강조점은 "창조가 완벽하게 끝났다! 이제는 그분의 세계와 그분의 목적을 누리자!"라는 것이다. 피조물들은 다 하나님의 안식(만족)에 참여하기 위해, 그 안식을 목표로 창조되었다. 그분의 안식은 우리에겐 축복이요 그 복의 누림이다.

¹천지와 만물이 다 이루어지니라 ²하나님이 그가 하시던 일을 일곱째 날에 마치시니 그가 하시던 모든 일을 그치고 일곱째 날에 안식하시니라 ³하나님이 그 일곱째 날을 복되게 하사 거룩하게 하셨으니 이는 하나님이 그 창조하시며 만드시던 모든 일을 마치시고 그

---

16 정갑신 목사는 성경이 창조를 제6일이 아닌 제7일에 끝난 것으로 기록하고 있음을 지적하면서, 이것은 창조와 안식이 떼려야 뗄 수 없이 연결되어 있음을 의미한다고 적절하게 지적하였다(사람을 사람으로, 두란노 2018, 88–89쪽).

날에 안식하셨음이니라 _창 2:1-3

그러므로 거기서의 안식은 단순히 일을 놓고 잠시 쉬는 것이거나, 내일 더 열심히 일하기 위해 힘을 보충하는 의미의 안식이 아니다.

창조를 마치신 하나님의 안식을 누리는 활동

필자는 창세기 상황에서 '내일'은 없다고 믿는다. 하나님의 안식 안에서 누리는 '수많은 오늘' 혹은 '영원한 오늘들'이 있을 뿐이다. 성경 속에서 여덟 번째 날이 있다면 '안식 후 첫날'(마 28:1)이 있을 뿐이다. 그날은 주님이 부활하심으로 잃어버린 안식을 다시 회복시킨 날이다. 영원한 안식이 다시 시작된 것이다.

그런 점에서 창조는 처음부터 안식을 향하고 있다. '하나님이 이루어 놓은 것들의 아름답고 완전한 상태를 누림'을 향하고 있는 것이다. 창조의 각 과정 중에도 보시기에 좋았고, 다 이루신 후 종합해서 보아도 보시기에 좋았으니, 모든 것이 얼마나 조화롭고 아름다웠겠나?

창조를 마치신 '하나님의 안식'이 피조물에게는 '그것을 누림'이었다. 모든 피조물은 그분의 그 '안식'에 들어가 그 아름다움과 온전함 안에서 완전한 기쁨을 누리도록 초대되었다. 그들은 그것을 목표로 창조된 것이다. 그런 점에서 아담과 하와도 창조된 다음날 곧바로 안식에 참여했다. 6일간 일하고 안식한 게 아니다. 이후 만물의 존재와 활동은 다 그 안식 안에서의 활동, 곧 그 안식을 누리는 활동이다. 하나님을 영원토록 즐거워(enjoy)하는 것이다.[17]

아담과 하와의 경우도, 비록 그들이 동산에서 노동을 한다 하더라도 그것은 하나님이 지으신 만물의 완벽한 조화와 아름다움 가운데서, 주신 능력을 사용하여 그 모든 것들을 통해 하나님을 영화롭게 할 다양한 문화를 일구는 것이다. 그렇게 시작되는 그들의 한 주간, 한 달, 일 년도 사실은 '하나님의 안식 밖에서의 시간'이 아니라 하나님이 준비하신 '그 안식 안에서 누리는(enjoy) 시간'이다. 하나님의 안식(만족) 안에서 그분의 기쁨인 창조 세계를 누리며 돌보는 것이다. 거기서의 노동은 수고와 슬픔이나 피로가 아니라 보람과 기쁨이요, 그 자체가 영혼에 쉼이 되는 안식으로서의 노동이었다고 믿는다.[18] 창세기 2장의 안식은 다음날 끝나는 하루짜리 안식이 아닌 것이다.

그렇다면 이것이 이스라엘이 지켜야 할 안식일과 무슨 상관이

---

17 사람의 제일 되는 목적이 무엇인지를 묻는 소요리문답 1문의 답 중 "영원토록 그를 즐거워하는 것입니다"라는 부분에서 "영원토록 그를 즐거워하다"라는 부분의 영어 원문이 "enjoy Him forever"임을 이 부분과 관계지어 보기 바란다.

Q. 1. What is the chief end of man?

A. Man's chief end is to glorify God, and to enjoy Him forever.

18 타락 이후의 노동에서 이런 측면이 희미한 흔적만 남고 완전히 사라진 것이다.

있을까? 그들에게 안식일은 무엇을 하는 날일까? 그들에게 그날은 창조의 하나님과 함께 그들이 잃어버린 것을 기억하는 날이다. 그리고 창조에 나타난 원리를 그들의 존재 안에 더욱 깊고 넓게 배어들게 하는 날이다.

제일 먼저 기억할 것은, 원래 모든 것은 완벽했다는 것이다. 원래는 이렇게 고통스럽게 종살이하고, 주변국과 전쟁하고, 척박한 땅에서 수고하는 게 아니었다. 원래 인간은 하나님께서 창조하신 완벽한 안식 안에 들어가 그 모든 완벽한 아름다움과 조화를 누리게 되어 있었다. 거기서는 모든 게 너무 조화로워서, 그 안에서의 노동과 그 안에서의 관계조차 즐거움과 안식이었다. 그런데 그걸 잃어버린 것이다. 그렇다면 왜 그걸 잃어버렸는가?

Reset을 위한 날

하나님 안에만 있는 만족과 안식을 하나님 밖에서 구했기 때문이다. 그런 점에서 안식일은 자신들이 돌아가야 할 곳이 어딘지 생각하는 날이다. 돌아갈 곳은 하나님밖에 없다. 우리는 그분만 섬기고 그분께 순종함으로 그분께로 돌아가야 하는 것이다.

그러기 위해 창조 안에 계시된 하나님이 어떤 분인지를 묵상해야 한다. 그분은 사람들이 생각하는 신들과는 전혀 다른 분임을 발견해야 하는 것이다.

당시 모세로부터 이 십계명을 듣고 있던 이스라엘 백성들은 고대 근동의 신화나 설화에 익숙한 사람들이었다. 그들이 들었던 신화 속에서 신들은 인간을 마구 부려 먹는 존재였다. 고대 바벨론 등에서 유행하던 신화 속에서 인간은 일하기 싫은 신들이 싸우다가 만들어진 존재다.

그들의 신화에서는 신들에게도 계급이 있었는데, 상급신들이 날이면 날마다 놀고 쉬면서 궂은일은 다 하급신들에게 시킨 것이다. 그러다 보니 하급신들이 불만을 품고 반란을 일으켰다가 떼죽음을 당하는 일이 일어나게 되었다. 그런 일에 충격받은 상급신들이 이러다가는 큰일 나겠다 싶어서 아예 허드렛일만 시킬 존재를 만들기로 하고, 죽은 신들이 흘린 피와 그 피가 스민 흙을 섞어서 '똘마니'를 만들었는데, 그게 인간이었다. 그들의 신화 속에서 신들은 인간을 사랑하지도 존중하지도 않는 존재였다.

그런데, 그런 이야기에 익숙한 그들이 모세로부터 들은 하나님은 어떤 하나님인가?

- 인간을 지으시되 그분의 사랑 안에 두시려고 지으신 분이다.
- 인간을 부려먹기 위해서가 아니라 자신의 만족과 즐거움에 참여하게 하기 위해 지으셨다.
- 자신의 쉼을 위해 인간을 부리려 하신 것이 아니라 자신이 수고하여 이루어 놓은 창조 세계를 누리고 즐기며 다스리게 하

려고 인간을 지으셨다.[19]

그렇다면 이 모든 것을 가지고 하나님을 묵상하면 어떤 결론에 이르겠나? 자신들의 하나님은 다른 신과는 너무나 다른 분임을 깨닫게 될 것이다. 그리하여 그날은 그분에게 자신의 삶을 더 맡

---

19 창세기만으로 말하자면 위와 같지만, 신구약 성경 전체로 이야기하자면 인간 창조는 훨씬 영광스럽다. 필자는 종종 하나님께서 인간을 '그분께서 지으신 만물을 하나님을 대리하여 관리할' 관리인으로 창조하셨다는 설명에 아쉬움을 느낀다. 성경이 말하는 것에 비해 훨씬 미흡하다고 느끼는 것이다. 필자는 하나님께서 인간을 창조하신 것을 감히 삼위께서 그 삼위 공동체의 지극한 행복과 기쁨에 참여할 자로, 마치 제4위로 삼기라도 하는 듯이, '창조'하신 것이라고 말하고 싶다. 물론 이 말은 인간이 삼위 하나님과 동일 본질의 존재를 넘본다는 뜻이 아니다. (그건 말이 안 된다. "창조되었다"는 말 자체가 벌써 그런 상상은 불가능하게 한다. 다만 우리가 인간 창조의 위대함을 성경만큼 영광스럽게 생각하고 있는가를 말하고 있을 뿐이다.) 성경 전체를 통해 종합적으로 이해되는 인간 창조는, 단지 창조세계의 관리인을 조달하는 과정이 아니라, 마치 지극히 행복한 부부가 그들의 행복한 순간에 단지 둘만의 영원한 행복을 꿈꾸지 않고, 그들의 행복에 동참하고 그것을 상속할 존재를 생각하는 것과 같이, 삼위 하나님 또한 그분의 무한한 행복과 기쁨에 동참할 존재로서 인간, 즉 교회를 생각하셨음에 가깝다는 것이다. (인간의 부부들처럼 하나님도 그렇다고 할 것이 아니라, 사실은 창조주 하나님의 그러하심을 닮아 우리도 그러하다고 말해야 할 것이다!) 지으신 만물을 관리하고 돌보는 그 일도, 단지 주인의 것을 관리하는 관리인으로서가 아니라, 아버지의 가업을 돌보는 일에 아들이 참여하듯, 자연스럽게 그 일에 참여하는 것이라는 말이다. 이러한 이해를 뒷받침하는 말씀은 많다. 성경이 곳곳에서 자기 백성과의 관계를 입양 관계나 혼인 관계로 설명하고 있음도 그러하거니와, 시편 8편 5절에서 시인은 하나님이 인간을 하나님보다 '조금' 못하게 지으셨다고 노래한다. 로마서 8장 29절의 바울의 진술도 그렇다. "하나님이 미리 아신 자들을 또한 그 아들의 형상을 본받게 하기 위하여 미리 정하셨으니 이는 그로 많은 형제 중에서 맏아들이 되게 하려 하심이니라"(롬 8:29). 하나님은 그의 택하신 자들을 그의 아들의 형상으로 빚어지도록 계획하셨는데, 그 이유는 예수 그리스도를 맏아들로 하는 하나의 가문을 생각하셨기 때문이라는 말이다. 또한 요한복음 17장도 이 점을 지지한다. "아버지여, 아버지께서 내 안에, 내가 아버지 안에 있는 것 같이 그들도 다 하나가 되어 우리 안에 있게 하사…"(요 17:21). 필자는 이 대목을 읽을 때마다 하나님께서 교회에게 '깊이 하나 된 공동체가 되어 삼위 하나님의 하나됨 안으로 들어오라'고 부르는 부르심을 느낀다. 그렇다고 해서 우리가 하나님처럼 될 리도 없는 것이지만(창 3:5), 우리같이 피조된 자들을 삼위 하나님의 기쁨의 춤, 거룩한 신적 강강수월래에 참여하라고 부르시는 것 같은 황홀한 감격을 느낀다. 창조의 선한 목적이 타락으로 인해 좌절된(?) 것 같은 상황 속에서, 그것을 극복하고 회복하기 위해 오신 예수께서 사역의 절정인 십자가를 앞두고 그의 피로 구속받을 교회가 다 하나가 되어, '공동체(즉 교회)'로 마치 삼위께서 서로 안에 계시듯 '우리(삼위) 안에 있게' 하시기를 기도하신 것은 의미심장하다. 인간의 존귀함에 대한 이런 설명은 이 세상 어떤 종교나 사상과도 비교할 수 없다.

겨드릴 수 있도록 그분의 어떠하심을 마음에 더욱 새기게 한다. 그날은 그분의 말씀과 원리가 왜 삶에 기준이 되어야 하는지를 배우는 날이다.

또한 그 날에는 이 모든 묵상을 통해, 우리의 삶은 그 자체가 하나님의 선물이요 은혜임을 깨닫는다. 그들은 처음부터 하나님의 지극한 사랑의 대상이요 안식에 초대된 자들이다. 인간은 첫 창조의 날들에 먼저 수고한 후 하루를 쉰 게 아니라, 아무 것도 한 게 없이 그분의 안식에 초대되었다. 하나님은 인간에게 안식을 누림으로써 그 존재의 실제적인 첫날을 시작하게 하셨다. 그들이 그것을 누리게 하기 위해 필요한 수고는 하나님이 다 해놓으셨다. 그들이 보람을 느끼며 살아갈 장(場)을 만들어 놓으신 것이다. 하나님은 자신의 능력을 인간과 만물의 안식을 위해 사용하신 것이다. 그리고 지금은 그 능력을 우리에게 잃어버린 그 안식을 다시 찾아주는 데 사용하신다.

이데올로기 싸움터에서도 안식일 이해가 중요한 이유

그렇다면 이제 안식일을 지키라 하신 이유가 좀 더 이해된다. 왜 그러셨는가? 창조 기사에 담겨 있는 모든 것들이 그들이 세울 새로운 공동체의 가장 근본적 가치관을 형성하게 하기 위함이다. 그들의 삶은 처음부터 하나님의 선물이다. 그들 중에 있는 것 중에 어느 하나도 거저 받지 않은 것이 없다. 그래서 어쩌라는 건가? 서로 자랑하지 말고 자기에게 있는 것으로 서로를 섬기라는 것이다. 하나님도 그러셨기 때문이다. 바로 이런 이유로 바울도 이렇게 말했다.

… 네게 있는 것 중에 받지 아니한 것이 무엇이냐 네가 받았은즉 어찌하여 받지 아니한 것 같이 자랑하느냐 _고전 4:7

하나님께서 자신의 창조의 능력을 사용하셔서서 인간들을 안식에 초대하셨음을 묵상하는 것은 그 땅에 들어간 사람들로 하여금 그들의 창의력과 다른 모든 능력을 어떻게 사용해야 할지에 대해 지침이 된다. 모세도 이스라엘을 그 땅에 들여보내기 직전에 그들이 이런 자세에서 이탈할까 염려하며 이렇게 말한다.

17 그러나 네가 마음에 이르기를 내 능력과 내 손의 힘으로 내가 이 재물을 얻었다 말할 것이라 18 네 하나님 여호와를 기억하라 그가 네게 재물 얻을 능력을 주셨음이라 이같이 하심은 네 조상들에게 맹세하신 언약을 오늘과 같이 이루려 하심이니라 _신 8:17-18

우리는 조금만 방심하면 우리가 이룬 것이 나 자신인 줄로 안다. 필자도 설교자로서 설교를 준비할 때, 좀처럼 준비가 안 될 때

긍휼히 여겨 주심을 위해 주님 앞에 머리를 조아리지만, 정작 설교가 의외로(?) 잘 되고 나면 우쭐해서 그게 나인 줄 안다. 여러분은 그렇지 않나? 우리는 참 구제불능이다.

그러나 안식일은 어떤 날인가? 그날은 우리에게 있는 모든 것이 그분의 선물임을 기억하는 날이다. 그날은 '날 지키기'를 위한 날이 아니다. 예배드리는 날이지만 단순히 예배드리는 날은 아니다. 그날은 흐트러지기 쉬운 삶의 초점을 다시 하나님께로 조정하는 날이다. 한 주간 동안 지향점을 잃어버린 우리의 삶의 방향을 다시 주님께로 맞추는 시간이다. 폭주 기관차처럼 욕망을 향해 질주하던 기관차를 멈추게 하고 다시 하나님의 말씀으로 조율하는 날이다.

전쟁에 나가는 병사들이 전투에 임하기 전에 자기 개인화기의 영점을 조정하는 것은 싸움에서 승리하기 위해 해야 할 가장 기본적인 일이다. 영점이 맞지 않으면 아무리 쏘아도 맞지 않으니 싸움 자체가 안 된다.

이데올로기의 싸움터에서 우리 그리스도인들은 어떠해야 하겠는가? 자신의 영적 영점을 잘 조정하는 것이 얼마나 중요하겠는가? 안식일을 지키라! 가나안에 들어가는 그들에게 왜 이렇게 당부하셨는지 잘 새길 수 있기 바란다.

13.
저항의
정신으로

¹너희는 자기를 위하여 우상을 만들지 말지니 조각한 것이나 주상을 세우지 말며 너희 땅에 조각한 석상을 세우고 그에게 경배하지 말라 나는 너희의 하나님 여호와임이니라 ²너희는 내 안식일을 지키며 내 성소를 경외하라 나는 여호와이니라 _레 26:1-2

¹²네 하나님 여호와가 네게 명령한 대로 안식일을 지켜 거룩하게 하라 ¹³엿새 동안은 힘써 네 모든 일을 행할 것이나 ¹⁴일곱째 날은 네 하나님 여호와의 안식일인즉 너나 네 아들이나 네 딸이나 네 남종이나 네 여종이나 네 소나 네 나귀나 네 모든 가축이나 네 문안에 유하는 객이라도 아무 일도 하지 못하게 하고 네 남종이나 네 여종에게 너 같이 안식하게 할지니라 ¹⁵너는 기억하라 네가 애굽 땅에서 종이 되었더니 네 하나님 여호와가 강한 손과 편 팔로 거기서 너를 인도하여 내었나니 그러므로 네 하나님 여호와가 네게 명령하여 안식일을 지키라 하느니라 _신 5:12-15

안식일을 지키라는 계명은 단순히 '날 지키기'와 관련된 것이 아니라, 이스라엘이 약속의 땅에 들어가, 거기에서 만들어갈 사회의 근본적인 정신 및 가치관과 관련된 것임을 앞 장에서 보았다. 그것은 지금까지 냉담함과 포학과 승자 독식의 룰(rule)이 지배하던 가나안 땅에 '젖과 꿀이 흐르는 사회', '공의와 정의가 흐르는 사회'가 세워지고, '모두가 행복하고 살맛나는 샬롬이 있는 사회'를 세우기 위해 필요한 사상과 깊이 잇닿아 있는 것이었다.

그런 점에서 이 말씀은 오늘 우리에게도 너무나 필요한 말씀이다. 왜냐하면 오늘 우리 또한 각박하고 메마른 사회를 살아가고 있기 때문이다. 사람들이 벼랑 끝으로 몰리고 있고, 몰리다 못해 끝내 일가족이 함께 삶의 벼랑에서 뛰어내리는 소식은 더 이상 드문 일이 아니다. 동반 자살도 많고 고독사도 너무나 많다.

고독사도 예전엔 주로 노인들의 고독사였는데 요즘은 40대 고독사가 많다. 2012년 연간 749명이었던 40대 고독사가 2018년에는 2,549명으로 3배 이상 늘어났다. 그리고 우리는 코로나 상황을 통과하고 있다. 고독사의 숫자는 또 얼마나 늘어났을까! 이런 상황이니 우리 사회에 이데올로기 전쟁이 치열해진 것은 어쩌면 당연한 결과라 아니할 수 없다.

우리 그리스도인은 바로 그런 상황 한가운데서 살고 있다. 그 한 가운데서 우리는 어떤 입장에 서야 하는지, 그리고 우리의 판단의 기준은 무엇이어야 하는지 생각해보지 않을 수 없다. 안식일 계명은 이것과 깊이 연관된다. 앞 장에서 안식일을 출애굽기 20장과 관련하여 살펴보았다면, 이제는 신명기 5장을 통해 살펴보자.

> ^{12}네 하나님 여호와가 네게 명령한 대로 안식일을 지켜 거룩하게 하라 ^{15}너는 기억하라 네가 애굽 땅에서 종이 되었더니 네 하나님 여호와가 강한 손과 편 팔로 거기서 너를 인도하여 내었나니 그러므로 네 하나님 여호와가 네게 명령하여 안식일을 지키라 하느니라
>
> _신 5:12,15

신명기의 안식 정신

출애굽기는 안식일을 지켜야 할 이유로서 창조 질서를 제시하지만, 신명기는 오히려 출애굽 사건을 제시한다. 가나안에 새로운 공동체를 세워나가는 그들에게 출애굽 구원의 경험이 공동체의 모든 도덕과 윤리의 출발점이 되게 하라는 것이다. 출애굽을 깊이 묵상하면 그 사건 자체가 명하는 바가 있는데, 안식일은 그것을 배우고 묵상하는 날이 되어야 한다는 것이다.

그렇다면 그 사건 속에 나타난 하나님은 어떤 분인가? 우선 가장 눈길을 끄는 것은 온 우주를 창조하신 창조주가 노예들의 하나님이 되어주셨다는 것이다. 생각해보라! 당신이 하나님이라면

누구의 하나님이 되고 싶겠나? 이집트의 하나님, 바벨론의 하나님이 되고 싶지 않을까? 타락 아래에 있는 우리의 정서로는 그렇다. 요즘으로 치면 도시의 하나님, 강자의 하나님인 것이다.

우리는 모두 우등생의 부모가 되고 싶어 하지 열등생의 부모, 문제아의 부모가 되고 싶어 하지 않는다. 자진해서 노숙자의 아내나 남편이 되고 싶은 사람은 거의 없을 것이다. 그런데 하나님께서는 기꺼이 노예들의 하나님이 되어주셨다. 놀라운 일이다.

출애굽은 사실 아브라함을 부르기 전부터 계획되었던 것이지만, 그러나 하나님은 그 사건을 직접 촉발시킨 가까운 원인으로 애굽에서 종살이 하던 그들의 불쌍한 처지와 부르짖음을 듣고 있다.

> 이제 가라 이스라엘 자손의 부르짖음이 내게 달하고 애굽 사람이 그들을 괴롭히는 학대도 내가 보았으니 _출 3:9

이것은 하나님이 어떤 분이신지를 드러낸다. 그분은 사회 속에서 억압받고 있는 사람들에게 특별한 관심을 가지고 반응하는 분이시라는 것이다. 그분이 그러시는 이유는 자신이 창조주이기 때문이다. 창조주이기에 친히 지으신 모든 만물을 향해 두루 따뜻한 시선을 가지고 계신 것이다. 억압받는 그들이 특별히 더 선하거나 보시기에 더 예쁘기 때문이 아니라, 안식 없는 그들의 상황 자체가 지으신 분의 마음을 아프게 하기 때문이다.

사실 하나님은 모든 만물을 그분의 안식에 동참하도록 지으셨다. 만물이 창조의 완전함과 상호 조화 안에서 샬롬을 누리기를 원하신 것이다. 그러기에 안식이 깨어진 모습은 그분의 마음을 아프게 한다. 그 상황이 불편하신 것이다.

안식일은 바로 그분을 예배하고 그분이 주신 말씀과 구원을 묵상하는 날이다. 그러므로 한 공동체의 구성원들이 매주 그분의 말씀을 따라 그분의 어떠함을 묵상하면 어떤 결과가 올까? 공동체가 그분의 어떠함에 젖어 들게 되고, 그 결과 그분의 속성과 그분의 균형 잡힌 마음이 공동체 구성원의 윤리와 도덕과 가치관을 형성하게 될 것이다. 남다른 공동체, 즉 거룩한 사회는 그런 사람들을 통해 형성될 것이다.

봄같이 오는 샬롬

시편 19편은 이것과 관련해서 아주 의미있는 그림을 제시한다. 시인은 거기서 하늘이 하나님의 영광과 그분의 하신 일을 선포한다고 하면서, 그분의 말씀은 들리는 소리가 없어도 우주에 가득하다고 한다. 그리고 토라를 마치 해와 같다고 표현하는데, 그렇게 표현한 이유로 그 영향이 마치 해가 땅의 이 끝에서 저 끝까지 비추고 그 온기가 미치지 않는 곳이 없는 것과 같다는 점을 든다.

그렇다! 태양의 위력은 대단하다. 그 온기는 세상 구석구석에 미치며, 우리의 시선이 미치지 않는 곳에까지 생명의 싹이 돋아나게 한다.

> ⁵해는 그의 신방에서 나오는 신랑과 같고 그의 길을 달리기 기뻐하는 장사 같아서 ⁶하늘 이 끝에서 나와서 하늘 저 끝까지 운행함이여 그의 열기에서 피할 자가 없도다 ⁷여호와의 율법은 완전하여 영혼을 소성시키며 여호와의 증거는 확실하여 우둔한 자를 지혜롭게 하며 ⁸여호와의 교훈은 정직하여 마음을 기쁘게 하고 여호와의 계명은 순결하여 눈을 밝게 하시도다 _시 19:5-8

이 시편은 안식일에 하나님을 묵상하는 것이 제대로 되면 그 영향이 어떨지를 생각하게 한다. 안식일에 그분의 속성과 창조 그리고 구원을 묵상하는 것은 묵상하는 사람의 마음과 생각을 통해 하나님의 법의 생명력과 온기를 온 땅 구석구석에 미치게 할 것이다. 그리고 그 결과 땅의 그늘진 구석구석에까지 생명의 싹이 돋아나게 될 것이다.

필자는 이 시편을 묵상할 때마다, 어느 날 문득 봄이 필자 곁의 온누리에 성큼 와 있음을 느꼈던 순간의 묘한 흥분을 떠올린다. 겨울이 언제 가나 기다렸는데, 어느 날 눈에 띈 새싹 하나! 해마다 그것을 볼 때마다 놀라는 것은, 필자가 그것을 처음 본 순간, 봄은 거기만 아니라 이미 온누리에 와 있었기 때문이다. 봄은 온 천지, 나뭇가지마다, 또 구석구석 돌멩이 아래까지 와 있었다. 그것을 보면서 필자는 늘 생각한다. 하나님의 은혜는 마치 봄처럼 온다는 것을. 추운 겨울 같은 시대 속에서도 하나님의 말씀을 따라 결정하며 살아가다 보면, 어느 날 문득 봄이 온 천지에 와 있듯이, 나도 모르게 모든 것이 변해 있는 것을 보게 될 것이라는 말이다. 안식일을 통해 토라를 깊이 묵상하는 것은 그와 같은 결과를 가져올 것이다.

> [7]여호와의 율법은 완전하여 영혼을 소성시키며 여호와의 증거는 확실하여 우둔한 자를 지혜롭게 하며 [8]여호와의 교훈은 정직하여 마음을 기쁘게 하고 여호와의 계명은 순결하여 눈을 밝게 하시도다
>
> _시 19:7-8

그렇다면 이스라엘이 그 출애굽 사건을 깊이 묵상하면 무엇을 생각하게 될까? 그들은 애굽에서 무얼하고 있었나?[20] 그때의 상황에 대해 성경은 이렇게 말한다.

> 감독들을 그들 위에 세우고 그들에게 무거운 짐을 지워 괴롭게 하

---

20 이 정황과 이하의 정황들에 대한 해석은 〈안식일은 저항이다〉(월터 브루그만, 복있는 사람, 2015)를 참조하라.

여 그들에게 바로를 위하여 국고성 비돔과 라암셋을 건축하게 하니라_출 1:11

이스라엘 백성은 애굽에서 노예로서 강제노동에 동원되고 있었는데, 그때 그들이 동원되었던 일은 바로왕의 국고성(國庫城)을 짓는 일이었다. 국고성은 바로의 곡식과 물자를 쌓아놓을 창고 도시, 다시 말하면 보급 도시를 말한다. 당시 바로는 곡식이 넘쳐서 더 쌓을 곳이 없어 그것을 쌓아두기 위해 두 곳에 성을 쌓고 있었고, 그들은 그 일에 동원되고 있었다. 우리는 이 이야기 속에서 바로가 마치 예수님이 말씀하신 그 어리석은 부자 같다는 생각을 하게 된다.

주님의 비유 속에서 그 부자는 이렇게 말한다.

"내가 이렇게 곡식이 많아 쌓아둘 곳이 없으니 어떻게 할꼬? 내가 내 곳간을 헐고 창고를 크게 지어 내 모든 곡식과 물건을 거기에 쌓아두고 내 영혼에게 말하리라! 내 영혼아 내가 이렇게, 죽을 때까지 다 못 쓰도록 물건을 많이 쌓아두었으니 이제 평안히 쉬고 먹고 마시고 즐거워하자."

그런데 하나님은 말씀하신다.

"이 어리석은 부자야. 내가 오늘 밤에 네 영혼을 데려갈 텐데, 그러면 이 많은 것이 누구 것이 되겠느냐?"

중요한 것은 그 부자에 대한 주님의 평가다. 주님이 보시기에

정치 공간에 그리스도인으로 서기

그 부자는 어리석은 자였다. 하나님이 그의 생명을 좌우하고 계신데, 그는 자신이 쌓아놓은 물질의 많고 적음이 자기의 안전과 행복을 좌우한다고 믿고 있기 때문이다. 애굽은 바로 그런 어리석은 자가 왕노릇 하는 곳이었다. 다시 말해, 그런 생각으로 많은 물질을 모은 사람이 표준이고 선망의 대상인 곳이라는 말이다. 바로는 쌓을 곳이 없을 정도로 부유하면서도 더 쌓기 위해 두 곳에다 추가로 국고성을 짓고 있었다.

애굽에서 그들을 진정 괴롭혔던 것

그렇다면 생각해보자! 출애굽은 무엇으로부터의 해방이었나? 애굽에서 그들을 괴롭혔던 진정한 실체는 무엇인가? 바로왕과 그 군대였는가? 하나님은 그들을 단지 애굽의 바로왕의 학대로부터 이끌어낸 것인가?

지금까지 그들을 괴롭힌 것은 표면적으로는 물론 바로왕이었지만, 그러나 사실 바로왕이 아니었다. 그들을 괴롭힌 진정한 실체는 애굽의 정신세계를 지배하고 있는 무엇이었다. 그것이 바로왕을 만들었고, 그로 악마가 되게 한 것이다.

그것은 그 땅을 지배하고 있던 가치관과 인생관, 나아가 세계관이었다. 거기에는 모든 게 뒤틀려 있었다. 그들을 괴롭혔던 것은 바로왕이 아니라 바로왕이 섬기는 우상이었던 것이다. 재화를 많이 쌓으면 그것이 자신에게 궁극적 힘과 안전이 된다고 믿는 믿음이 그로 하여금 탐욕스런 공사를 착수하게 한 것이다.

그것은 물질을 만족과 기쁨과 안전으로 삼는 우상숭배였다. 물질에서 근본적인 안전과 기쁨과 만족과 삶의 의미가 나온다고 믿으니, 거기에 사람이 설 자리가 없는 것이다. 거기서 물질은 힘센 사람들이 그저 자신의 안전을 더 확보하기 위한 도구요 수단일 뿐이다. 그러니 권익 침해는 당연한 일이었고, 짚도 주지 않으면서 벽돌을 생산하라는 요구는 너무나 당연한 것이었다. 거기서는 원가절감과 생산성 증대가 최고의 가치이기 때문이다.

애굽의 문제점을 그렇게 풀어보면, 그건 결코 고대의 어느 한 지역에 국한된 것이 아니라 오늘 우리들의 문제, 21세기의 문제이기도 하다. 지금 세상도 그렇지 않은가? 다른 사람을 자신과 동등한 존재로 보고 있는가? 아니면 단지 자신의 쾌락이나 기쁨, 여흥이나 성취감의 도구로 여기는가? 사람이 사람으로 취급되는가, 아니면 생산 수단이나 요소로서 취급되는가? 한 사람이 불우한 성장 과정으로 인해 결과적으로 좀 더 단순한 직종에 종사하면, 사람들은 그를 얼마나 하찮게 보는가?

2021년 봄, 한 골프장에서 캐디가 골퍼 앞에서 공을 줍는데, 하필 그때 공을 쳐서 공이 캐디의 얼굴에 맞는 사고가 일어났다. 코뼈가 주저앉고 실명의 위기까지 맞게 되었는데, 그 공을 친 사람은 다른 캐디를 대동하고 라운딩을 계속했다고 한다. 골프장 측에서도 "캐디 문제는 우리가 신경 쓸테니 그냥 라운딩을 계속하라"고 했다고 한다. 돈이 전부고, 문제가 생기면 돈으로 해결하면 되고, 나에게는 나의 레저가 우선 중요한 시스템이라면 그 모든 게 다 가능하다. 골프장이 그런 말을 하는 것도, 그들이 라운딩을 계속 하는 것도 똑같다.

바로는 바로 그런 체제를 대표하는 인물이었다. 그리고 거기에 사는 히브리인들은 단지 생산 도구에 불과했다. 히브리인들은 그런 체제 속에서, 그 어리석은 체제의 일부로서, 그저 그 체제를 떠받치는 일에 동원되고 있었다. 그런 점에서 "내 백성을 보내라! 그러면 그들이 광야에서 나를 섬길 것이니라"(출 7:16)라는 말씀은 놀라운 목소리였다. 애굽에 거하면서, 바로왕의 우상숭배 체제에 속하여 그 체제의 일부로서, 그 시스템을 유지하는 일에 동원되던 그들이 이제는 광야에서, 애굽의 물질주의적 우상이 아닌 여호와를 섬길 것이라고 한 선포였다. 그것은 그들이 무한히 다른 세상, 무한히 다른 희망에 속하게 될 것을 선포하는 말이었다.

그런 의미에서 "내 백성을 보내라"는 말씀은 바로 그런 체제 속으로 뚫고 들어온 하나님의 목소리, 자기 백성을 잡신들과 물신 숭배로부터 이끌어내시려는 그분의 목소리였다. 쌓고 쌓아도 만족이 없으면서, 여전히 그것들에 자신의 만족과 안전과 기쁨과 자랑을 의존함으로써 끝없이 사람을 수단화할 수밖에 없는 그 시스템으로부터 자기 백성을 구원해 내기 위한 하나님의 명령인 것이다. "그들이 광야에서 나를 섬길 것"이라는 말은 그들이 이제껏 섬겼던 바로가 아닌, 하나님 나라의 법의 다스림을 받게 하겠다는 것이다. 그것이 출애굽이다. 그리고 그것은 이스라엘에게 안식을 주시려는 것이기도 했다.

그래서 그들을 광야로 불러내어 경험하게 한 게 만나와 메추라기다. 그것은 하나님이 매일의 공급자이시라는 뜻이다. 그리고 불기둥과 구름기둥이다. 그것은 하나님이 그들의 인도자와 보호자라는 뜻이다. 또한 아말렉과의 싸움이었다. 하나님이 그들의 깃발, 그들의 승리라는 뜻이다. 마라의 쓴 물도 있다. 하나님이 그들의 치료자라는 뜻이다. 그리고 반석에서 나는 물이다. 하나님이 그들의 궁극적 만족이라는 뜻이다.

저항의 정신으로 살아가라는 것

결국 하나님이 그들을 광야로 불러내어서 경험하게 한 모든 것은 무엇인가? 그것은 애굽의 신들의 허망함을 드러내었던 열 가지 재앙과 짝을 이루면서, 하나님이야말로 그들의 모든 것이 되심을 가르쳐주신 것이다. 과거 이스라엘의 눈에는, 애굽은 다양한 신들이 있어서, 그것들이 애굽 사람들의 삶을 구석구석 빈틈없이 축복해주고 있는 것처럼 보였을 수 있지만, 사실은 그렇지 않다는 것이다. 출애굽의 하나님이 모든 것의 모든 것 되신다는 것이다.

그 모든 것을 맛보게 하신 후에, 하나님은 시내산에서 십계명을 주시며 말씀하신 것이다. "안식일을 지키라!" 그것은 사실 "이제부터는 나를 믿고, 이 세상의 정신에 대해 저항의 정신으로 살라"라는 말과 같은 말이다. 애굽의 바로왕이 살아가는 방식, 그 모든 물질주의적 체제에 속하여 그 체제를 떠받드는 부품으로 살아가지 말고, 거기서 나와서 구원의 하나님을 경험하고, 공급자·인도자·보호자·승리자·치유자 되신 그 하나님을 믿는 믿음 안에서, 세상의 가치와 정신을 거슬러 저항하며 살아가라는 것이다.

그 저항의 정신으로 살아가다가 주일을 맞으면 모든 것을 멈추고, 우리의 초점을 하나님께 맞추고 영점을 조정하여, 6일의 삶을 세상과 다른 저항의 정신으로 살아가라는 것이 안식일의 기본 목적인 것이다.

바로처럼 물질을 쌓고 쌓으면 더 안전하고 더 평안하리라 생각하는 세상, 그래서 쌓고 쌓아도 만족함이 없고, 오직 피곤함으로 가득한 세상 속에서, 그들의 정신을 거슬러 저항의 정신으로 살 것을 요구하신 것이다. 그것이 안식의 정신이다.

그런 점에서 "내 앞에 다른 신이 네게 있게 말라"라는 우상 금지의 말은 애굽에서 우상을 많이 본 그들에게, 애굽에서 본 모든 우상과 신화를 버리라고 한 말이다. 그들이 들어갈 가나안에서도 골짜기와 산꼭대기마다 우상을 볼 것이다.

오늘 우리의 삶도 그와 유사하다. 우리의 삶 속에도, 생활 영역 모든 곳에 그 영역을 지배하는 사상과 신화가 있다. 결혼에는 결혼의 논리가, 사업에는 사업의 신화가 존재한다. 각 골짜기와 산지마다 그것에 맞추어진 우상과 신화가 있다. 그런데 "그것을 네게 있게 말라!"는 것이다. 우상을 버리고 그 신화를 버리라는 말이다. 그 하나하나의 요소들이 중요하지 않다는 게 아니라, 그것만 확보한다고 근본적으로 평화와 안전이 보장되는 게 아니라는 말이다. 그런 점에서 안식일을 기억하여 거룩하게 지키라는 말은 이 세상의 가치관과 생각을 거스르며 살라는 말이다.

이처럼 안식일 계명은 단지 '날 지키기'가 아니다. 안식일이 날 지키기만 된다면, 그것은 하나님이 미워하는 바가 된다.

헛된 제물을 다시 가져오지 말라 분향은 내가 가증히 여기는 바요 월삭과 안식일과 대회로 모이는 것도 그러하니 성회와 아울러 악을 행하는 것을 내가 견디지 못하겠노라 _사 1:13

그것은 바리새인들이 잘 하던 일이다. 하지만 이 땅에 오신 주님은 사역 내내 바리새인들과 대립하고 그들을 책망했다. 특히 안식일은 주님과 바리새인 사이의 주요 갈등 원인 중에 하나였다. 사실 우리도 주님과 그렇지 않을까?

다음 장에서 안식일에 담긴 더욱 깊은 의미를 알아보자.

정치 공간에 그리스도인으로 서기

14.
그들도 너처럼
쉬게 하라

레 26:1–2 | 신 5:12–15

모세를 통해 바로에게 전달된 "내 백성을 보내라"는 명령은 물질 중심주의의 세상에서 종노릇하고 있던 히브리인들을 자유케 하라는 명령이었다. 거기서 바로는 물질을 쌓고 쌓으면 그것이 힘이 되고 안전이 되고 만족이 된다는 믿음으로 국고성을 두 군데나 더 건축하고 있었다. 그리고 히브리인들은 그런 물질 숭배에 빠진 왕과 국가 시스템을 떠받치는 도구로서 존재하고 있었다. 그러므로 "내 백성을 보내라! 그들이 광야에서 나를 섬기리라"라는 명령은 세상의 가치관, 즉 돈이 최고이며 돈만 있으면 사람도 어떻게 할 수 있다고 믿는 세계관, 그런 상업주의로부터 불러내기 원하시는 하나님의 음성이라 할 수 있다. 출애굽은 바로 그런 세계로부터의 해방이다.[21]

그렇다면 출애굽은 무엇을 위한 해방인가? 그 해방의 목적은 다음의 말에 담겨 있다.

"내 백성을 보내라. 그들이 광야에서 나를 섬기리라"(우상숭배 근절).

"내 백성을 보내라. 그들이 광야에서 나의 절기를 지키리라"(안식일 준수).

이스라엘 백성의 해방은 그들이 광야로 나가 하나님을 섬기기 위한 해방이다. 그것은 단순히 이제부터 유대교인이 되거나 기독교인이 된다는 것과는 차이가 있다. 단순히 교회에서 교적(教籍)을 갖는다는 정도의 말이 아니라 하나님을(그 말씀과 생각과 법을) 섬긴다는 말이기 때문이다. 바로왕으로 대표되던 지금까지의 물신주의, 인간이 인간 대접을 받지 못하고, 부를 쌓기 위해서라면 인간의 존엄성마저 말살할 수 있는 체제에서 벗어나, 그와 전혀 다른 하나님의 말씀의 지배를 받는 삶을 살라는 것이다.[22] 그 해

---

21 이 장의 중요한 해석에 대해선 월터 부르그만의 책 〈안식일은 저항이다〉(복있는 사람)를 참조하라.

22 출애굽사건의 의미는 분명 이중적이다. 그것은 한편으로 예수 그리스도의 십자가를 통해 받는, 죄의 종노릇으로부터의 해방을 의미한다. 하지만 동시에 하나님 아닌 다른 가치가 지배하는 세상에 매인 삶으로부터의 해방도 의미한다. 너무 성급하게 전자로 달려가면 후자에서 드러나는 당시와 오늘날의 '죄의 종노릇의 구체적 실상'을 간과하기 쉽다. 그런 점에서 출애굽을 지나치게 한 쪽으로만 치우쳐 해석하는 것은 피해야 한다.

방이 의미하는 바를 단순히 '죄의 종노릇'으로부터의 해방이라고 성급히 말하지 말고, 그 해방이 지향하는 것을 구체적으로 이해하려 할 때, 출애굽 상황은 더욱더 이해된다.

모세를 통해 전달된 명령은 출애굽기 7장과 5장에서 각각 이렇게 표현된다.

… 내 백성을 보내라 그러면 그들이 광야에서 나를 섬길 것이니라
_출 7:16

… 내 백성을 보내라 그러면 그들이 광야에서 내 앞에 절기를 지킬 것이니라 _출 5:1

같은 말인데 끝만 살짝 다르다. 하나는 "나를 섬길 것이니라"로 끝나고, 다른 하나는 같은 자리에 "내 앞에서 절기를 지킬 것이니라"로 되어 있다. 결국 '절기를 지키는 것'이 곧 '여호와를 섬기는 것'이라는 말이다. 여기서 절기들의 대표가 바로 안식일이다. (바로로 대표되던) 애굽을 지배하던 그 모든 가치관(물질을 중시하고 인간을 경시하던 것)과 전혀 다른 여호와의 길과 뜻이 안식일에 담겨 있다는 말이다. 안식일 정신이 여호와 공동체의 기본 정신이라는 말이다. 그러니 안식 명령이 엄하게 강조되는 것은 당연하다.

하나님나라 공동체의 기본 정신

십계명에서 안식에 관한 명령은 단지 안식일만을 말하는 것 같지만, 그러나 오경을 더 자세히 읽어보면 안식일은 '안식일, 안식년, 희년'을 대표하는 말이라는 것을 알 수 있다. 레위기 26장의 안식 명령도 단지 안식일만 아니라 안식년과 희년까지도 지키라는 말이다. 하나님께서는 안식일과 관련하여 가르치려는 것들을 안식일뿐 아니라 안식년과 희년에도 나누어 담았다. 그러므로 안식일을 지키라는 말은 안식일뿐 아니라 안식년과 희년을 포함한 이 세 가지를 다 지키라는 말이다. 세 가지에 나누어 담은 뜻이 '너희가 형성하는 사회'의 기본적인 가치관의 출발점이 되고, 그 사회의 지향점이 되게 하라는 것이다.

그렇다면 그 세 가지에 담긴 뜻은 무엇일까?

이 세 절기에 담긴 의미는 너무나 커서 여기서 다 말할 수 없지만, 그저 지금 우리의 관심사인 "성경이 우리의 사회적 갈등에 대해 어떤 기준이 될 수 있나?"에 맞추어 간략히 살펴본다.

'안식일'을 통해 주시는 말씀

안식일은 자칫 우리의 욕망을 따라 쉼 없이 달려가던 우리를 잠시 멈추게 하고, 모든 것을 우리의 욕망으로부터 해방시키는 날이다.

정치 공간에 그리스도인으로 서기

신명기의 제4계명과 출애굽기의 제4계명은 아주 흡사해 보이지만 사실 조금 다른데, 다른 거기에 각각의 강조점이 있다고 할 수 있다. 먼저 출애굽기에는 이렇게 되어 있다.

일곱째 날은 네 하나님 여호와의 안식일인즉 너나 네 아들이나 네 딸이나 네 남종이나 네 여종이나 네 가축이나 네 문안에 머무는 객이라도 아무 일도 하지 말라 _출 20:10

거기에는 집에 있는 모두, 즉 '너나 네 아들이나 네 딸'뿐 아니라 '네 남종이나 네 여종이나 네 가축이나 네 문안에 머무는 객'까지도 "아무 일도 하지 말라"고 되어 있다. 그러나 신명기를 보면 이렇게 말한다.

일곱째 날은 … 네 남종이나 네 여종이나 네 소나 네 나귀나 네 모든 가축이나 네 문안에 유하는 객이라도 아무 일도 하지 못하게 하고 네 남종이나 네 여종에게 너 같이 안식하게 할지니라 _신 5:14

출애굽기에는 단순히 일을 하지 않게 하라고 되어 있다면, 신명기에는 아무 일도 하지 않게 할 뿐 아니라 '너같이 안식하게 하라'고 되어 있다. 출애굽기에 비해 신명기는 아주 명확하게 "네 남종이나 여종에게도 '너 같이' 안식하게 할지니라"라고 명하신 것이다. 단순히 멈추는 것을 넘어 좀 더 포괄적인 의미인 '안식'이라는 개념을 사용할 뿐 아니라, '너같이'라고 함으로써 사람 사이에, 특히 주인과 종 사이에 인간으로서 차이가 없음을 드러낸다.

특별히 이것은, 세상 속에는 자기가 마음만 먹으면 쉴 수 있는 사람들이 있는가 하면, 쉬고 싶어도 스스로는 쉴 수 없는 사람들이 있음을 감안할 때 매우 중요한 의미를 갖는다. 힘의 차이가 존재하는 세상에서 '그들(약자들)도 너처럼 쉴 수 있도록 배려하라'는 말인 것이다. 다시 말해 '네가 쉬라고 말하지 않으면 쉬지 못하는 사람들도 쉬게 하라'는 말이다. 이는 이집트에서 종살이하던 때를 생각해보면 금방 이해된다. 그들은 바로가 쉴 때도 쉴 수 없었다. 오히려 바로가 쉴 수 있게 하기 위해 쉬지 못했다. 그런데 하나님께서 명령하신 것이다. "내 백성을 보내라. 그들이 광야에서 나를 섬기리라!" 차이는 섬길 대상에 있다. '바로'(Pharaoh)와 '나'(JHWH)가 대비를 이룬다. 그런데 그 야훼께서 이와 같이 명하시는 것이다.

네 남종들과 여종들도 너와 같이 안식하게 할지니라[23]

23 사람들은 하나님께서 종이라는 계급을 없애라고 말씀하지 않았다는 것에 대해 의아스럽게 생각할지 모른다. 이것은 노예 제도를 정당화했다기보다, 역사 발전에는 과정이 존재하며, 그러는 과정에서 어떤 형태로든 사용자(혹은 관리자)와 피고용인(노동자)에 해당하는 관계가 존재할 수밖에 없음을 염두에 두고 있다고 할 수 있다. 변화는 엄청난 시간이 걸리는 문제요, 변화되어도 그것조차 언제나 불완전하며 변동하는 것이다. 그리스도인은 그 모든 과정에서 변화가 항상 성경적 가치를 담아내는 방향으로 이루어져 가도록 노력해야 한다. 그 과정에서 항상 말씀의 정신을 담아내는 삶을 '사는' 것이 중요한 것이다. 이 계명은 우리에게, 우리가 역사상 어느 단계를 통과하고 있든지

여기서도 우리는 다시 한 번 하나님의 관심이 억압받고 안식 없는 자들에게 있음을 볼 수 있다. 이 말은 가진 자들이 무조건 잘못이라는 뜻이 아니다.

물론 잘못된 가치관이 지배하는 사회 속에서, 그런 가치관에 편승해서 지극히 이기적인 방식으로 많은 '국고성'을 지은 경우는 비난받을 것이지만, 그렇지 않다 하더라도 건전한 체제 안에서도 빈부의 문제는 발생할 수밖에 없다. 이 경우 마치 부모가 자식을 다 사랑하더라도 약한 자식, 어려운 자식에게 더 마음이 쏠리듯이, 지으신 만물을 두루 사랑하시는 하나님도 그 중 누군가가 억눌리고 고통 중에 있을 때 더욱 마음을 쓰시는 것이다.

안식일은 이렇게 창조와 구속의 하나님을 예배하고 묵상하면서 그분의 마음에 우리의 마음을 포개는 것이다. 그렇게 한 주간 흐트러졌던 삶의 영점(지향점)을 다시 조정하는 시간을 가지는 것이다.

'안식년'을 통해 주시는 말씀

하나님은 이스라엘에게 7년에 한 번은 안식년으로 정하여 아

간에, 피고용인들의 복지와 안식, 회복에 관심을 가질 것을 명한다. 출애굽의 모델로서만 안식일을 묵상하지 않고, 창조의 원리로서 묵상하는 경우에도 결론은 동일하다. 그 모델에 따르면, 우리에게 있는 것 중에 받지 아니한 것이 없으며 남보다 더 나은 능력이 있다 하더라도 그것도 주님의 선물이다. 창조주 하나님은 모든 인간을 동등하게 지으셨으며 모두를 따뜻한 마음으로 바라보신다. 그리고 하나님은 만물을 자신의 안식 안에서 안식을 누리도록 계획하셨다. 그분은 이것을 위해 자신의 모든 능력을 사용하셨다. 그 백성의 삶이 그분의 어떠함을 반영해야 한다면, 어떤 삶을 살아야 하는지는 자명하다.

예 한 해 동안 농사를 짓지 않도록 하셨다. 그해에는 한 해 동안 포도나무의 가지를 쳐주는 일도 금지된다. 모든 것을 있는 그대로 그냥 둔다. 그렇게 하는 데에는 다중적인 목적이 있었는데, 한편은 그것이 땅을 인간의 탐욕으로부터 해방시켜서 땅의 생산력을 회복할 수 있게 하는 것이다. 땅이 쉬는 것은 땅만 쉬는 게 아니다. 거기서 일하는 주인과 종과 짐승까지도 다 쉬는 결과를 가져온다.

그런데 그때 그들이 경작을 멈추면서 목격하는 것은 무엇일까? 농사를 짓지 않았는데도 열매가 맺히고 소출이 일어나는 것을 볼 것이다. 그것은 삶의 진실을 보여준다. 우리의 삶이 하나님의 복 주심 위에서 펼쳐진다는 것이다. 기본적으로 하나님께서 주신 복이 있고, 그 위에 우리의 노력이 있다는 것이다. 하나님의 은혜가 1차 원인이고 우리의 노력은 2차 원인이다. 하나님이 복을 주시지 않으면 우리의 노력만으로는 아무것도 아니다. 시편 127편의 고백이 그것이다.

> [1]여호와께서 집을 세우지 아니하시면 세우는 자의 수고가 헛되며 여호와께서 성을 지키지 아니하시면 파수꾼의 깨어 있음이 헛되도다 [2]너희가 일찍이 일어나고 늦게 누우며 수고의 떡을 먹음이 헛되도다 … _시 127:1–2

정치 공간에 그리스도인으로 서기

그러면 안식년에 밭 주인은 어떻게 해야 하는가? 그해의 자연적 소출에 대해 주인 행세를 하면 안 된다. 그 해의 소출에 대해서는 하나님이 주인이다. 원래부터도 모든 것이 그렇지만, 그 해는 더욱 그렇다. 모두가 동등하다. 밭 주인도 그 해 거기서 난 것들을 먹을 수는 있지만, 본격적으로 추수할 수는 없다. 그것을 조금씩 가져다가 먹는 건 되지만, 내 거라고 하면서 수확하면 안 된다. 그렇게 함으로써 그것이 고아와 과부같이 가난한 사람들과 외국인과 나그네들과 들짐승이 함께 먹는 것이 된다.

그런 안식년을 통해 하나님은 무얼 하시나?

- 하나, 주기적으로 우리가 주인이 아님을 기억하게 한다. 그렇게 하심으로 이런 인식이 그 해의 소출뿐 아니라 평년의 소출 위에도 작용하게 하신다.
- 둘, 끝없는 탐욕으로 물질이 우상이 되는 일을 방지한다. 인간이 물질이라는 우상에게 산채로 잡아먹히는 일이 일어나지 않게 하는 것이다(이것이 인간 보호이다). 그렇게 하지 않으면 끝없는 탐욕으로 인간은 물질이라는 우상에게 모든 진액을 다 빨아 먹힌 후에 버림받게 된다.
- 셋, 또 그렇게 폭주하는 탐욕을 제어함으로써, 인간의 탐욕에 의해 희생될 수 있는 모든 것을 보호한다(이것이 자연 보호이고 자원 보호이다).

- 넷, 단순히 산술적 계산에 따라 사는 삶을 내려놓게 하신다. "6일보다 7일 일하는 게 더 낫잖아! 6년보다 7년을 경작하는 게 생산이 16.7퍼센트 더 늘어나는 거잖아!"와 같은 식으로 모든 것을 계산에 의해 통제하려는 생각을 내려놓게 하신다.

이런 하나하나를 생각해보면 안식일 준수가 그 땅에 세워지는 공동체에 얼마나 중요한 사상과 가치관을 형성하게 될지를 짐작할 수 있다. 역사 속에서 이스라엘은 결국 이런 안식일 정신을 살려서 지키지 못했다. 안식일이라는 날은 율법적으로 지켰지만, 그 정신으로 공동체를 세워가지는 않았던 것이다. 그래서 하나님께서는 선지자들을 통해 이를 질타하셨다. 이사야서는 이런 장탄식으로 시작한다.

²하늘이여 들으라 땅이여 귀를 기울이라 여호와께서 말씀하시기를 내가 자식을 양육하였거늘 그들이 나를 거역하였도다 ³소는 그 임자를 알고 나귀는 그 주인의 구유를 알건마는 이스라엘은 알지 못하고 나의 백성은 깨닫지 못하는도다 하셨도다 _사 1:2-3

그들이 깨닫지 못한 것은 무엇인가? 그 땅에 이런 가치가 지배하는 사회를 만드는 것이 그들의 사명임을 잊은 것이다. 그래서 말씀하신다.

정치 공간에 그리스도인으로 서기

¹³헛된 제물을 다시 가져오지 말라 분향은 내가 가증히 여기는 바요 월삭과 안식일과 대회로 모이는 것도 그러하니 성회와 아울러 악을 행하는 것을 내가 견디지 못하겠노라 ¹⁴내 마음이 너희의 월삭과 정한 절기를 싫어하나니 그것이 내게 무거운 짐이라 내가 지기에 곤비하였느니라 ¹⁵너희가 손을 펼 때에 내가 내 눈을 너희에게서 가리고 너희가 많이 기도할지라도 내가 듣지 아니하리니 이는 너희의 손에 피가 가득함이라 _사 1:13-15

그들이 끝내 안식일을 제대로 지키지 않고, 계속 그들의 탐욕을 따라 물질이라는 우상을 섬기고 살아가자 하나님은 어떻게 하시는가? 그 땅을 강제로 쉬게 하신다. 그들을 그 땅에서 쫓아내 그 땅을 비워버리는 것이다. 그러자 아주 역설적이게도 그 땅에 안식이 주어진다. 농사지을 사람이 없어서 땅이 쉬는 것이다.

유다 백성들의 바벨론에서의 포로 기간을 70년이라고 하신다. 70년, 그것은 안식의 숫자 7을 10번 곱한 것이다. 그것이 의미하는 것은 명백하다. 그들이 자진해서 안식일을 지키지 않으면 하나님이 강제로라도 그 땅을 쉬게 하실 것이다.

'희년'을 통해 주시는 말씀

'안식일을 지키라'에 포함된 또 다른 절기가 희년이다. 희년은 일곱 안식년 후에 온다. 매 50년마다 오는 것이다. 그날에는 빚이나 그로 인해 생긴 토지 소유권이나 신분에 큰 변화가 일어난다. 희년과 희년 사이, 그 50년간 빚 때문에 토지나 가옥을 팔았던 농민들은 기본 재산을 다시 돌려받게 되며, 경제 사정이 옹색하게 되어 몸을 팔아 노예가 됐던 사람들도 노예의 신분에서 벗어나 자유하게 된다.

이스라엘은 원래 가나안에서 가문별로 하나님의 땅을 분배받았다. 그렇게 분배받은 땅은 원칙적으로 팔아넘길 수 없었다. 자기 것이 아니라는 말이다. 단지 사용권만 받은 것이다. 하지만 살다 보면 어려운 일이 생기고 목돈이 필요한 일이 생겨 빚을 지게도 되는데, 이때 빚을 갚지 못하면 땅을 넘겨주고 자신은 그 밭에서 소작농으로 일하게 된다. 더 심하면 아예 남의 종(Bound Laborer: 기간을 정해 노동으로 갚기로 하는 사람)이 되기도 하는데, 이 경우엔 종처럼 그 주인의 집에서 일하며 노동으로 채무를 갚아나가는 것이다.

하지만 종이 된 기간에도 이스라엘 사람들은 종 된 자들을 그냥 노예로 다른 사람에게 팔아넘긴다거나 가혹행위를 할 수 없었다. 이는 그 땅에 사는 어떤 외국인이 부자이고, 이스라엘 사람이 가난하게 되어 그 외국인에게 팔렸다 하더라도 마찬가지다.

이스라엘 사람들은 남에게 종이 되어도 노예처럼 인신매매가 될 수 없으며, 또 그 종 된 상태가 완전히 고착되는 것도 아니다. 돈을 모아서 빚을 갚으면 자유하게 될 수 있고 땅을 다시 되살 권리가 있으며, 그럴 때 땅 주인은 반드시 땅을 돌려주어야 한다. 본인들이 그 땅값을 치르지 못할 때라도 만약 그의 친척 중에 누가 그 돈을 갚겠다고 하면 언제든지 다시 자유하게 되고 땅도 돌려받는 신분이었지, 영원히 종이 되는 게 아니었다. 그러니 그들은 종의 신분인 동안에도 노예처럼 가혹하고 비인격적으로 취급되어서는 안 되었다. 가장 불행한 경우는 끝내 갚지 못하는 경우인데, 그때에도 희년이 되면 빚은 탕감되고 땅은 돌려받게 된다. 그 결과 종들은 자유케 되어야 했다.

결국 안식일을 지키라는 말은 안식일, 안식년, 희년, 이 세 절기의 정신을 삶 속에 깊이 녹여내라는 말이다. 그것은 단순히 그날에 일을 안 한다거나, 그날에 정해진 예배만 드리면 되는 게 아니다. 안식일에 담긴 뜻을 따라, 탐욕이 주인이 되거나 우상이 되게 하지 말고, 오직 선량한 관리자로서의 삶을 살라는 것이다. 애굽의 바로왕과 같이 물질을 쌓고 쌓느라 사람을 수단화하거나 억압하지 말고, 사람을 살리는 삶을 살라는 말이다.

희년의 정신과 원리를 깊이 생각하라

그렇다면 이제 우리는 어떻게 해야 할까? 이것을 곧바로 우리 사회와 경제에 적용하기는 어려울 수 있을 것이다. 그때와 지금은 너무 다르기 때문이다. 당시는 고대이며 오늘은 현대다. 그들은 기본적으로 농경사회이고, 각 나라는 대체로 자기 나라의 산물을 가지고 사는 경제 체제였다. 무역은 있었지만 오늘날과 같은 것은 아니었다. 오늘날은 국제간에 여러 가지 방식으로 상호 의존하고 있으며, 어떤 문제도 우리만 잘한다고 풀리는 게 아니다. 아무리 최선을 다해도 미국이나 중국이나 일본의 경제 상황이나 정책에 따라 크게 출렁거릴 수밖에 없다.

나아가 당시 이스라엘은 다 같은 역사적 경험을 가진 단일 신앙 사회여서, 종교적 권위를 통해 어느 정도 정신세계를 다스려 갈 수 있는 상태였음에 반해, 오늘날 우리 사회는 그런 사회가 아니다.

더구나 땅에 대한 의미가 그때와 지금은 너무나 다르다. 우리 모두가 농사를 짓는 게 아니기 때문이다. 그러므로 오늘 우리는 땅이 이스라엘 백성에게 무엇을 의미했었는지를 생각하고, 그런 점에서 그 제도가 오늘은 어떤 의미가 되어야 하는지, 그 사회적 의미를 읽어내야 한다.

오늘날 땅은 농경사회에서처럼 생산을 위한 필수불가결의 요소는 아니지만, 그러나 여전히 각 개인과 기업들에게 안전감을 주는 중요한 요소라고 할 수 있다. 그리고 땅은 엄청난 부의 창출과도 관련이 있어서, 오늘날도 많은 사람들에게 땅 문제는 아주 민감한 문제다. 하지만 그럴지라도 요즈음은 만남과 상거래가 가상공간에서 이루어지는 비율이 점점 높아지고 있어서, 갈수록 땅과 같은 물리적 공간보다 사이버 공간의 중요성이 더 커지고 있다. 그러니 이런 부분도 생각하면서 오늘에 적용해야 할 것이다.

하나님께서 땅을 가문별로 나누고 안식일, 안식년, 희년 제도를 통해 그 소유권이 되돌아가게 함으로써 그 소유권의 영구한 변화를 금지하신 사실도 깊이 생각할 필요가 있다. 땅을 가문별로 유지하면서, 그 소유 관계가 깨진 경우 50년마다 희년을 선포하여 그것을 다시 복원시켰는데, 그렇다고 국유화를 한 것은 아니었다. 그냥 국유화를 하면 타락한 인간의 심성은 서로 남에게 일을 미루고 책임지지 않을 것이기 때문일 것이다.

하나님은 땅을 각 가문에 맡기고 그 소출을 가지고 살게 함으로써 각자 최선을 다하게 하셨다. 그러나 계획과 경영에 실패한 경우, 그것에 대해서는 스스로 책임지게 하셨다. 그 소유가 남에게 넘어간 경우 50년마다 다시 원래 주인에게로 돌아가게 함으로써, 실패한 경우에도 살아갈 희망마저 영구히 빼앗기는 일이 없도록 하셨다.

희년의 땅의 원상회복은 개인 혹은 가문 간의 경제적 격차가 극단적으로 벌어지고, 그것이 고착화되는 일을 방지하는 장치이기도 했다. 그것은 또한 부모나 조상의 과오로 빚어진 상황을 자손이 상속하지 않도록 부채의 유효기간을 정한 것이다.

모든 이데올로기가 수렴해야 할 중심과 기준

빚을 탕감해준다는 말을 듣고 혹여 어떤 사람들은 염려할 것이다. "교회 안에서 만약 빚진 사람의 빚을 이런 식으로 탕감해주어야 한다면, 겁 없이 빚내서 쓰고 갚지 않는 사람들이 교회 안에 많이 생기지 않겠나?"라고 말이다. 실제로 어떤 사람들은 마음먹고 그럴 수도 있을 것이다. 그러나 성경의 이런 부분을 그런 식의 도덕적 해이를 허용하는 것으로 해석해서는 안 된다.

성경은 각자 자기 실수나 잘못에 대해서는 당대가 책임지는 것을 기본적으로 전제한다. 논밭 귀퉁이의 이삭줍기 같은 구제 방법과 희년 같은 복원 프로그램을 지시한 것 자체는, 부실한 계획이나 잘못된 경영으로 곤경에 처할 수 있으며, 이때 일시적으로 한동안 토지를 넘기고 거기서 소작하는 일이 발생할 수 있음을, 더 심하면 아예 남의 가정에서 품꾼처럼 노동으로 빚을 탕감하는 상태로 떨어지는 것까지 일어날 수 있음을 전제한다. 무슨 말인가? 자신의 실패와 그로 인해서 진 빚에 대해서는 최선을 다해 책임을 지는 것을 전제로 하고 있다는 말이다. 성경의 관대함이 자신의 실패에 대해 아무 책임도 지지 않은 채 남보다 더 좋은 옷과 더 좋은 집과 좋은 차를 타고 다니는 도덕적 해이를 용인함을 의미하는 것은 아니라는 말이다.

이런 모든 것을 살펴보면, 보기에 따라 좌파 같은 말도 들어 있고, 한편으로 우파 같은 말도 있다. 하지만 성경이 부분적으로 어떤 이데올로기와 비슷한 요소를 가지고 있다 해서 기독교를 쉽게 좌파라거나 우파라고 말해서는 안 된다. 특정 요소들이 얼핏 어느 이데올로기와 비슷해 보일 수는 있지만, 그 시행 동기나 전제나 작동 메커니즘, 그리고 행동 주체인 사람에 대한 이해 등 모든 면에서는 다 다르기 때문이다.

성경은 좌파나 우파와 같은 이데올로기가 아니라, 모든 이데올로기가 수렴해야 할 중심이요 기준이다. 그러므로 기독교인은 단순히 어느 이데올로기에 올라탈 것이 아니라, 그 이데올로기가 성경의 정신을 따라 성경의 기준으로 수렴될 수 있도록 역할을 감당해야 한다. 물론 간단한 문제는 아니다.

성경은 세심한 책이다. 그러므로 피상적으로 읽지 말고 깊이 생각하며 읽어야 한다. 그러면 우리 사회의 여러 갈등 요소들에 대한 성경적 입장을 각자 찾을 수 있을 것이다. 그러자면 성경에 답이 있다는 확신을 갖는 일이 우선 중요하다. 그 확신이 있어야 성경 속에서 기독교적 원리를 찾는 노력을 계속할 수 있기 때문이다.

PART

3

공동체:
하나님나라 분양 위한
모델하우스

15.
그 뼈들은 왜 군대로 살아났을까?

¹여호와께서 권능으로 내게 임재하시고 그의 영으로 나를 데리고 가서 골짜기 가운데 두셨는데 거기 뼈가 가득하더라 ²나를 그 뼈 사방으로 지나가게 하시기로 본즉 그 골짜기 지면에 뼈가 심히 많고 아주 말랐더라 ³그가 내게 이르시되 인자야 이 뼈들이 능히 살 수 있겠느냐 하시기로 내가 대답하되 주 여호와여 주께서 아시나이다 ⁴또 내게 이르시되 너는 이 모든 뼈에게 대언하여 이르기를 너희 마른 뼈들아 여호와의 말씀을 들을지어다 ⁵주 여호와께서 이 뼈들에게 이같이 말씀하시기를 내가 생기를 너희에게 들어가게 하리니 너희가 살아나리라 ⁶너희 위에 힘줄을 두고 살을 입히고 가죽으로 덮고 너희 속에 생기를 넣으리니 너희가 살아나리라 또 내가 여호와인 줄 너희가 알리라 하셨다 하라 ⁷이에 내가 명령을 따라 대언하니 대언할 때에 소리가 나고 움직이며 이 뼈, 저 뼈가 들어 맞아 뼈들이 서로 연결되더라 ⁸내가 또 보니 그 뼈에 힘줄이 생기고 살이 오르며 그 위에 가죽이 덮이나 그 속에 생기는 없더라 ⁹또 내게 이르시되 인자야 너는 생기를 향하여 대언하라 생기에게 대언하여 이르기를 주 여호와께서 이같이 말씀하시기를 생기야 사방에서부터 와서 이 죽음을 당한 자에게 불어서 살아나게 하라 하셨다 하라 ¹⁰이에 내가 그 명령대로 대언하였더니 생기가 그들에게 들어가매 그들이 곧 살아나서 일어나 서는데 극히 큰 군대더라

_겔 37:1-10

정치 공간에 그리스도인으로 서기

에스겔 37장에 나오는 마른 뼈들이 살아난 이야기는 우리 모두에게 매우 익숙한 이야기이다. 익숙한 만큼 우리는 그것에 대해 잘 이해하고 있다고 생각할 가능성이 높다. 하지만 우리는 정말 잘 이해하고 있는 것일까?

이 본문은 지금까지 대개 다음과 같은 몇 가지로 해석되어왔다. 구약 이스라엘(유다)의 회복에 대한 예언이라거나, 신약 오순절에 대한 예언으로 이해되었다. 혹은, 단순히 성도의 부활과 관련된 것으로 이해되기도 하고, 어떤 이는 이 말씀을 교회의 부흥 이야기와 연결하기도 했다. 물론 전적으로 틀린 이해는 아니다. 문제는 그런 해석이 아무리 은혜로워도, 모두 원래의 맥락을 충분히 살펴보지 않았다는 것이다. 그래서 대충 맞는 이야기일 뿐, 하나님이 당시 상황을 통해 당대와 후대에 정말 전하고자 한 메시지를 정확하게 밝혀낸 것은 아니다. 거기에는 오늘 우리 그리스도인들에게 너무나 필요한 메시지가 담겨 있는데, 우리가 그걸 놓치고 있다면 한국교회로서는 너무나 애석한 일인 것이다. 그런 점에서 이 말씀을 좀 더 원래 맥락에 충실하게 읽어보도록 하자.

애초의 기대와 목적

먼저 이 말씀이 속해 있는 더 넓은 맥락으로부터 살펴보자. 더 큰 맥락에서 말씀을 보면 여기엔 무슨 뜻이 담겨 있을까?

하나님은 바벨론의 포로 된 자기 백성들에게, 언젠가 그들을 다시 돌려보낼 것이니 절망하지 말라고 하신다. 그렇다면 그들을 그 땅으로 돌려보내신다는 것은 어떤 의미일까? 그들이 쫓겨난 지 오랜 시간이 지났는데, 그들을 다시 그 땅으로 들여보낸다는 것은 무슨 뜻이며, 거기에는 어떤 목적이 있는 걸까?

그것을 알려면 하나님께서 이스라엘을 맨 처음 그 땅에 들여보낼 때 하나님의 기대와 목적이 무엇이었는지부터 알아야 한다. 그들을 그 땅에 들여보낸 것은 그 땅에 하나님 나라를 보여줄 모델하우스 같은 공동체를 세우기 위함이다. 하나님의 그런 계획이 구체적으로 알려지기 시작한 것은 하나님께서 아브라함을 부르신 때로 거슬러 올라간다.

죄는 노아시대의 홍수 심판에도 불구하고 사라지기는커녕 바벨탑 사건이라는 집단 반역의 모습으로 나타났다. 이에 하나님은 오랜 침묵을 깨고 인류 구원을 위한 그분의 계획을 실행하는 일에 본격적으로 착수하신다. 이때 가장 먼저 하신 일은 아브라함에게 구원에 관한 그분의 계획을 말씀하신 것이다. 자식이 없는 아브라함에게 자식을 주되, 그 후손을 하늘의 별과 같이, 땅의 모래와 같이 많게 하고 강대한 나라가 되게 하겠다는 것이었다. 물론 그것은 가까이는 구약 이스라엘에 대한 이야기였지만, 멀리는 아브라함과 다윗의 자손 예수 그리스도와 그로 말미암는 교회와 성도를 가리키는 말이었다.

그렇다면 하나님이 아브라함의 후손들에게 가나안 땅을 차지하게 하시려는 것은 무엇을 위한 것이었나? 누차 말한 대로, 그것은 그들로 하여금 하나님을 믿지 않는 세상 속에서 하나님 나라를 보여주는 모델하우스를 이루게 하기 위함이다. 마치 아파트를 짓는 경우, 아직 완성되기 전이라도 사람들이 그 아파트를 미리 청약할 수 있도록 실제와 거의 동일한 모델하우스를 지어 운영하듯이, 하나님은 가나안의 이스라엘을 장차 완성될 하나님 나라의 모델하우스로 삼으려 하신 것이다. 사람들로 하여금 그 공동체에 담긴 아름다운 관계를 통해 하나님 나라가 어떤 것인지를 알고, 기쁜 마음으로 그 나라로 투항하게 하려는 것이다.

그런 점에서 이 공동체의 특징은 하나님의 말씀과 법의 지배일 수밖에 없다. 이 세상의 가치관과 세계관이 아닌 하나님의 말씀에서 나오는 남다른 가치관과 세계관이 지배하는 공동체가 되어야 하는 것이다. 하지만 그들은 그런 공동체를 이루는 일에 실패했다. 하나님은 오래 참으며 경고하셨지만, 그들은 그 악한 길에서 돌이키지 않았다. 그래서 하나님은 그들을 그 땅에서 쫓아내게 되었고, 그들은 바벨론의 포로가 되었다.

그렇다면, 이제 하나님이 그들을 다시 그 땅으로 돌려보내는 목적은 무엇일까? 단지 "나는 아직도 너희를 포기하지 않았다", "나는 아직도 너희를 사랑한다"라는 말을 하시려는 것일까? 아니면 "나는 그 땅에 그런 공동체를 세우려는 계획을 아직 포기하지 않았다"라는 말을 하시려는 걸까? 이 해석의 틀을 결정하는 것이 가장 중요할 것이다. 그렇지 않으면 가장 중요한 메시지를 놓쳐 버리게 될 것이기 때문이다.

그 뼈들이 의미하는 것

그런 의미에서 본문을 살펴보자. 에스겔이 본 것은 뼈가 가득한 골짜기였다.

> 나를 그 뼈 사방으로 지나가게 하시기로 본즉 그 골짜기 지면에 뼈 가 심히 많고 아주 말랐더라 _겔 37:2

그가 거기서 본 것은 시체들이 아주 바싹 말라버린 뼈들이었다. 이 뼈들은 여러 가지를 말해주고 있었다. 먼저 그것은, 역사적으로 한때 거기에 전쟁과 같은 엄청나게 불행한 역사가 있었음을 말해주고 있었다. 거기서 그들은 패했고, 그 과정에서 대량 살상이 일어났다는 말이다. 게다가 이 뼈들이 묻혀 있지도 않고 그냥 노천에 드러나 있다는 것은 이들이 죽을 당시의 상황을 짐작하게 한다. 그들은 모두 비참한 죽음을 당했으며, 죽은 후에도 존중받지 못했다는 말이다. 왜냐하면 고래(古來)로 사람들은 웬만하면 죽은 자에게는 마지막 예우를 다했는데, 이 주검들은 그냥 거기

투기된 채 방치된 것이다. 그들은 모욕적인 죽음, 다시 말해 저주받은 죽음을 죽은 것이다. 게다가 그것들은 시체가 아니라 마른 뼈들이었다. 그것은 이 일이 일어난 지 오래되었다는 말이며, 그들에게 희망이 사라진 지 아주 오래되었다는 뜻이다.

골짜기에 가득한 마른 뼈들의 환상은 이 모든 것을 증언해주고 있었다. 그런데 하나님은 그 뼈들을 보여주시면서 물으셨다.

"인자야 이 마른 뼈들이 살아나겠느냐?"

에스겔은 무어라 대답해야 하나? 그는 믿음이 없는 사람이 아니다. 그는 엘리사와 엘리야의 시대에 기도로 소생한 사람들이 있었음도 알고 있었을 것이다. 그러나 그 경우는 모두 죽은 지 얼마 안 된 사람들로서, 시신에 아직 온기가 남아 있는 경우였다. 하지만 이 뼈들은 죽은 지 이미 오래되었고, 육신은 부패하여 다 분해되었을 뿐 아니라, 거의 가루가 되어 일부는 바람에 날아가 버린 지 오래되었다. 그것들은 이제 누가 누군지도 알 수 없는 뼈 무더기일 뿐이었다. 그런데 그런 뼈들이 살아난다고? 상상도 못 할 일이다. 그런데 하나님은 그런 뼈들을 향해 말씀을 선포하라고 하신다. 하지만 이 말도 안 되는 것 같은 명령에 따라 에스겔이 대언했을 때, 그 뼈에 힘줄이 생기고 살이 오르며 가죽이 덮였다. 그리고 그 위에 한 번 더 생기를 향해 대언하자, 그들이 큰 군대로 살아났다.

대언하는 에스겔과 신약의 그리스도

37장의 해골 골짜기의 환상은 에스겔 36장 계시가 바라보고 있는 사건과 동일한 사건을 바라보면서 서로 보완하는 관계에 있다. 바짝 마른 뼈들은 그 일이 일어날 시점에 유다가 처해 있을 상황을 보여준다. 유다는 패망한 지 오래되었고, 그로 인하여 하나님의 백성의 역사는 마치 죽은 듯 멈춰 있었을 것이다. 그리고 그런 상태로 오래되었기에, 이제 그 역사에 더 이상 아무 희망이 없는 것 같아 보일 것이다. 그런데 그때 그 절망적인 조건을 뚫고 하나님께서 그 백성의 역사를 다시 한 번 소생시키는 놀라운 일을 일으키신다는 것이다.

이 일은 얼핏 유다왕국의 회생일 것처럼 보이는데 (사실 그런 부분이 없지 않지만), 그러나 훗날의 일까지 다 아는 입장에서 보면, 이것은 단지 유다를 살려내는 이야기가 아니라 하나님이 '자기 백성의 역사'를 살려내시는 이야기이다. "하나님이 씻어주시고 그분이 주시는 새 영과 새 마음으로 새롭게 되어 순종하는 백성"은 신약 교회로 이해되기 때문이다.[24]

더 나아가 해골 골짜기에 서서 대언하는 에스겔의 모습 또한

---

24 "맑은 물을 너희에게 뿌려서 너희로 정결하게 하되 곧 너희 모든 더러운 것에서와 모든 우상숭배에서 너희를 정결하게 할 것이며 또 새 영을 너희 속에 두고 새 마음을 너희에게 주되 너희 육신에서 굳은 마음을 제거하고 부드러운 마음을 줄 것이며 또 내 영을 너희 속에 두어 너희로 내 율례를 행하게 하리니 너희가 내 규례를 지켜 행할지라"(겔 36:25–27).

신약의 예수 그리스도와 겹쳐보면 서로 너무나 상합한다. 이 점
은 신약성경의 시작 부분을 보면 더욱 그런데, 마태복음이 예수
그리스도의 등장을 이렇게 말하기 때문이다.

[17]그런즉 모든 대 수가 아브라함부터 다윗까지 열네 대요 다윗부터
바벨론으로 사로잡혀 갈 때까지 열네 대요 바벨론으로 사로잡혀 간
후부터 그리스도까지 열네 대더라 [18]예수 그리스도의 나심은 이러
하니라 그 모친 마리아가 … _마 1:17-18

여기서 마태가 구분하여 보여주는 그 '열네 대'들이 그려주는
그림은 무엇인가?

아브라함부터 다윗 : 하나님의 백성의 역사의 상승기 14대
다윗부터 바벨론에 의한 패망 : 유다왕국 왕조사의 하강기 14대
바벨론 포로됨부터 그리스도 : 패망 이후 수면 아래의 14대

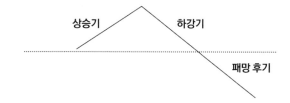

주님이 탄생하신 시기는 유다왕국이 패망한 지 14대가 지난 때였다. 왕국이 패망한 후 거의 600년이 지났으니, 그 시기는 사람으로 말하자면 백골이 되고도 남는 시기였다. 주님께서 오실 당시에 그 땅은 죽은 지 오래된 해골 골짜기에 해당하는 것이다. 예수님은 거기로 보냄받은 진정한 '에스겔'이었다. 그리고 거기서, 마치 에스겔이 그랬던 것처럼 말씀과 성령으로 하나님 나라 백성의 역사를 살려내신 것이다.[25] 그러고 보면 주님이 선포하신 말씀들도 에스겔 본 해골 골짜기의 비전과 무관하지 않다.

진실로 진실로 너희에게 이르노니 죽은 자들이 하나님의 아들의 음성을 들을 때가 오나니 곧 이 때라 듣는 자는 살아나리라 _요 5:25

에스겔의 환상은 이와 같이 신약 시대를 내다보고 있다.

늘 개인적 유익으로만 해석된 환상

다시 에스겔 본문으로 돌아가, 하나님께서 에스겔에게 하신 "인자야 이 뼈들이 살겠느냐?"라는 질문에 대해 에스겔이 대답한다.

---

25 에스겔은 하나님께서 말씀을 대언하라고 하셔서 대언했지만, 예수님은 말씀을 대언하는 분이 아니라 주님 자신이 말씀이시다. 요한이 그의 복음서에서 "태초에 말씀이 계시니라! 그 말씀이 하나님과 함께 계셨고 그 말씀은 곧 하나님이라"라고 한 것처럼 예수님은 태초부터 계셨던 말씀 그 자체인 것이다. 그런데 그 말씀이 육신이 되어 사람들 가운데 거하셨다.

"주님이 아실 겁니다!" 그러자 주님은 그 뼈들에게 다음과 같이 선포하라고 하신다.

> ⁴… 너희 마른 뼈들아 여호와의 말씀을 들을지어다 ⁵주 여호와께서 이 뼈들에게 이같이 말씀하시기를 내가 생기를 너희에게 들어가게 하리니 너희가 살아나리라 ⁶너희 위에 힘줄을 두고 살을 입히고 가죽으로 덮고 너희 속에 생기를 넣으리니 너희가 살아나리라 또 내가 여호와인 줄 너희가 알리라 하셨다 _겔 37:4-6

말씀대로 대언하자 놀라운 일이 일어났다. 뼈들이 움직이기 시작하더니, 뼈와 뼈가 정확하게 들어맞고, 힘줄이 생기고 근육이 붙고 마지막엔 피부까지 덮었다. 하지만 변화는 거기까지였다. 그렇다고 그것들이 살아난 것은 아니었다.²⁶

그래서 하나님은 에스겔에게 생기를 향해 대언하라고 하신다.

> … 생기야 사방에서부터 와서 이 죽음을 당한 자에게 불어서 살아나게 하라 하셨다 하라 _겔 37:9

---

26 크리스토퍼 라이트는 이 점과 관련하여, 본문이 의도하는 바는 아니지만, 재미있는 상상을 해보았다. '하얗게 마른 뼈다귀가 가득한 골짜기와 살과 근육과 피부도 다 붙어 있는 시체로 가득한 골짜기, 두 곳 중 어디가 더 무서울까?' 하는 상상이다. 뼈에 힘줄이 생기고 살이 오르고 피부가 덮였는데 생명은 없는 상태의 수많은 시신들이 눈을 뜬 채 가득 누워 있는 장면을 생각해보라! 생각만 해도 공포물(horror)이다. 말씀과 성령으로 '변화를 받은 교회'가 아닌 '말씀만 있고 성령의 역사는 없는 교회는 참 무서운 교회가 될 수 있을 것 같다'라는 말이다. 교회에는 당연히 말씀이 중요하다. 그러나 말씀만으로는 안 된다.

에스겔이 말씀하신 대로 대언하자 놀라운 일이 일어났다. 그들이 다 살아나서 일어나는데 큰 군대가 되었다.

성령은 이처럼 우리의 죽은 영혼을 살리시는 분이다. 성령은 말씀과 함께 역사해서 우리의 죽은 영혼을 살리신다. 그런 점에서 성령의 역사는 언제나 긴요하다.

'군대'로 살아나다

하지만 문제는 우리의 해석이 늘 거기에서 그친다는 것이다. 우리가 이 말씀 속에서 보았던 것은 늘 '하나님께서 우리의 죽은 영혼을 살릴 수 있다'라는 것과, '이스라엘 나라(유다)를 극적으로 회복시키실 것'이라는 약속이었다. 그리고 그 말씀에서 죽은 자를 살리시는 하나님의 능력과 자기 백성을 결코 버리지 않는 사랑을 보고 은혜를 받았다. 하지만 우리의 해석은 늘 거기서 끝났고, 이 말씀이 진짜 말씀하고자 하는 것에는 거의 다가가지 못했다.

우리는 성령의 역사를 늘 나를 살리고 우리로 하나님을 알아 그분을 높이고 찬양하게 하는 것으로 이해할 뿐, 그 이상의 것을 생각하지 못했다. 방언도 단지 나를 위해 주신 은사이고, 말씀도 나를 위해 주시는 선물일 뿐이다. 우리는 그저 성령님의 감동을 받아 감사하며 열심히 예배와 교회 활동에 참여하면 되는 것이다. 그러면 아무것도 잘못된 것이 없는 것이다. 하지만 하나님이 우리의 죽은 영을 다시 살리신 목적도 그런 것일까? 하나님이 교회를 다시 회복시키는 목적도 단지 그런 것일까?

에스겔이 본 해골 골짜기 환상은 처음부터 이런 해석에 의문을 제기한다. 사실 그 환상은 처음부터 개인에 관한 이야기가 아니다. 그 뼈들이 한 사람의 뼈가 아닌 수많은 사람들의 뼈인데다, 그들이 거기에 그렇게 있게 된 것도 사실 그들이 결례나 금식과 예배 참여 같은 개인적인 경건을 소홀히 해서 생긴 일이 아니었다.

그들이 그렇게 된 것은 하나님의 백성 공동체로서의 존재 목적, 즉 세상 속에서 하나님 나라의 모습을 보여주는 공동체가 되는 일에 실패했기 때문이었다. 공동체 안에 담아야 할 삶을 담는 데 실패한 것이다. 이것은 그들을 세상 구원을 위한 선교적 도구로 부르신 목적을 배반한 것으로, 결국 하나님의 진노를 불러일으킬 수밖에 없었던 것이다. 따라서 패망은 불가피했다. 그 결과 언젠가 골짜기의 마른 뼈들같이, 모든 희망이 사라진 상황이 올 것이었다. 그런데 어느 날 에스겔이 마른 뼈들이 다시 살아나는 것을 본 것이다. 그 부활의 원동력은 하나님의 말씀과 성령이었다.[27] 그렇다면 이것은 어느 때 일어날 어떤 사건을 가리키는 것일까? 물론 바벨론 포로들이 귀환하는 때를 가리킨다고 할 수도 있을 것이다. 하지만 그것이 그 환상의 궁극적 성취라고 할 수는 없다. 왜냐하면 그 사건에서는 이 비전이 약간만 성취되어 보일

---

27 에스겔은 그 뼈들을 향해서 말씀을 대언했고, 이어서 생기를 향해 '그 뼈들 위에 불라'고 대언했다.

뿐, 예언의 대부분의 요소는 거기서 성취되지 않기 때문이다. 결국 '말씀과 성령에 의해' 하나님 나라 백성의 역사가 새롭게 되는 일은 '말씀이신 예수 그리스도'와 '오순절에 강림한 성령'을 통한 신약 교회의 시작에서 보게 된다.

진실로 진실로 너희에게 이르노니 죽은 자들이 하나님의 아들의 음성을 들을 때가 오나니 곧 이 때라 듣는 자는 살아나리라 _요 5:25

군대로서 살아난 이유

이 모든 내용 중에서 오늘 특별히 관심을 가질 것은 그 뼈들이 '큰 군대'로 살아났다는 점이다. 우리는 지금까지 마른 뼈들이 살아난다는 것에만 관심을 두었지, 그들이 '큰 군대'가 되었다는 것에 대해서는 별로 주의를 기울이지 않았다. 하지만 이 점은 이 예언에서 가장 주목을 받아야 할 요소이다. 왜냐하면 그것들이 군대가 되었다는 사실 자체가 그 뼈들을 살려낸 목적을 시사하고 있기 때문이다.

그렇다면 그 뼈들이 큰 군대가 되었다는 것은 무엇을 의미할까? 그들을 다시 살려낸 목적이 전투와 관련 있다는 것이다. 그들이 전쟁을 하기 위해 살아난 것이 첫 번째 요점이다. 그렇지 않으면 그들이 군대가 되어야 할 이유는 없다.

정치 공간에 그리스도인으로 서기

그렇다면 그들이 싸워야 할 싸움은 어떤 싸움일까? 잠시만 생각해보아도 명확하다. 그 싸움은 과거에 그들이 싸우다 실패한 싸움이다. 그것은 그 땅에 하나님 나라를 보여주는 공동체를 세우는 싸움, 공동체 안에 이 세상과 다른 삶, 구별된 삶을 담는 싸움인 것이다. 그들은 여기에 실패했고, 결국 하나님의 심판을 받아 패망하고 말았던 것이다.

또한 그들이 군대로 다시 살아난 것이 시사하는 두 번째 요점이 있는데, 그것은 그토록 오랜 세월이 지나도록 하나님의 백성을 향한 그분의 바람과 목적은 전혀 변하지 않았다는 것이다. 이 점은 자연스레, 지금 이 순간도 우리가 싸워야 할 싸움이 무엇인지를 명확하게 해준다. 그것은 구약 이스라엘이 싸워야 했던 싸움, 즉 그들이 싸우다 실패한 싸움이다. 오늘날도 한국교회가 싸워야 할 싸움은 이러한 불신 세상 속에서 하나님의 말씀에 따라 남다른 삶을 사는 것이라는 말이다.

학력 우상 사회, 극한 경쟁에 찌들고 패배자들에 대해 무심한 세상, 이데올로기로 양분되어 죽어라 싸우며 '똥 묻은 개가 겨 묻은 개 나무라는' 세상, 이른바 '내로남불' 하는 세상에서 그것과 다른 삶이 존재함을 보여주는 공동체가 되는 것이다.

오늘 우리가 싸워야 할 영적 싸움은 봉은사 같은 절에 가서 땅밟기를 하거나,[28] 법회 중인 불교 사찰에 찾아가 예수 믿으라고

---

[28] 이 부분에 대해서는 사건 당시 기독신문 기고문 참조하라. (기사 제목 "땅밟기 사건, 성경 오해했

난동을 부리는 것이 아니다. 그 싸움은 오히려 세상 속에서 하나님 나라의 아름다움, 그 백성 됨의 우아함을 보여주는 싸움이다. 세상이 숭배하는 돈, 섹스, 명예, 지위 등의 우상들로부터 해방된 삶이다. 그리스도인이 그 모든 것들의 종이 아니라 그것들의 주인으로서, 서로 베풀고 사랑하고 섬겨주는 공동체를 이루기 위한 싸움이다.

교회는 단지 성경 읽기와 기도, 그리고 예배 참석으로 대표되는 개인 경건을 훈련하고 장려하기 위한 곳이 아니라, 궁극적으로 그리스도의 몸으로서, 사람의 몸처럼 유기적인 하나님 나라 백성의 공동체적 삶을 이루기 위한 기관이다.

이런 해석은 성경적인가?

그렇다면 이런 해석은 성경적인가? 단순히 필자의 자의적 성경 해석은 아닐까? 당연히 결코 아니다. 하지만 아니라는 것은 무엇으로 알 수 있을까? 에스겔 36장과 37장의 예언이 신약에서 어떤 식으로 전개되었는지 그 방향을 이어보면 안다.

앞에서 말한 대로, 예수의 오심과 사역은 해골 골짜기에서 펼쳐진 에스겔의 사역의 진정한 성취였다. 우선 주님의 탄생 시점

다"를 검색하라. (http://www.kidok.com/news/articleView.html?idxno=67525&replyAll=&reply_sc_order_by=C)

부터가 묘하다. 그것은 무려 '바벨론 포로가 된 후 14대'나 지난
후로, 패망 이후 백골이 진토가 될 정도로 오랜 시간이 경과된 시
점이었다. 그런 시점에 예수께서 그곳에 오셔서 하신 사역은 새
로운 이스라엘을 불러 모으는 것이었다. 그리고 그분의 말씀은
바로 그 해골 골짜기에서 죽어 있는 생명을 살리는 말씀이었다.

> 진실로 진실로 너희에게 이르노니 죽은 자들이 하나님의 아들의 음
> 성을 들을 때가 오나니 곧 이 때라 듣는 자는 살아나리라 _요 5:25

에스겔 36장에서 "'내가' … 맑은 물을 너희에게 뿌려서 너희로
정결하게" 할 것이라고 말씀하신 것은, 하나님이 하실 일을 구약
이스라엘의 종교적 관습과 대비시킨 것이다. 그들은 결례와 같은
관습이 자신을 정결케 할 것이라고 믿고 열심히 그것을 행하다가
패망했는데, 이제 하나님께서 친히 그 백성을 말갛게 씻기실 때
가 곧 온다는 것이다. 주님이 십자가에서 대속의 물과 피를 흘리
실 것을 내다본 말이다.[29] 그리고 그 모든 것이 끝났을 때, 부활하
신 주님은 제자들에게 나타나 그들을 향해 숨을 내쉬면서 말씀하
셨다. "성령을 받으라."
　주님의 이런 말씀과 행동은 창세기 2장 7절을 생각나게 한다.

29　"내가 너희를 여러 나라 가운데에서 인도하여 내고 여러 민족 가운데에서 모아 데리고 고국 땅에
　　들어가서 맑은 물을 너희에게 뿌려서 너희로 정결하게 하되 곧 너희 모든 더러운 것에서와 모든
　　우상숭배에서 너희를 정결하게 할 것이며"(겔 36:24-25).

거기서 하나님은 흙으로 사람을 빚으신 후 코에 생기를 불어넣음으로써, 진정 살아 있는 존재가 되게 하셨다. 마찬가지로 우리 또한 부활하신 주님이 보내시는 성령으로 인하여 새로운 피조물이 된다. "성령을 받으라"고 말하시는 주님의 모습은 창세기 2장 7절뿐 아니라 에스겔 37장 9절과도 연관된다.

"생기야 사방에서부터 와서 이 죽음을 당한 자에게 불어서 살아나게 하라."

결국 에스겔 37장과 예수님의 탄생과 사역의 연결은 신약 교회의 탄생 사건인 오순절 성령강림이 어떤 의미를 띠는지를 가르쳐 준다. 그것은 패망 후 오래 방치되어 도무지 다시 회복될 수 없을 것 같았던 하나님 나라의 백성의 역사에 숨결을 불어넣어, 하나님 나라 공동체를 이룰 군대로 새롭게 일으키는 사건인 것이다.

공동체 : 선교를 위한 하나님의 기본전략

부활 후 첫 오순절 날, 하나님 나라의 역사는 깊은 잠에서 깨어났다. 성령의 강력한 강림을 경험한 제자들은 밖으로 튀어 나가 복음을 세상에 선포했다. 그들의 선포에, 하루에 3천 명 혹은 5천 명이 회개하고 돌아오기도 했다.

그날 복음과 성령이 살려낸 교회의 모습은 다음과 같았다.

⁴⁴믿는 사람이 다 함께 있어 모든 물건을 서로 통용하고 ⁴⁵또 재산과 소유를 팔아 각 사람의 필요를 따라 나눠 주며 ⁴⁶날마다 마음을 같이하여 성전에 모이기를 힘쓰고 집에서 떡을 떼며 기쁨과 순전한 마음으로 음식을 먹고_행 2:44-46

변화는 확연했다. 이전에 물질을 우상 삼고, 그것에게 종이 되었던 그들이 이제 그 종 된 상태에서 벗어나 물질을 다스릴 줄 아는 모습을 드러낸 것이다. 그들은 세상과 확연히 구별되는 공동체를 이루었다. 그래서 어떻게 되었나?

… 온 백성에게 칭송을 받으니 주께서 구원 받는 사람을 날마다 더하게 하시니라_행 2:47

하나님의 선교 전략이 제대로 작동되는 모습이다. 하나님은 처음부터 교회가 이 세상과 구별되는 공동체가 되어 하나님 나라의 모델하우스가 되고, 그 모델하우스를 통해 하나님의 아름다운 덕이 널리 선전되어, 수많은 사람들이 하나님 나라로 돌아오게 되는 것을 기본 계획으로 삼으셨던 것이다. 그런데 구약의 이스라엘은 그 일에 실패했는데, 이제 '진정한 에스겔'인 예수께서 오셔서 '씻음과 성령을 부음'을 통해 만든 공동체 안에서 그 일이 이루어지기 시작한 것이다. 하나님께서 아브라함을 부르시던 때의 목적30(세상을 복 받게 하는 것)이 원래 계획한 방식대로(아브라함의 자손이 여호와의 길을 따라 서로에 대해 바르게 행함으로) 달성되고 있는 것이다.

그렇다면 하나님께서는 그런 공동체를 만드는 일에 왜 그렇게 집착하시는 것일까? 하나님은 왜 남다른 공동체에 대한 꿈을 그렇게 오래도록 포기하지 않으신 것일까? 그 이유는 그런 공동체의 존재 자체가 세상의 구원을 위한 하나님의 선교 전략의 핵심이었기 때문이다. 세상 구원을 위한 하나님의 선교 전략은 애초부터 하나님의 백성이 세상과 다른 사회, 다른 공동체가 되어, 그 '다름'으로 세상에 한 줄기 빛을 비추는 것이다.

강대하나 이웃에 위협이 되지 않는 나라

죄로 인하여 망가진 인간사회에서는 나와 조금이라도 다른 것들은 다 차별과 배제의 이유가 된다. 그래서 피부와 민족과 언어와 문화, 배운 것과 배우지 못한 것, 빈부의 차이, 이데올로기 등 모든 것으로 나뉘고 싸우고 갈등한다. 그리고 강한 자가 약한 자를 억압하고 지배한다. 그러나 하나님의 계획은 처음부터 달랐다. 하

---

30 아브라함의 자손들이 여호와의 행하신 것을 본받아 서로를 향해 마땅한 도리(의와 공도)를 행하는 것이 하나님께서 아브라함에게 말한 그 일을 이루어지게 하는 길이다. "아브라함은 강대한 나라가 되고 천하 만민은 그로 말미암아 복을 받게 될 것이 아니냐 내가 그로 그 자식과 권속에게 명하여 여호와의 도를 지켜 의와 공도를 행하게 하려고 그를 택하였나니 이는 나 여호와가 아브라함에게 대하여 말한 일을 이루려 함이니라"(창 18:18-19).

나님은 아브라함을 통해 이루실 그 공동체가 큰 나라가 되고 강대한 나라가 될 것이지만, 그것은 이웃과 세상에 위협이 되는 나라가 아니었다. 그들은 오히려 이웃에게 복이 되도록 계획되었다. 그래서 희망이 보이지 않는 그 세상을 향해, 하나님 나라의 공동체가 한 줄기 희망의 빛이 되도록 하신 것이다.

내가 너로 큰 민족을 이루고 네게 복을 주어 네 이름을 창대하게 하리니 너는 복이 될지라 _창 12:2

아브라함은 강대한 나라가 되고 천하 만민은 그로 말미암아 복을 받게 될 것이 아니냐 _창 18:18

그렇게 교회가 하나님 나라를 분양하기 위한 모델하우스가 되는 것이 구원을 위한 하나님의 선교 전략의 핵심이다. 구원은 하나님께서 하시지만, 우리는 구원을 먼저 받은 자들로서 그 구원을 베풀어주신 분의 아름다운 덕을 선전하는 도구가 되어야 하는 것이다.

그러나 너희는 택하신 족속이요 왕 같은 제사장들이요 거룩한 나라요 그의 소유가 된 백성이니 이는 너희를 어두운 데서 불러 내어 그의 기이한 빛에 들어가게 하신 이의 아름다운 덕을 선포(선전)하게 그렇게 보면 선교에서 우선 중요한 것은 단기 선교를 열심히 가는 것이 아니라, 지금 여기서 우리 자신과 우리들의 공동체가 바로 그런 선교적 존재가 되는 것이다. 여기의 우리 이웃 가운데, 혹은 직장과 학교에서 세상과 똑같이 수단과 방법을 가리지 않고 승리하려는 존재가 아니라, 오히려 누군가에게 복이 되려는 존재, 그렇게 되는 것이 사명임을 아는 존재가 되는 것이다. 그래서 자기에게 어떤 지위와 권한과 기회가 주어질 때마다 그것을 누군가를 지배하고 갑질할 기회로 삼는 것이 아니라 누군가를 섬기고 그에게 복이 될 기회로 인식하는 사람, 또 살아가면서 만나는 모든 상황에서 '이 상황은 또 누구에게 복이 되라는 부름일까?'라고 생각하는 사람, 그런 존재가 되는 것이 우선인 것이다.

사실 차이를 극복하고 누군가에게 복이 되려는 의식의 전환 없이는 애초에 선교 자체가 불가능하다. 물론 우리가 그런다고 해서 이 세상이 완전히 달라지는 것은 아닐 것이다. 세상은 여전히 약육강식의 세상이고, 부익부 빈익빈의 악순환도 계속될 것이고, 그런 점에서 가난한 사람들도 이 세상에 늘 있을 것이다. 그러나 그럴지라도 낙심하거나 좌절하지 않고, 교회만이라도 다른 존재가 되어, 미래에 하나님이 완성하실 그 나라의 빛을 던지는 존재가 되어야 한다. 그것이 하나님의 뜻이다. 우리가 정치와 이데올로기 문제 앞에서 적용해야 할 태도와 모습도 이와 같아야 할 것이다.

그런 점에서 우리는 우리 자신을 점검해보자. 우리의 생애 중에 누군가가 찾아와 "감사합니다. 그때는 정말 어려웠지만 당신때문에 살았습니다"라고 고백하는 사람이 있는지…. 사람마다 자신의 출신학교를 자랑하고 한때 속했던 직장과 지위를 자랑하지만, 그러나 우리가 자랑하는 그 학교와 직장 그 어딘가에 우리를 향해 그렇게 고백하는 사람이 있는가?

16.
소금의
맛

¹³너희는 세상의 소금이니 소금이 만일 그 맛을 잃으면 무엇으로 짜게 하리요 후에는 아무 쓸 데 없어 다만 밖에 버려져 사람에게 밟힐 뿐이니라 ¹⁴너희는 세상의 빛이라 산 위에 있는 동네가 숨겨지지 못할 것이요 ¹⁵사람이 등불을 켜서 말 아래에 두지 아니하고 등경 위에 두나니 이러므로 집 안 모든 사람에게 비치느니라 ¹⁶이같이 너희 빛이 사람 앞에 비치게 하여 그들로 너희 착한 행실을 보고 하늘에 계신 너희 아버지께 영광을 돌리게 하라

_마 5:13-16

오순절 성령강림은 구속사적으로 새로운 시대를 여는 놀라운 사건이다. 그 의미는 너무나 깊어서 한 가지로 설명할 수 없는데, 아쉽게도 많은 사람들은 성령강림을 주로 개인적 회심, 성령의 내주, 능력, 방언 등과 관련해서만 이해하는 것에 그치고 만다. 그러나 오순절 성령강림은 말세에 성령을 남종과 여종에게 부어주실

것이라던 요엘 선지자의 예언(겔 36장)의 성취이기도 하지만, 에스겔의 해골 골짜기 환상(겔 37장)의 성취이기도 하다. 오순절 성령강림의 결과 신약 교회가 새롭게 탄생하기 때문이다. 마른 뼈 같이 형해화(形骸化)된 하나님 나라 백성의 역사가 다시 생명을 얻게 된 것이다.

마른 뼈들은 군대로 살아났다. 다시 전투를 하기 위해 살아난 것이라는 말이다. 성령의 강력한 역사로 탄생한 신약 교회도 싸움을 위한 것이라는 말이다. 에스겔이 본 환상에 따르면 신약 교회 앞에 놓인 싸움도 다른 싸움일 수 없다. 그것은 옛 이스라엘이 싸웠던 싸움이요, 그들이 싸우다 실패한 싸움이다. 그것은 이 땅에서 이 세상과 대비되는 하나님 나라의 공동체를 세우는 것이다. 강한 자가 약자를 억압하거나 착취하지 않고 도리어 약한 자들의 처지에 공감하고 동정하며 섬기는, '장차 완성될 하나님 나라의 아름다움을 보여주는 모델하우스 같은 공동체'가 되는 싸움이다.

이것을 이해하면 요엘서의 예언도 새롭게 보인다. 오순절 날에 베드로는 그날의 그 현상이 요엘 선지자의 예언의 성취라고 하면서, 성령이 강림하면 "너희의 자녀들은 예언할 것이요 젊은이들은 환상을 보고 늙은이들은 꿈을 꾸리라"(행 2:17)라고 하셨음을 상기시켰다. 그렇다면 그때 그들의 '예언'(prophecy)과 '환상'(visions)과 '꿈'(dreams)은 무엇을 말하는 걸까? 성령의 충만한 역사가 일어나 신약 교회가 놀랍게 태동할 때, 그들은 성령 안에서 무엇을 예언하고 무슨 비전을 보며 어떤 꿈을 꾼다는 것일까? 이에 대해 다양한 설명들이 존재해왔다. 하지만 거의 모두는 그 꿈과 예언과 환상을 하나님께서 인간과 소통하는 방식이라고 이해하면서, 그런 의미에서 그것들은 모두 성령이 오시면 하나님을 아는 지식이 사람들에게 충만하게 될 것을 뜻한다고 해석했다.[31] 하지만 필자는 그런 해석에 동의하면서도, 너무 구체성이 결여된 추상적이기만 한 해석이라는 아쉬움을 느끼지 않을 수 없었다. 그런데 오순절에 성취된 것이 에스겔의 해골 골짜기 환상이기도 하다는 것과, 그날에 하나님이 자기 백성을 다시 군대로 일으키셨다는 사실이 여기에 빛을 비추어주었다.

환상을 보고 꿈을 꾸리라

하나님께서 장차 하나님의 백성, 즉 교회를 (부활의 능력으로)[32] 다시 일으키실 텐데, 그것은 구약 교회가 실패한 그 공동체를 이루

---

31 학자들은 그렇게 해석했지만, 일반인들은 그보다 더욱 개인적이어서, 그 꿈과 예언과 환상을 거의 다 개인적인 신비 체험으로 해석했다.

32 "그의 힘의 위력으로 역사하심을 따라 믿는 우리에게 베푸신 능력의 지극히 크심이 어떠한 것을 너희로 알게 하시기를 구하노라 그의 능력이 그리스도 안에서 역사하사 죽은 자들 가운데서 다시 살리시고"(엡 1:19-20). "그는 허물과 죄로 죽었던 너희를 살리셨도다"(엡 2:1). "진실로 진실로 너희에게 이르노니 죽은 자들이 하나님의 아들의 음성을 들을 때가 오나니 곧 이 때라 듣는 자는 살아나리라"(요 5:25).

는 싸움, 즉 하나님의 말씀을 따라, 하나님이 우리를 위해 그렇게 하신 대로, 강한 자가 약한 자를 섬기며, 서로의 처지에 대해 깊이 공감하고, 서로를 향해 언약적 책임을 감당해가는 대안사회를 이루는 싸움을 위한 것이라는 말이다.

이것을 이해하면, 성령강림으로 충만케 된 신약의 성도들이 하나님의 뜻을 더 잘 깨달음으로 인해, '말(예언)하고 꿈꾸고 보게 된 비전은 무엇일까'라는 질문에 답하는 일은 그렇게 어렵지 않다. 그것은 하나님의 불변의 계획과 꿈인 하나님 나라를 반영하는 대조적인 공동체의 출현과, 그 교회 속에 그 나라가 제대로 담겨서 나타나는 일이라고 할 수 있을 것이다.

사실 교회가 세상에서 그런 대안 사회, 대조 사회를 경험하게 해줄 수 있다면, 그런 교회는 온갖 차이와 다름으로 갈등하며 고통받는 세상에 너무나 필요한 공동체일 것이다. 오죽하면 바울도 피조물이 고대하는 바가 하나님의 아들들이 나타나는 것이라고 했겠는가(롬 8:19).

이렇게 오순절 사건의 의미에 대해 교회의 공동체성을 강조하면, 어떤 사람들은 오순절 성령강림의 의미를 축소시키는 것이 아니냐고 말할지 모른다. 하지만 이것은 축소가 아니라 제대로 된 확장이다.

오순절 성령강림으로 인해 성도가 누리게 된 모든 은혜와 은사는 단지 개인적 경건 생활을 위한 것으로만 이해되어서는 안 된다. 그것은 오히려 하나님이 그렇게도 고대하시던 바로 그런 공동체를 지향하는 것으로 이해되어야 한다.

교회 안에 공동체성을 높이는 것은 성령의 역사가 강력하게 나타나는 가운데만 가능한 것으로(이기심과 자기중심성이 극복되어야 하므로) 성령 사역의 절정이요, 그분이 이루시는 최고의 종합예술이라 할 수 있다. 공동체를 이루는 삶, 즉 구성원들의 개성과 약점이 거슬림에도 불구하고 자기를 버리고 남을 용납하며 섬기는 삶을 사는 것은 모든 개인적 경건의 최상의 것들이 종합되어야 가능한 것이다.

하지만 불행하게도 우리는 이 부분을 별로 중요하게 생각하지 않는 경향이 있다. 그래서 우리의 신앙생활이나 말씀 해석도 다 개인 경건에 초점이 맞춰지고 만다. 필자는 이것이 지금 한국교회가 구약 교회가 범한 실패를 똑같이 반복하고 있는 이유라고 본다. 또한 오늘처럼 이데올로기로 인해 온 나라가 두 쪽으로 나뉘어 갈등해도, 성도들이 도대체 어떤 입장과 자세(stance)를 취하여야 할지, 무엇을 지지하고 무엇을 지지하지 않아야 할지에 대해 아무런 판단을 하지 못하고 우왕좌왕하는 원인이 되고 있다고 생각한다. 신앙생활을 단지 말씀묵상과 기도로만 생각하니 사회적 관계, 그리고 공동체적 삶에 대해서는 아무 의견이 없게 되는 것이다. 한국교회가 과거의 정치 상황 속에서는 아무런 소리도 내지 않다가, 이번에 코로나로 인해 예배드리는 데에 어려움이 생기자 비로소 어떤 반응을 보이는 것도 어떤 의미에서는 그런 이유 때문이다.

하나님의 선교 계획에 있어서 교회는 성도가 하나님이 의도하신 관계와 가치관을 경험하고 터득하는 장이다. 그것은 그 구성원들이 이 사회 속에서도 무엇이 옳은지 그른지를 자연스레 익히게 해주는 좋은 모판이다. 그런데 그런 교회가 단지 예배하고 기도하고 말씀 보고, 또 다시 예배하고 기도하고 말씀을 볼 뿐, 그 말씀이 의미하는 공동체적 삶과는 아무런 관계도 맺지 않으니, 어찌 이런 첨예한 이데올로기 갈등 속에서 분별이 서겠는가?

한국교회가 계속 이런 모습을 띠는 것은 성경 속에서 이 부분이 하나님의 핵심 의제라는 것을 느껴보지 못했기 때문일 것이다. 하지만 우리가 세상에서 대조 사회를 이루는 이것이 하나님의 선교 전략에서 핵심이며 신구약을 관통하는 일관된 메시지라는 것을 알면, 우리는 이 부분을 무겁게 받아들이지 않을 수 없을 것이다. 그런 점에서 이것이 어떻게 신구약의 일관된 강조점인지를 한번 살펴보도록 하자.

시내산 언약에서의 강조점 : "너희는 거룩하라"

하나님의 백성이 남다른 공동체가 되어야 한다는 요구는 구약 출애굽기 19장 이하에 나오는 시내산 언약 예식에서 이미 나온다.

거기서 하나님은 그들의 정체성을 이렇게 말씀해주셨다.

> ⁵세계가 다 내게 속하였나니 너희가 내 말을 잘 듣고 내 언약을 지키면 너희는 모든 민족 중에서 내 소유가 되겠고 ⁶너희가 내게 대하여 제사장 나라가 되며 거룩한 백성이 되리라 너는 이 말을 이스라엘 자손에게 전할지니라 _출 19:5-6

그들은 하나님이 쓰시려고 구별하신 제사장 나라요 특별한 소유다. 그렇다면 그들은 무엇을 위해 그렇게 구별되었나? 아브라함에게 말씀하신 그 계획의 성취를 위해서다. 바로 천하만민이 복을 받게 하려는 것이다. 그들은 만국 구원을 위한 특별한 도구로 선택된 것이다.

그렇다면 그들은 어떤 방식으로 그렇게 사용되게 계획돼 있었나? 그것은 시내산에서 주신 말씀들, 특히 레위기를 통해서 알 수 있는데, 공동체 속에 공의와 정의가 있는 삶을 담아냄으로써 그 목적을 이룬다. 그것은 이웃을 네 몸과 같이 사랑하라는 말씀으로 설명되기도 한다.³³

---

33 구약 중에 이것을 가장 잘 나타낸 것 중에 하나가 미가서의 다음 절이다. "내가 무엇을 가지고 여호와 앞에 나아가며 높으신 하나님께 경배할까 내가 번제물로 일 년 된 송아지를 가지고 그 앞에 나아갈까 여호와께서 천천의 숫양이나 만만의 강물 같은 기름을 기뻐하실까 내 허물을 위하여 내 맏아들을, 내 영혼의 죄로 말미암아 내 몸의 열매를 드릴까 사람아 주께서 선한 것이 무엇임을 네게 보이셨나니 여호와께서 네게 구하시는 것은 오직 정의를 행하며 인자를 사랑하며 겸손하게 네 하나님과 함께 행하는 것이 아니냐"(미 6:6-8).

… 너희는 거룩하라 이는 나 여호와 너희 하나님이 거룩함이니라
_레 19:2

… 네 이웃 사랑하기를 네 자신과 같이 사랑하라 _레 19:18

레위기는 이와 같은 삶의 구체적 예들을 자세하게 기록하고 있는데, 그 대표적인 몇 군데만 인용해본다.

9너희가 너희의 땅에서 곡식을 거둘 때에 너는 밭 모퉁이까지 다 거두지 말고 네 떨어진 이삭도 줍지 말며 10네 포도원의 열매를 다 따지 말며 네 포도원에 떨어진 열매도 줍지 말고 가난한 사람과 거류민을 위하여 버려두라 나는 너희의 하나님 여호와이니라 11너희는 도둑질하지 말며 속이지 말며 서로 거짓말하지 말며 12너희는 내 이름으로 거짓 맹세함으로 네 하나님의 이름을 욕되게 하지 말라 나는 여호와이니라 13너는 네 이웃을 억압하지 말며 착취하지 말며 품꾼의 삯을 아침까지 밤새도록 네게 두지 말며 14너는 귀먹은 자를 저주하지 말며 맹인 앞에 장애물을 놓지 말고 네 하나님을 경외하라 나는 여호와이니라 15너희는 재판할 때에 불의를 행하지 말며 가난한 자의 편을 들지 말며 세력 있는 자라고 두둔하지 말고 공의로 사람을 재판할지며 _레 19:9-15

요약하면 고아와 과부 나그네 등과 같이 사회적 보호막을 상실한 사람들이나 병든 자·장애자 등 사회적 약자들의 처지와 형편을 배려하여, 그들이 살아갈 수 있도록 그들의 어려움에 공감하고 배려하라는 것이다. 또한 재판이나 일상생활에 있어서 사람을 판단하고 평가할 때 그 사람의 세상적 조건에 따라 편벽되게 판단하지 말라는 것이다. 세상은 힘이 있는 자가 약한 자를 억압하고 수탈하지만, 이 공동체 안에서는 하나님이 그러하신 것처럼 강한 자가 약한 자의 형편을 헤아리고, 그들을 외모(외적 형편과 처지)로 차별하지 말아야 하는 것이다.

이렇게 말하면 사람들의 의견은 둘로 나뉜다. 한 부류는 '그렇다면 어디까지 그래야 하나? 한 나라의 경제 체제를 뒤집어 버려야 한다는 것인가? 그리고 그 체제에 따르지 않는 모든 것을 악으로 규정해야 하는 것인가?'라는 의문을 가진다. 그런가 하면, 다른 한편에서는 '아무리 그래도 이 세상에는 가난한 사람들이 없을 수 없는 것 아닌가? 어느 시대고 가난의 문제는 한 번도 해결된 적이 없으니, 나 혼자 그러는 게 무슨 소용이냐?'라고 생각한다.

이 부분에 대해서는 이렇게 답할 수 있을 것 같다.

첫째는, 구약에서 이런 특별한 공동체를 만들라는 요구는 일차적으로 출애굽을 경험한 이스라엘 백성들에 대한 요구이지 이 세상 모든 나라, 모든 백성들에 대한 요구가 아니라는 것이다. 그들에게 이런 삶이 요구되지 않는다는 말이 아니라, 우선 하나님의 놀라운 구원을 경험한 백성들의 공동체로부터 우선 적용되어야 한다는 것이다. 그 공동체가 그런 남다른 공동체가 됨으로써 세상을 향한 자극과 도전이 되는 것이다.

가나안 정복 전쟁도 이런 이해를 지지해주는데, 하나님은 이스라엘에게 이 싸움을 담대하게 수행하도록 요구하시지만, 그러나 그 범위는 일단 가나안 지경으로 국한된다. 가나안 이외의 다른 지역에까지 가서 우상들을 제거하는 것은 그들에게 위임된 바가 아니다. 온 세상에서 우상이 제거되는 것이 하나님의 뜻이라고 하더라도 그렇다. 그것이 하나님이 바라시는 뜻이라는 것과 그것이 어떻게 이루어지기를 원하시는지는 다른 문제다. 마치 하나님께서 온 세상을 구원하기 원하시지만, 그 방법은 십자가라는 약함과 어리석음이었던 것과 같다. 하나님은 온 세상이 하나님 나라가 되기 원하시지만, 그러나 그 일이 실현되는 것은 폭력적인 방식을 통해서가 아니라 감동과 도전을 통해서다. 그 감동과 도전을 만들어내야 할 사람들이 하나님의 백성들이다. 그들이 그들의 공동체 안에서 갖는 관계의 남다름과 구별됨이 그 감동을 만들어내는 것이다.

이 모든 것이 이스라엘 백성들에게, 그리고 오늘의 교회에 우선 요구되는 이유는 이런 공동체와 삶은 구원의 은혜를 경험함 없이, 단순히 윤리나 도덕적 요구로는 성취할 수 없기 때문이다. 즉, 이런 높은 도덕성에 대한 요구를 구원의 은혜를 체험하지도 않은 사회 일반에 적용하기는 불가능한 것이다. 내가 은혜를 느끼는 가운데서도 하기 어려운 일을 한 국가의 체제나 경제 시스템에 전면적으로 적용하도록 요구하는 것은 무리라는 말이다. 그것은 우선 우리 자신에게 적용되어야 한다.

그런 점에서 교회는 자신의 개혁에 급진적이어야 한다. 은혜를 아는 자들이기 때문이다. 하지만 일반 사회에 대해 말할 때는 이 말씀을 우선 기억해야 한다. 우리 기독교 공동체 내의 변화조차 "맑은 물을 뿌려서 정결하게 하시고 새 영을 우리 속에 두고 새 마음을 우리에게 주되 우리 육신에서 굳은 마음을 제거하고 부드러운 마음을 주시고 주님의 영을 우리 속에 두어 우리로 주님의 율례를 행하게"(겔 36:25-27) 하실 때까지 불가능했다는 것이다! 그나마도 성령의 강력한 역사 속에서, 그것도 단지 부분적으로 가능했음을 기억해야 한다.

하나님의 은혜로 마음이 부드러워지고, 건강한 공동체적 관계를 경험함으로써 깨달은 것들은 우리 각 사람이 경제 사회적 문제에 접근할 때 가치판단의 중요한 기준이 될 것이다. 하지만 그렇다고 그것이 단번에 이 사회 모두에게 받아들여져야 한다는 식으로 과격한 행동에 나서는 것은 무리한 일이 될 것이다.

아무리 좋은 일도 어떤 방식으로 이루어지게 할 것인지는 깊이 생각해야 한다. 옳은 일을 위한다고 해도 '기독교 IS'나 '기독교 탈레반'이 될 수는 없는 것이다. 주님의 방식이 아니기 때문이다.

"혼자 이렇게 한들 무슨 소용인가" 싶을 때

앞에서 나온 또 하나의 질문은 "혼자 그리 해 봐야 아무 소용없어! 너 혼자 그런다고 이 세상에 가난한 자가 없어질 것도 아니고, 그냥 신경 *끄고* 개인적 경건에 더욱 힘써"라고 말하는 사람들과 관련된 것이다. 그런 사람들에게는 어떻게 대답해야 할까? 다음의 성경 말씀이 적절하다.

> 땅에는 언제든지 가난한 자가 그치지 아니하겠으므로 내가 네게 명령하여 이르노니 너는 반드시 네 땅 안에 네 형제 중 곤란한 자와 궁핍한 자에게 네 손을 펼지니라 _신 15:11

이 말씀을 잘 음미해보라. "땅에는 언제든지 가난한 자가 그치지 아니 할 것"이라는 말은 이 문제가 완전히 해결되는 일은 없을 거라는 말이다. 주님이 다시 오실 때까지, 이 세상에 빈곤의 문제는 여전히 남아 있을 것이라는 말이다. 그렇다면 어떻게 해야 하나? 혹자의 말대로 '혼자 애쓴다고 달라지는 것 아니니' 그냥 포기해야 하나?

신명기가 내리는 결론은 다르다. 노력한다고 그 문제가 근본적으로 해결되는 것은 아닐 것이지만, 그러나, 그렇기 때문에 포기할 것이 아니라 오히려 이렇게 하라고 명하신다.

"너는 반드시 네 땅 안에 네 형제 중 곤란한 자와 궁핍한 자에게 네 손을 펼지니라."

명령이 아주 단호하다. "내가 네게 명령하여 이르노니 너는 반드시…."

하지만 동시에 그 명령에는 의미 제한구가 있다. "네 땅 안에 네 형제 중!"

세상이 근본적으로 변할 게 아니라 해서 그것을 자포자기하는 핑곗거리로 삼지 말고, 세상이 변하기만을 막연히 기다리지도 말고, 오히려 그런 중에 하나님의 백성의 공동체만이라도 남다를 수 있도록, 그 안에 남다른 공동체적 관계, 남다른 사회를 담아 보여줄 수 있게 하라고 하신다.

바울도 갈라디아서 6장에서 그런 식의 말을 한 적이 있다.

그러므로 우리는 기회 있는 대로 모든 이에게 착한 일을 하되 더욱 믿음의 가정들에게 할찌니라 _갈 6:10

'네 땅 안에 네 형제 중'에 가난한 자를 돌보라는 말은, 오늘날 표현으로 하면, 교회 밖은 놔두고 교인들끼리만 사랑하라는 게 아니라, 그들이라도 우선 돌아보아 모범이 되라는 것이다. 이것을 몇 마디 짧은 말로 정리하면 이렇다.

- 하나, 이 세상의 가난의 문제, 고통의 문제는 결코 끝나지 않을 것이다.

- 둘, 그렇다고 우리가 이 문제에 관심 두기를 포기하는 것은 하나님의 뜻이 아니다. (그런 문제에 교회가 무심할 이유는 없다.)

- 셋, 하나님은 오히려 우리가 대조공동체가 되어 세상에 자극과 도전이 되기를 원하신다. (그런 방식으로 세상의 죄악을 억제하는 힘이 되기를 원하신다.)

- 넷, 이 역할을 올바로 하기 위해 하나님은 교회가 스스로를 향해 급진적이기 원하신다.

- 다섯, 그러나 사회를 향해 요구할 때는, 그 사회의 의식 발전의 단계에 따라 수용 가능성에 상당한 차이가 있음을 깊이 숙고해야 한다. 급진적 내용을 온건하게, 그러나 높은 도덕적 권위를 가지고 표출하는 것이 예수님의 모델에 맞을 것이다. (기독교인으로 바르게 사는 쉬운 길은 없다.)

이런 요약에 비추어 오늘 우리들의 교회를 보면 어떤가? 교회는 그것과 아주 반대인 상황인 것 같다.

- 하나, 많은 교회들은 이 땅의 가난은 그치지 않을 것이라고 말하면서, 그것을 지금 여기서 다루지 않을 핑곗거리로 삼는 것 같다. (가난뿐 아니라, 모든 정치적 상황이 교회와는 무관한 것처럼

행동하고 있다. 사회적인 이슈에 대해 바른 입장을 갖추기 위해 노력하기를 게을리하고, 그런 입장 표명을 두려워하는 것 같다. 많은 교회가 마치 문제가 없기 위해 존재하는 것인 양, 교회 내에 문제가 발생하지 않는 데에만 온 힘을 기울이는 것 같다.)

- 둘, 교회가 대조공동체가 되는 일의 중요성을 간과하고 있다. 그래서 거의 모든 교회에서 이 부분은 하나님의 핵심 관심사가 아닌 것처럼 취급되고 있다.
- 셋, 교회가 자신의 부조리, 공의와 정의의 부재 상황에 대해 스스로 너무 관대하다.
- 넷, 사회를 향한 교회의 반응은 너무나 천차만별이다. 아예 무심한 데서부터, 활동은 하되, 전혀 주님을 닮지 않은 언행을 일삼는 경우 등 다양한 것 같다.

그런데 사회 갈등 사이에 끼어 입장을 정리하기를 고민하는 그리스도인은 성경의 권면과 함께 '한계에 관한 암시'에 유의할 필요가 있다. 하나님께서는 우리가 이 세상을 완전히 바꿀 수 있다고 보고 있지 않으시며, 세상의 문제는 주님 오실 때까지 계속될 것이라고 보신다는 점이다. 하지만, 그러면서도 성경은 우리가 그런 문제에 대해 무심하거나 포기하기를 허용치 않는다는 것을 동시에 포착해야 한다.[34] 포기하기는커녕, 그런 중에도 교회는 오

---

34 많은 사람들은 균형을 이야기할 때 외줄 타기처럼 이해한다. 둘 사이에서 어느 한쪽으로 기울지

히려 세상과 구별되는 대안적 사회를 이루어, 계속해서 세상에 자극을 주고 도전하고 도덕적 영향을 미치라고 하는 것이다. 교회는 공동체 안에서의 그런 가르침과 삶을 경험케 함으로써 세상 속에서도 그렇게 살아갈 사람들을 지속적으로 배출해야 한다.

산상수훈에서의 강조점 : '너희는 소금이요 빛이다'

그렇다면 지금까지 논의된 것들은 신약에서도 동일하게 강조하고 있는 것들일까? 거기서도 여전히 (그저 개인적 경건생활이 아닌) 함께 대조 사회를 이루는 것이 하나님의 뜻의 중심을 이루고 있을까?

이 부분과 관련하여 살펴볼 성경 본문은 마태복음 5장이다.

5장은 5장에서 7장에 이르는 산상수훈의 시작으로서 이렇게 시작된다.

> 예수께서 … 산에 올라가 앉으시니 제자들이 나아온지라 _마 5:1

않으려고 하는 것이다. 하지만 균형을 이렇게 이해하는 것은 실제에서는 아무것도 할 수 없는 어정쩡한 상태를 유발한다. 이것도 할 수 없고 저것도 할 수 없어지는 것이다. 그러나 이런 문제에서 실제의 균형은 '옳지만 상반된 두 입장'을 동시에 똑같이 확고하게 붙잡음으로써 달성된다. 마치 (구식) 텐트를 세울 때 양쪽에서 동일한 힘으로 줄을 잡고 당길 때 바르게 세워지는 것처럼, 상반된 듯 하나 그러나 진실인 두 가지를 동일하게 굳게 붙잡는 것이다. 그 하나도 무시하거나 포기하지 않는 것이다. 그것이 균형을 세운다.

예수께서는 산에 올라가셔서 앉으셨고, 그 앞에 제자들이 나아왔다. 그리고 예수께서 그들을 가르치시는데, 그 주된 내용은 하나님 나라 백성의 정체성과 사명, 지켜야 할 삶의 규범이다. 그런데 이러한 산상수훈의 정황(setting)과 내용은 출애굽기 19장 이하와 거의 평행을 이룬다.

출애굽기에서는 모세가 시내산에서 이스라엘 백성들에게 그들이 누구이며 무엇을 위한 존재인지, 구원 백성으로서 그들이 공동체 속에 담아야 할 관계와 삶은 무엇인지 등을 가르쳤는데, 마태복음에서도 동일한 것들을 예수께서 가르치신다. 다만 출애굽기에서는 모세가 하나님께 말씀을 받아 가르쳤던 것에 비해, 마태복음에서는 하나님의 아들이 오셔서 직접 자신의 말로 가르치신 것이다. 그러니 가르침의 권위는 비교할 수 없다.

결국 구약의 그 장면은 본체(Object)인 신약의 예수 그리스도와 산상수훈으로부터 길게 드리워진 그림자(Shadow)에 불과하다. 그 본체적 사건 속에서 주님은 자기 백성의 정체성과 사명에 대해 이렇게 말씀하신다.

"너희는 세상에 소금이요 빛이다."

그렇다면 그들은 어떤 의미에서 소금과 빛일까?

고대에 소금의 일차 용도는 맛을 내는 것이다. 소금이 전혀 들어가지 않은 음식은 맛이 없지만, 소금이 적절하게 들어가면 좋은 맛이 난다. 그리스도인은 세상에서 그런 존재여야 한다는 것이다.

여기서 맛은 '살맛'이다! 그리스도인은 이 살맛 나지 않는 세상에 들어가 살맛을 더하는 존재가 되어야 한다는 말이다. 죄 아래에서 극도로 단절된 세상, 모두가 서로 철저하게 단절된 채 극단적인 경쟁에 내몰려 다들 너무 살기 힘들고, 지치고 절망하여 삶을 포기하고 싶어 하는데, 그런 세상 속으로 들어가 공동체를 통해 세상의 그것과 다른 삶, 다른 관계가 존재함을 보여줌으로써, 삶의 의욕을 잃은 그들의 마음과 몸을 만져주고 살맛을 더해주는 존재여야 한다는 것이다.

낯선 이국땅에 와서 힘겨워하는 외국인 노동자들과, 누군가와 사랑했으나 (혹은 사랑인 줄 알았으나) 약속이 지켜지지 않아서 홀로 엄마가 되어 힘겹게 살아가는 미혼모들에게, 또 일찍이 부모라는 담장을 잃고 살아가는 소년소녀 가장들에게, 그리고 성실하게 살았으나 기대한 결과를 얻지 못한 채 모든 것을 잃은 사람들에게, 개척교회 목사님들에게, 그런 이들에게 살맛이 나도록 관심을 갖고 도움의 손길을 내미는 삶…, 그런 삶은 세상을 향해 소금이 되는 삶일 것이다.

그렇다면 빛은 무엇일까? 그들은 어떤 의미에서 빛일까?

이같이 너희 빛이 사람 앞에 비치게 하여 그들로 너희 착한 행실을 보고 하늘에 계신 너희 아버지께 영광을 돌리게 하라 _마 5:16

이 빛에 대해서는 사람마다 다르게 말할 수 있을 것이다. 어떤 사람들은 이 말을 빛의 계시적 측면에 초점을 두고 이해한다. 예수님은 제자들이 예수님을 통해 알게 된 하나님에 대한 지식, 즉 영적 진리를 세상에 전할 것이라는 뜻에서 빛이라는 것이다. 혹자는 빛의 밝히 보게 하는 측면과 따스함에 착안하여, 그리스도인은 하나님과 그분의 사랑을 세상에 전한다는 뜻에서 빛이라고 했다고 이해한다. 그러나 필자는 그 모든 것을 긍정하면서, 그 위에 다음의 관점이 더해져야 한다고 생각한다.

이 빛은 하나님의 백성의 공동체에서 나오는 빛으로, 구원받은 백성들이 공동체 속에서 펼치는 삶을 통해 장차 완성될 하나님 나라를 반영하는 희망의 빛을 비춘다는 뜻에서 빛이라는 것이다. 그런 점에서 이 빛은 관계적이다. 단지 머리로 이해하는 교리적 지식이 아니라, 하나님과 그분의 은혜를 아는 데서 우러나오는 삶이 만들어내는 차이, 즉 그 아름다움과 희망에서 발산되는 광채를 말한다. 그러므로 '빛과 소금'은 단지 홀로 행하는 개인적 선행이 아니라, 공동체가 만들어내는 아름다운 관계를 더욱 의미한다. 시내산 언약의 말씀도 그렇거니와, 산상수훈의 말씀도 공동체를 향해 주신 말씀이기 때문이다.

사실 산상수훈에 나타나는 구체적인 예들은 어떤 삶이 사회 속에서 살맛을 내고 희망의 빛을 비추는지에 대한 예시라 할 수 있다. 5리를 가지는 사람에게 10리를 가주는 것, 속옷을 달라는 자에게 겉옷까지 주는 것, (내가 먼저) 복수하기를 포기하는 삶 등은 그런 삶의 예가 될 것이다.

세상은 차별하고 담을 쌓을 때, 주님은…

주님은 산상수훈에서 그렇게 가르칠 뿐 아니라 주님 자신도 직접 빛과 소금의 삶을 사셨다. 사람들이 모두 조그마한 차이를 가지고 배제하고 차별하고 거부하고 담을 쌓을 때, 주님은 그 경계를 가로질러 가셨다. 유대인들이 다 사마리아 사람들을 개처럼 취급하며 상종하지 않고, 심지어 갈릴리와 유대 지역을 오갈 때에도 그 지역을 통과하지 않기 위해 요단강을 건너서 오고 갔지만, 주님은 그런 장벽을 가로질러 곧장 사마리아로 가셨다. 그리고 사람들이 다 여성을 차별하고, 특히 사마리아의 여성과는 대화 자체를 하지 않을 그때, 주님은 사마리아 여인과 대화를 나누었다. 율법을 잘 준수한다고 스스로 자부하던 사람들이 상종하기를 거부하던 세리와 죄인들과도 주님은 스스럼없이 식탁 교제를 하셨다.

십자가를 지시기 전, 주님은 마가의 다락방에서 교회를 위해 이렇게 기도하셨다.

… 우리와 같이 그들도 하나가 되게 하옵소서 _요 17:11

그리고 그 기도에서 주님은 우리가 주 안에서 모든 외형적 차이와 조건을 뛰어넘어 하나가 될 때, 그것이 세상이 하나님께서 그 아들을 보내셨음을 믿게 되는 계기가 될 것이라고 하셨다.

아버지여, 아버지께서 내 안에, 내가 아버지 안에 있는 것 같이 그들도 다 하나가 되어 우리 안에 있게 하사 세상으로 아버지께서 나를 보내신 것을 믿게 하옵소서 _요 17:21

세상에서는 작은 차이와 다름도 배제와 차별과 갈등의 이유가 되는 데 반해, 교회에서는 크고 다양한 차이에도 불구하고 하나가 될 때, 세상은 그것이 가능한 이유를 묻게 되는 것이다. 그리고 거기에 단 하나의 이유밖에 없음을 보게 될 것이다. 그것은 그들 모두의 마음속에 있는 하나의 고백인데, 하나님께서 그들 모두를 위해 그 무한한 차이를 넘어 이 땅에 오셨다는 것이다. 그들 모두의 마음속에 하나님의 아들의 십자가가 있음을 발견하지 않을 수 없다는 말이다. 그러므로 공동체 안에 담긴 그 남다른 삶, 남다른 관계, 그것이 세상에 빛의 광채요 소금의 맛이다.

십자가를 지신 주님은 승천하시기 전에 이렇게 부탁하셨다. 장벽을 넘어 모든 민족에게로 나아가라고. 그리고 말씀하셨다. 성령이 오시면 너희가 권능을 받고 그렇게 하게 될 것이라고! 그리고 약속대로 성령께서 오셨다. 그러자 어떤 일이 일어나나? 죽은 것 같던 하나님 나라 백성의 역사가 살아난다. 신약의 교회가 일어난 것이다. 에스겔이 본 환상, 마른 뼈들이 살아났던 그 비전이 실제 사건이 된 것이다. 그리고 그렇게 출현하게 된 교회가 보여준 모습은 바로 그런 공동체였다. 사도행전 2장은 그 모습을 이렇게 증언한다.

> [42]그들이 사도의 가르침을 받아 서로 교제하고 떡을 떼며 오로지 기도하기를 힘쓰니라 … [44]믿는 사람이 다 함께 있어 모든 물건을 서로 통용하고 [45] 또 재산과 소유를 팔아 각 사람의 필요를 따라 나눠 주며 [46]날마다 마음을 같이하여 성전에 모이기를 힘쓰고
>
> _행 2:42,44-46

그들은 열성적으로 말씀의 가르침을 받고, 서로 교제하며 떡을 떼되, 서로의 차이를 극복하고 각자 그들에게 있는 모든 것으로 사랑하는 공동체가 되었다. 그들의 마음에는 하나님의 은혜에 대한 감사와 그분께 배운 마음으로 인해 관대함이 넘쳐났다.

두드러진 것은 물질에 대한 태도였다. 사도행전이 특별히 물질적 관대함에 대해 두드러지게 기록한 이유는, 사람들은 일반적으로 믿음이 없을 때 물질에 대한 우상숭배자가 되기 때문이다. 그런데 그들이 우상에서 벗어난 것이다. 더 이상 물질에 끌려다니

는 종이 아니라, 그것을 다스리는 주인이 된 것이다.[35] 하지만 그 교회는 여전히 완전하지는 않았다. 그들은 서로 사랑하였지만, 그러나 아직 유대민족주의를 말끔히 벗어나지 못하고 있었다. 그들은 같은 민족끼리는 사랑했지만, 이방인들과는 여전히 엄청난 장벽을 쌓고 있었다. '모든 민족을 위한 구원의 복음'은 현실화되지 못한 채 그들의 경계 속에 갇혀 있었다. 그래서 하나님께서는 그들을 흩으신다. 예루살렘 박해를 통해. 그리고 그 박해의 결과로 흩어진 유대인들은 이방인들과 섞이게 되고, 그리하여 안디옥교회라는 국제적 교회가 출현한다. 그 안디옥교회로부터 바울이 선교사로 파송된다.

(안디옥 교회의 다양한 국적의 사람들이) [2]주를 섬겨 금식할 때에 성령이 이르시되 내가 불러 시키는 일을 위하여 바나바와 사울을 따로 세우라 하시니 [3]이에 금식하며 기도하고 두 사람에게 안수하여 보내니라 _행 13:2-3

사도행전은 그 모든 일을 하신 분이 성령이라고 증거한다. 성

---

[35] 사도행전 5장에서, 아나니아가 땅을 판 돈 중 얼마를 감추고 헌금하며 마치 전부를 내는 듯이 기만적으로 행세했을 때, 사도 베드로가 그를 책망한 말을 보라. 그의 책망에는 여러 뜻이 담겨 있으나, 그 중에 하나는 그가 여전히 물질에 매여 심지어 성령과 교회를 속이려 했다는 것이다. 이제 막 물질 예속에서 벗어난 성도들의 아름다운 헌신과 교제를 음흉하고 기만적인 행동으로 오염한다는 것이다. "베드로가 이르되 아나니아야 어찌하여 사탄이 네 마음에 가득하여 네가 성령을 속이고 땅값 얼마를 감추었느냐 땅이 그대로 있을 때에는 네 땅이 아니며 판 후에도 네 마음대로 할 수가 없더냐"(행 5:3-4).

령이 만들어낸 공동체에 의해 바울이 파송된 것이다. 그런데 이 장면을 묵상하면 참으로 놀랍고 해학적이기까지 하다.

바울이 어떤 사람이었던가? 그는 골수 유대민족주의자다. 그의 자랑은 그가 어떤 마음으로 살아왔는지를 보여준다. 그는 자신이 히브리인 중에 히브리인이요 바리새인 중에 바리새인이고 베냐민 지파임을 자랑했다. 심지어 그는 난 지 8일 만에 할례받은 것도 자랑했다. 그렇다면 그는 어떤 인간이었다는 건가? 그는 자신의 모든 것으로 자신과 타인을 나누는 사람이었다. 그는 이렇게 말하는 셈이다.

"너, 히브리인 아니지? 나, 히브리인이야!"

"너도 히브리인이라고? 나는 히브리인 중에서도 히브리인인데?"

"그럼 넌 바리새인은 아니지? 난 바리새인이야."

"너도 바리새인이라고? 그럼 나처럼 8일 만에 할례를 받았어?"

"너도 8일 만에 할례받았다고? 그런데 나는 율법의 의로는 흠이 없는 사람이야!"

이런 식이다. 그는 자신에게 있는 모든 것으로 남과 자신을 구별하고, 그것으로 인종적이고 종교적인 우월감을 즐긴 것이다. 그러기 위해 장벽을 쌓고 차별의 시선을 던졌다. 그런데 아이러니하게도, 성령께서는 그런 그를 여러 인종이 뒤섞인 교회인 안디옥으로터 선교사로 파송받게 했다. 참 놀라운 아이러니다. 이런 경험 속에서 골수 분리주의자 바울은 무너진다. 이제 그는 입만 열면 이런 말을 한다.

너희는 유대인이나 헬라인이나 종이나 자유인이나 남자나 여자나 다 그리스도 예수 안에서 하나이니라 _갈 3:28

거기에는 헬라인이나 유대인이나 할례파나 무할례파나 야만인이나 스구디아인이나 종이나 자유인이 차별이 있을 수 없나니 오직 그리스도는 만유시요 만유 안에 계시니라 _골 3:11

우리가 유대인이나 헬라인이나 종이나 자유인이나 다 한 성령으로 세례를 받아 한 몸이 되었고 또 다 한 성령을 마시게 하셨느니라

_고전 12:13

이게 하나님이 계획하신 그분의 교회이다.

주님이 오실 때까지 이 세상에는 가난한 자들도 늘 있을 것이다. 차별도, 민족주의도, 편가름도, 왕따도, 이데올로기 투쟁도 제거할 수 없을 것이다. 어쩌면 상황에 따라 더 심해질 수도 있다.

그러나 교회는 그런 중에도 그 어디에도 진정으로 속하지 않고 오직 주님께 속하여 (주님의 말씀과 가르치신 가치에 속하여) 모든 차이를 수용하고 넘어설 뿐 아니라, 오히려 그 차이로 아름다운 모

자이크 스테인드글라스를 만들어냄으로써, 그 유리를 통해 장차 하나님이 완성하실 그 나라의 아름다운 빛을 이 세상에 비추도록 부름을 받고 있다. 하나님의 교회는 그렇게 캄캄한 세상에 희망의 빛을 비추고, 살맛 안 나는 세상에 살맛을 내는 빛과 소금인 것이다.

그들은 어떻게 그런 공동체를 이루게 되는가?

에스겔 37장의 해골 골짜기 환상이 장차 군대로 일어날 신약 교회의 발흥에 관한 예언이라면, 에스겔 36장은 그 일이 어떤 방식으로 일어날 것인지를 설명한다.

> [26]또 새 영을 너희 속에 두고 새 마음을 너희에게 주되 너희 육신에서 굳은 마음을 제거하고 부드러운 마음을 줄 것이며 [27]또 내 영을 너희 속에 두어 너희로 내 율례를 행하게 하리니 너희가 내 규례를 지켜 행할지라 _겔 36:26-27

하나님께서 뜻하신 그 공동체를 다시 한 번 이루도록 하는 그 일은 하나님께서 그들 속의 굳은 마음을 제거하고 새 영과 새 마음을 창조하시는 방식으로 이루어질 것이다. 그리고 하나님의 영이 그들 속에 계시게 함으로써 그들로 '율례를 행하게' 할 것이다.

이스라엘 공동체가 목적을 이루는 데 실패하여 흩어진 상황에서 그들을 다시 모아 "율례를 행하게 한다"라는 말은 무엇을 의미할까? 이스라엘이 이전에 실패한 그것을 행하게 하겠다는 말이다. 그들이 이전에 행하는 데 실패한 율례는 뭘까? 단지 개인적 경건 혹은 종교적인 외형을 갖추는 것과 관계된 것일까? 아닐 것이다. 왜냐하면 구약의 이스라엘은 그런 것들을 잘 지켜왔기 때문이다.

그들이 실패한 것은 그 율례들의 정신을 이해하고 그 정신을 살려 온 맘 다해 하나님을 사랑하는 것과 이웃을 사랑하는 공동체를 이루는 일이다. 결국 하나님께서 새 마음과 새 영을 부어주심으로 율례를 지키게 함으로써 이루시려는 것도 서로 사랑하는 공동체라는 말이다. 그런 점에서 이 예언 또한 신약에서 오순절 성령이 강림한 후에 처음 교회가 보여준 모습과 정확히 일치한다. 그리고 '새 영과 새 마음으로 율례'를 행하게 하는 것은 주님이 새 언약 안에서 새 계명을 주시고, 성령으로 그것을 순종해나가게 하는 것과 정확히 일치한다.

새 계명을 너희에게 주노니 서로 사랑하라 내가 너희를 사랑한 것 같이 너희도 서로 사랑하라 _요 13:34

그렇다면 새롭게 창조된 마음은 어떤 마음이길래 그들 간에 장벽이 무너지고 하나가 되는 걸까? 어떤 마음이길래 그들로 세상에서 빛이 되고 소금이 되게 하는 걸까?

주님은 천국 백성이 된 사람들의 심령의 특징을 이렇게 묘사하셨다.

복이 있구나! 너희 마음이 가난한 자여 천국이 너희 것이다.
행복한 자들이로다! 너희 애통하는 자여!
너희가 진정한 위로를 맛볼 것이다.
복되도다! 너희 온유한 자여! 너희가 땅을 기업으로 받을 것이다.

하나님 나라의 백성은 성령의 역사로 자신의 모습을 정직하게 본 사람들이다. 그들은 자신이 하나님의 영광 앞에 서기에 얼마나 합당치 않은지를 본 사람들이다. 그래서 자신들의 그 절망적으로 초라한 모습 때문에 애통하게 되고, 그 애통함 중에서 하나님의 위로를 맛보고 마음이 온유해진 영혼들이다. 그리하여 그런 온유한 마음으로 다른 사람을 바라보니, 그들은 타인과의 관계에서 화평케 하는 자들이 된다. 그러기에 그들 안에는 하나됨이 만들어진다. 서로를 향해 관대해지고, 그럼으로써 은혜 안에서 차이가 극복되는 것이다.

하나님께서는 교회가 이 세상 속에서 그런 존재가 되기를 원하신다. 교회의 성도들은 모든 나라와 백성과 방언 가운데 나온 자들로서, 그들 사이에는 무수한 다름과 차이가 존재할 수밖에 없다. 하지만 하나님은 오히려 그런 차이로 인해 교회가 더 아름다운 하나님 나라 모델하우스가 되기를 원하신다. 그리고 그들이 존재하는 방식이 작은 차이로도 극단적으로 대립하는 세상에 도전이 되기를 원하신다. 그리하여 한편으로는 하나님 나라의 아름다움을 드러냄으로써 구원의 초대장이 되고, 다른 한편으로는 그 공동체의 이상(理想)과 지혜를 통해 세상의 갈등 위에 빛을 비추게 하신 것이다.

잘못을 인정하면 지는 사회

오늘날 정치권을 위시해서 우리 사회의 모습은 매우 우려되는 상황이다. 내로남불은 정치권을 묘사하는 대표적인 용어가 되었다. 저마다 정의를 추구한다고 하지만, 그러나 그러기 위해서는 먼저 자신을 알아야 하는데, 모두의 시선은 남을 향하고 있다.

우리는 자신이 특정한 때 특정한 잘못을 저지르지 않았다고 해서 자신은 그런 종류의 일과 아예 상관이 없고, 결코 그런 류의 죄를 저지르지 않(았)을 것이라고 너무 쉽게 착각한다. 사실 다른 사람에 대해 '신속한 정의' 혹은 '가혹한 정의'를 요구할 수 있다는 것은 그만큼 자신에 대해 착각하고 있다는 뜻일 수도 있다.

근엄하고 교만한 표정, 마치 도덕 선생 같은 표정은 자신이 다른 사람과 전혀 다른 존재일 것이라는 확신에서 나온다. 하지만 자신의 실제가 그러하기는 어렵다. 그래서 그들에게도 유사한, 혹은 다른 부조리한 일이 나오는 것이다. 그러면 그때부터 그들의 태도는 돌변한다. 그때부터 그들은 왜 자신들의 경우는 예외로 취급되어야 하는지 변명하기에 급급하다! 자신들의 경우엔 책임지지 않아야 할 이유가 왜 그리도 많고, 자비가 베풀어져야 할 이유는 또 왜 그리 많은지…. 명백하게 잘못된 발언도 단지 뜻이 와전됐을 뿐이란다. 자신들에게는 참작해야 할 정상(情狀)이 그리도 많은데, 같은 일을 남이 하면 그때는 엄격한 정의를 요구한다.[36] 그래서 우리 정치를 보면 가혹함과 비열함이 늘 함께 있다.

우리는 정의를 말할 때도 우리가 인간임을 염두에 두어야 한다. 인간은 누구나 실수를 할 수 있다. 긴 인생 길에서 한때 잘못 생각하는 일은 거의 누구에게나 있다. 그리고 훗날 그 실수가 바람직한 열매를 위한 자양분이 되기도 한다. 그리고 인간의 생각은 성장함에 따라 달라지는 게 정상이다. '젊어서부터 지금까지 생각이 한 번도 변하지 않았다'라는 말은 자랑이 아니다. 그런 사

---

36 사람들의 이런 모습은 역사가 깊다. 성경 속에서도 그런 모습은 종종 보이는데, 다윗도 밧세바 사건에서 자신이 어떤 죄를 지질렀는지를 잊고 있는 동안에는 단호한 도덕가 행세를 했다. 나단 선지자가 백성 중에 있는 야비한 짓에 대해 얘기했을 때 그는 "이 일을 행한 그 사람은 마땅히 죽을 자라"고 벌컥 화를 내었다. 그러나 사실 그가 불같이 화를 낸 바로 그런 죄를 저지른 자는 바로 자기 자신이었다. 또한 요셉의 형들도 첫 애굽 방문 시 스파이 혐의로 내몰리자 애굽의 총리(실은 요셉) 앞에서 이렇게 말한다. "우리는 정직한 사람들입니다! 우린 스파이가 아닙니다"(창 42:11). '확실한 사람'이라고 번역되어 있으나 '정직한 사람, 참된 사람'이라는 뜻이다. 자신이 저지른 죄를 잊어버리니, 인간이 저지를 수 없는 죄를 저지르고도 자신의 범죄의 직접 피해자 앞에서도 이렇게 천연덕스럽게 말할 수 있다.

람은 대단한 사람이 아니라 오히려 매우 위험한 사람이다.

인간은 성장하면서 실수도 하고, 성장과 함께 이전의 생각이 유치하게 느껴지기도 하고, 그럼으로써 후회도 하고, 한때 미숙했던 것에 대해 반성함으로써 더 성숙한 자리에 도달한다. 누군들 그런 과정을 겪지 않고 성장한 사람이 있으랴! 그런 과정에서 한 노선에 속하여 헌신하며 살다가, 그 노선이 가져오는 결과에 대해 회의를 품고 고민하다 노선을 바꾸고 조정하는 경우, 그 이념적 노선을 바꾸기까지의 고민과 과정은 너무나 소중한 자산이 된다.

하지만 우리 사회에는 한때의 생각과 잘못에 대해 고백하면 그것으로 그 사람을 매장하거나 변절자로 취급하는 경향이 너무 도드라진다. 물론 그 변화 중에는 단지 변절에 불과한 경우도 많지만 정말 소중하게 생각해야 할 경험들도 너무나 많은데, 그냥 매장해버리는 경우도 너무 많다. 지나친 명분 사회여서 명분이 실제를 압도할 때가 많은 것이다.

그런 점에서 우리 사회는 자신의 잘못을 시인하고 고백하는 게 어려운 것 같다. 만약 우리 사회가, 한때의 잘못을 뉘우치고 시인하며 용서를 구할 때, 용서받을 뿐 아니라 다시 시작할 수 있을 것이라고 기대되는 사회가 아니라면 어떻게 될까? 잘못을 시인하는 순간, 자신의 솔직한 고백이 상대방에 의해 비열하게 희화되고 극단적으로 이용당하여, 그 길로 모든 것이 끝날 수밖에 없는 사회로 여겨진다면 어떻게 될까? 우리 사회는 화해가 불가능한 사회가 될 것이다. 사과하는 게 불가능하고, 잘못을 시인하는 게 곧 정치 생명이나 사회적 생명의 끝을 의미한다면, 무리해서라도 버티고 죽기 살기로 싸울 가능성이 높아진다. 그런 점에서 우리 사회엔 화해를 불가능하게 하는 메커니즘이 작동하고 있는지도 모른다.

우리 사회에서 실수를 인정하고 사과하는 게 어려운 일임을 보여주는 작은 일례가 있었다. 정인이 사건이 일어나 여론이 들끓을 때의 일이다. 사건의 비참함으로 인해 여론이 들끓자 대통령께서 나서서 입양 관련 제도와 절차를 정비하라는 뜻의 지시를 한 적이 있었다. 그때 대통령께서는 답답한 마음에 입양에 대해서 "아이가 마음에 들지 않으면 바꿀 수 있게도 하고…"라는 식의 말을 했는데, 그게 문제가 되었다.

사실 그날 그 지시의 말은 단순한 실수라고 하기에는 너무나 부적절했다. 입양 문제에 대해 이해가 부족했다는 걸 드러냈을 뿐 아니라, 대통령으로서는 절대 해서는 안 되는 말이었다. 입양을 해본 사람이라면 그 말 한 마디로 대통령에게 입양과 입양아에 대한 이해가 거의 없음을 느낄 수 있었다(참고로 필자도 입양 부모다). 대통령의 그 말은 이 땅의 입양아(入養兒)들과 그 부모들이 어찌할 바를 모르게 하는 말이었기 때문이다. 그 말은, 그러지 않아도 자신들의 존재와 의미에 대해 확신이 들지 않아서 오늘도 살아야 할지 죽어야 할지 고민하며, 하루에도 몇 번씩 죽고 싶은 마음을 안고 간신히 살고 있는 어떤 입양 아이들에게 '너희들은 그저 선택하면 선택되는 아이들이며, (부모와 자녀 사이를) 바꾸면 얼마든지 바뀌는 존재'라고 말한 셈이니, (더구나 일국의 대통령이 한 말이니) 심각한 말인 것이다. 그러니 죽고 싶은 마음을 갖고 살아가는 아이들에게나 사력을 다해 그 아이를 붙잡고 있는 부모들에게는 얼마나 청천벽력 같은 소리겠는가? 정인이 사건을 매일 뉴스로 접하는 것만도 민망하기 짝이 없는데 말이다. 그래서 당시 많은 입양 단체에서 항의하고 대통령에게 사과를 요구했다. 입양 부모인 필자도 견딜 수 없어서 "문 대통령님, 사과하십시오!"라는 영상을 만들어 유튜브에 올려 취지를 설명하고, 입양 아이들을 위해 사과해줄 것을 간곡히 요구했다.

그런데 그때 정말 하고 싶었던 말은 "대한민국 국민은 실수하지 않는 대통령을 뽑은 적이 없다"라는 것이었다. 그러니 대통령이든 누구든 잘못하거나 실수했다면 사과하는 일을 부끄러워하지도 말고 두려워하지도 말기 바란다는 것이었다. 사과할 줄 모르는 것이 어쩌면 사과할 일을 (실수로라도) 한 것보다 더 부끄러운 것이지, 마음 깊이 사과할 줄 아는 것은 위대하다.

대통령이라도 입양에 대해서는 잘 모를 수 있다. 그런 점에서 오히려 진솔하게 사과함으로써 더 멋있고 덕이 있는 대통령이 되어주길 바라는 것이 내 진심이었다. 정말 그렇게 해주기를 원했고, 그것은 입양아(入養兒)들에게 정말 필요한 일이었다. 그러나 대통령은 결국 사과하지 않았다. 왜 사과하지 않았을까? 물론 그 말이 잘못이라는 것을 끝까지 몰라서 그랬을 수도 있다. 하지만 그보다는, 사과하면 지는 거라는 분위기가 우리 정치권에 너무 강하기 때문은 아니었을까? 만약 그게 사실이어서, 사과하면 지는 것이라는 게 우리 정치권의 일반적 인식이라면 어떻게 될까? 우리 사회에서는 화해가 어려울 수밖에 없다. 상처가 치유되기는 커녕 차곡차곡 쌓이기만 할 것이다.

교회가 영광스러운 이유

교회는 바로 이런 점에서도 대안 사회가 될 수 있다. 왜냐하면 교회는 성경적 인간관을 배우고 있기 때문이다.

교회는 참 영광스러울 수 있는데, 그것은 교인 수가 많아서도 아니고, 내로라할 지식인들이 많이 모여서도 아니다. 양심이 바르고 착한 사람들이 많이 모여서 영광스러운 것도 물론 아니다. 교회가 영광스러운 이유는 거기에 죄지은 사람, 실수한 사람, 흠 많은 사람들이 받아들여지고 용서받을 수 있고, 새 출발을 할 수 있기 때문이다.

원칙적으로 교회 속에서는 누구도 스스로를 의로운 자라고 생각하지 않는다. 제대로 된 성도는, 죄인을 볼 때에도 정죄하기보다 자신도 함께 죄인 된 자이며, 그들과 동일한 실수를 얼마든지 범할 수 있는 자들이며, 그런 점에서 그들처럼 용서와 긍휼이 간절히 필요한 자임을 인정한다. 자신이 그런 존재임을 알기에 타인을 향한 시선이 다를 수밖에 없다. 정의를 추구하지만 동시에 겸손과 긍휼이 함께 있다. 그러므로 이런 모습의 교회와 그 안에서 연마된 지혜와 인격은 사회 속에서도 신선한 자극과 도전이 될 수 있을 것이다. 하나님께서는 교회가 그런 식으로 하나님 나라의 모델하우스가 되고 세상을 비추는 빛이 되기를 원하신다.

이 글을 쓰는 현재, 필자는 은퇴가 그리 멀지 않았다. 그런데 은퇴라는 것이 멀지 않은 곳에 보이기 시작하자, 문득 필자에게는 원통하다는 생각이 부쩍 자주 든다. 사역이 끝나가는 것이 원통한 것이 아니다. 하나님이 계획하신 교회를 알아갈수록, 하나님이 생각하신 교회는 이렇게 아름다운 교회였는데, 내 평생에 그런 교회를 제대로 경험해보지 못한 채 마치게 된다는 것이 원통한 것이다. 깨달음이 좀 늦었던 것도 아쉬운 일이다. 조금 일찍 깨달았다면 다른 방식의 시도도 해볼 수 있지 않았을까 싶기도 하다.

바라기는, 독자 여러분은 생애 중에 그런 교회를 경험하는 복을 누리게 되기를 바란다. 한국교회도 현실 상황과 관련하여 바른 길과 바른 입장에 대한 고민을 게을리하지 않음으로써, 사회 속에서 신뢰와 권위를 회복할 수 있게 되기를 바란다.

17.
다 '내게로'
오라

²⁸수고하고 무거운 짐 진 자들아 다 내게로 오라 내가 너희를 쉬게 하리라
²⁹나는 마음이 온유하고 겸손하니 나의 멍에를 메고 내게 배우라 그리하면
너희 마음이 쉼을 얻으리니 ³⁰이는 내 멍에는 쉽고 내 짐은 가벼움이라 하
시니라 _마 11:28-30

최근 몇 년간 온 나라는 이데올로기 전쟁터가 되어버렸다. 온 나
라가 우파와 좌파로 나뉘어 서로를 마치 제거해야 할 종양인 양
죽일 듯이 덤벼들고 있다. 그런 와중에 기독교인들마저 자기 정
체성을 잃어버리고 지나치고 거칠게 이념화된 것은 참으로 유감
스러운 일이다.

　경제에 국한해서 보자면 좌파 사상이나 우파 사상은 역사 발전

과정에서 각각 필요해서 등장한 것이지, 필요 없는데 나타난 게 아니다. 그 말은 우리 사회의 빈부의 문제와 성장 및 분배의 문제를 해결하는 데에는 두 가지 해법이 다 필요하다는 말이다. 특히 지금처럼 인공지능의 등장으로 인해 세상이 이전에 경험해보지 않은 종류의 변화를 겪고 있는 경우엔 더욱 그렇다.

도덕은 진영으로 나뉘지 않는다

어떤 상황과 부문에서는 좌파적 해법이 필요하고, 또 다른 상황에서는 우파적 시각과 해법이 더 효율적일 수 있다. 기업이 발전하고 국제 경쟁에서 살아남으며, 나라 안에 각종 새로운 창의적인 사업들이 일어나게 하는 데에는 우파적 접근이 효과적인 반면, 발전의 과실에 대해 사회 구성원이 소외되지 않게 하는 일과, 발전 과정에서 약자의 인권이 희생되지 않게 함에는 좌파적 시각과 감수성이 필요한 것이다. 최근 사회의 변화는 양측 시각의 도움을 절대적으로 필요로 한다. 그런데 우리 사회는 다짜고짜로 "너 좌파야? 우파야?" 하고 덤비니 참 난감하다. 그것은 어느 논객이 말한대로, 6·25 때 빨치산 출몰 지역에서 무장 세력이 밤중에 느닷없이 들이닥쳐 자는 사람 목에 총을 들이대고 얼굴에 손전등을 비추며 "너 대한민국 편이냐? 인민공화국 편이냐?"라고 묻는 것과 같은 상황이다. 토론도 없고 설명을 할 새도 없이, 잠시라도 머뭇거리다가는 어느새 좌파 혹은 우파로 찍혀 버리는 상황이니 얼마나 답답하고 위험한 사회인가? 이런 상황에서 기독교인조차 이데올로기에 매몰되어 똑같이 사나운 얼굴로 살아가는 것을 보는 것은 참 안타까운 일이다. 하나님의 말씀을 잘 이해하고 그것으로 무장되어 있어야 할 사람들이 지나치게 어느 일방에 매몰되어 있는 것이다.

이럴 때마다 우리가 기억해야 하는 것은 어떤 이데올로기도 완전하지 않으며, 어느 진영의 사람들도 다른 진영의 사람들보다 더 도덕적이지 않다는 것이다. 좌편에 선 사람들은 왼편으로 뒹굴면서 죄를 짓고, 우편의 사람들은 우편으로 뒹굴며 죄를 짓는다. 좌편의 사람들은 늘 인권·공평·정의를 외치면서 죄를 짓고, 심한 경우 정의를 가지고 장사를 할 수도 있다. 그런가 하면 우편의 사람들은 늘 경제 성장과 발전, 국제경쟁에서의 생존, 기업 경영의 자유, 자유 무역 등을 말하면서 죄를 짓는다.

인간은 모두 같다. 좌측 인간이나 우측 인간이나 모두 죄인이고 지독한 위선자이기 일쑤다. 입으로는 공평과 정의를 말하면서 실제로는 예외와 특권을 추구하고 부동산 투기 근절을 외치면서도, 사실은 기회를 엿본다. 파스칼이 말한 대로 인간은 먹는 중에도 먹는 꿈을 꾼다.

어느 한 이데올로기가 구원을 가져올 것이라는 생각은 환상에 불과하다. 구호에 속지 마라! 비극적 사건이 일어날 때마다 등장하는 "○○아(야) 미안해!" 이런 말에 속지 말라! 인간의 죄의 깊이는 그렇게 단순하지 않다.

이미 말했듯, 좌우의 이데올로기는 모두 필요해서 등장한 것이다. 그렇다면 각 진영의 소리는 다 귀담아들을 필요가 있는 소리다. 그런 점에서 자기 진영만 옳다는 사람들은 일단 옳지 않다. 자기 진영만 옳다 하고 상대방 진영은 존재할 필요가 없다는 듯이 말하고 행동하는 정치인은 사라져야 할 정치인이다. 그건 지나친 것이다. 프레임을 만들고 상대방에게 그 프레임을 씌워서 몰아내려는 정치세력은 사라져야 한다. 그것이 반공 프레임이든 친일 프레임이든, 남북 문제나 일본 문제가 차분히 제대로 다루어지려면 그것으로 밥 먹고 사는 사람들, 그것으로 정치적 이득을 얻으려는 사람들이 사라져야 한다.

정말 합리적인 정치세력이 되려면 자기 진영의 가치들을 주장하되 프레임으로 몰아붙여 매도하지 말고, 우선 서로의 이야기를 진지하게 들을 수 있게 해야 한다. 어떻게 효과적으로 상대방을 나쁜 놈들로 만들어버릴 것인가에 몰두하는 것은 기독교인에게 적합하지 않다. 어느 진영에 있든 그 진영을 정화하고 그 진영이 막가지 않도록 하는 제동장치가 되어야 한다. 각 진영의 이데올로기에는 모두 진지하게 검토되어야 할 주장들이 담겨 있기 때문이다.

이데올로기 한 가운데 서신 주님

|

이데올로기가 없었던 시대는 없다. 예수님 당시도 그랬다. 그때에도 사람들은 각자 다른 사상을 가지고 이상 사회를 건설하려고 했다. 바리새파는 나름 율법의 조항들을 준수함을 통해 새 세상을 도모했고, 사두개파는 로마와 타협함으로써 현실적 안정을 꾀했고, 에세네파는 분리주의적 수도원의 영성으로 새 시대를 대망했고, 열심당은 폭력적 저항운동을 통해 새 세상을 보기 원했다. 하지만 주님은 어떠하셨나? 주님은 그들 중 어느 쪽의 주장에도 기웃거리지 않았다. 오히려 주님은 이렇게 말씀하셨다.

> 수고하고 무거운 짐 진 자들아 다 내게로 오라 내가 너희를 쉬게 하리라 _마 11:28

주님은 그 이데올로기들에 기웃거리는 대신 모두 다 자신에게로 오라고 하신다. 와서 주님 자신의 멍에를 메고 배우라고 하신다. 주님 자신이 기준이라는 것이다. 그리고 자신에게 올 때만이 참된 안식과 평화(샬롬)가 있다고 하신 것이다.

본문은 단순히 힘든 일을 하느라 지친 사람들을 위로하는 말이 아니다. 특별히 더 어려운 형편에 처해서 고통받는 자들을 향한 말씀이 아니다. 이 말씀은 인류 전체를 향해 주시는 말씀이다. 아담 이래로 모든 인간이 안식을 잃어버렸기 때문이다.

주님의 이 부르심은, 아담 이래로 타락 아래 있는 인간은 모두가 지쳤음을 의미한다. 죄로 인해 하나님과 인간, 인간과 인간, 그리고 인간과 자연의 관계가 다 깨어진 것이다. 그래서 영적 평안도 없고, 인간관계의 편안함도 없다. 자연조차 이제 더 이상 인간의 생존에 호의적이지만은 않게 된 것이다. 창세기 3장은 인간이 왜 수고하고 무거운 짐을 진 삶을 살 수밖에 없는지를 잘 설명해 준다.

[16]또 여자에게 이르시되 내가 네게 임신하는 고통을 크게 더하리니 네가 수고하고 자식을 낳을 것이며 너는 남편을 원하고 남편은 너를 다스릴 것이니라 하시고 [17]아담에게 이르시되 … 땅은 너로 말미암아 저주를 받고 너는 네 평생에 수고하여야 그 소산을 먹으리라 [18] 땅이 네게 가시덤불과 엉겅퀴를 낼 것이라 … [19]네가 흙으로 돌아갈 때까지 얼굴에 땀을 흘려야 먹을 것을 먹으리니 _창 3:16-19

죄로 인해 그동안 인간에게 축복이었던 출산을 비롯한 모든 것, 부부의 관계, 생업과 노동 등이 다 뒤틀리게 된 것이다.

하지만 인간의 곤고함은 단지 그런 환경과 조건의 악화 때문만은 아니었다. 더 큰 피곤함은 그들이 이제부터 가혹한 우상을 섬길 수밖에 없게 되었다는 것이다. '선하신 하나님으로부터의 단절'과 '안식으로부터의 추방'이 인간의 존재 안에 다른 무엇으로도 메울 수 없는 텅 빈 공간을 만들었기 때문이다.

텅 빈 하나님 자리로 인해 공허와 불안, 두려움이 존재의 본질이 되었고, 그들은 주체할 수 없이 밀려드는 허무와 불안을 잠재우고, 삶의 의미와 존재감과 충만함을 느끼게 해줄 다른 대안들에 결사적으로 매달리지 않을 수 없게 되었다. 안전감을 느끼게 해줄 넉넉한 소유나, 존재감을 느끼게 해줄 사람들의 인정과 갈채 등을 절박하게 갈망하게 된 것이다. 그리고 그것들을 절박하게 갈망하면 할수록, 그들에 대한 그것들의 영향과 지배는 강화되었다. 그것들이 우상이 된 것이다!

무엇이 우상이 되었다는 것은 하나님 아닌 무엇인가가 삶의 가장 중요한 것이 되었다는 말이다. 덜 중요한 것이 더 중요한 것이 된 것이다. 본질상 그럴 능력이 없는 것에 자신에게 가장 중요한 것들을 기댄 것이다. 그럼으로써 그것이 지배적 가치가 되고, 그 결과 그것을 위해 더 중요한 것들이 희생당하게 된 것이다. 그러므로 그 과정에서 수많은 갈등과 다툼과 분노가 일어날 수밖에 없고, 결과적으로 많은 상처와 부조리가 쌓이게 된다. (아래 각주에 언급된 야곱의 사례를 묵상해보는 것은 큰 도움이 될 것이다. 혹은 이 책 9장의 내용을 다시 보라.) [37]

---

[37] 창세기 야곱의 이야기는 이런 우상 이야기의 대표적 사례가 될 수 있다. 그는 그의 강력한 후원자인 어머니 리브가와의 갑작스러운 이별 이후, 그 충격과 불안과 결핍에 대한 답을 라헬에게서 발견했던 것 같다. 그런 점에서 그에게 라헬은 단순히 아내를 넘어 그의 구원이었고 근본적인 만족

더 큰 문제는, 그것들은 본질적으로 그럴만한 것들이 아니라는 것이다. 그럴 능력이 없는 것으로 하나님의 자리를 메우려 하니, 그 불안과 공허, 결핍은 종식되지 못하고, 결코 채울 수 없는 갈망에 끝없이 내몰리며 시달리는 인생은 누구나 피곤하고 지칠 수밖에 없는 것이다.

게다가 우상은 우리 삶의 질서를 무너뜨려 살아갈수록 삶을 더욱 더 꼬이게 함으로 우리를 지치게 한다. 예를 들어, 재물이 우리 삶의 가장 중요한 것(유사 하나님)이 되는 순간 그것이 얼마나 확보되어 있는지가 우리를 자신감과 위축감, 안정감과 불안함 사이에서 과도하게 흔들리게 한다. 금전적 손실은 우리를 과도하게 불안하게 하거나 분노하게 하거나 깊이 절망하게 한다. 물질이 우상이 되면 무엇을 결정할 때마다 금전적 요소가 과도하게 불안을 부추겨 결과적으로 잘못된 결정들을 내리게 된다. 덜 중요한 것을 위해 더 중요한 것들(신앙, 가족, 친구, 명예 신뢰 등)을 희생

과 기쁨이었다. 하지만 불행히도 라헬은 일찍 죽었고 이후 그는 라헬이 남긴 것에 대해 집착하게 된다. 그 결과 요셉과 베냐민은 그에게 다른 어떤 아들들과 비교할 수 없이 소중한 존재가 된다. 아들들이 식량을 구하러 애굽을 첫 번째로 다녀온 이후 다음번 조달을 위해서는 베냐민을 데리고 가야 하는 상황이 되었을 때 야곱은 분노한다. 다른 모든 얘기를 유순히 듣던 그는 얘기가 베냐민에 이르자 격노한다. 그리고 힘들게 애굽을 다녀온 아들들에게 감사하거나 격려하기는커녕 비난을 퍼붓는다. 그 과정에서 그의 말과 태도는 너무나 부적절하여 모두에게 엄청난 상처가 된다. 아들 시므온이 애굽에 볼모로 잡혀 있는 상황인데도 그는 시므온에 대해서 염려하는 말은 한 마디도 없이 너무 쉽게 시므온을 포기하는 듯이 말한다. 이것은 그 장면을 지켜보고 있었을 시므온의 아내와 그 자녀들에게는 말할 수 없는 상처가 되었을 것이다. 그렇게 오랜 동안 집안의 모든 아들들과 며느리들, 그리고 손주들이 다 굶는 데도 베냐민을 내놓지 않는다. 우상이 우리로 얼마나 부적절하게 느끼고 생각하고 말하게 하는지 여실히 볼 수 있다. 오늘 우리 사회에서 우리 모두가 이데올로기 우상에 빠져 있다면 우리는 지금 서로를 향해 얼마나 부적절하게 느끼며 말하고 있을까!

정치 공간에 그리스도인으로 서기

시키는 결정을 내리게 되는 것이다. 그 결과 인생은 점점 더 풀 수 없는 문제에 갇히게 되고. 한평생을 문제가 풀리는 세월이기보다 꼬이는 세월이 되게 한다.

열정적으로 산 일생이라 할지라도 덜 중요한 것을 위해 더 중요한 것들을 모조리 다 희생시킨 일생이니, 한 마디로 그의 일생은 우상에게 산채로 잡아먹힌 일생일 뿐이다. 그의 모든 열정과 에너지와 재능이 다 헛된 것을 위해 드려졌을 뿐 아니라, 더 중요한 것을 덜 중요한 것 앞에 바치는 일에 쏟아부은 셈인 것이다.

우상으로 인해 개인의 삶이 그렇게 귀결된다면, 그런 개인이 모여서 이루는 사회는 어떻겠나? 사회가 이렇게 불안한 가운데 있고, 사람들이 자신의 가장 중요한 안전과 행복과 만족과 기쁨이 어떤 이데올로기에 달려 있다고 믿고 있다면 어떻게 되겠는가? 이데올로기가 우상이 되고 모든 것은 이데올로기의 제단 앞에 희생되고 만다. 사람도 단지 수단이 될 뿐이다. 성장을 위해 사람을 희생하거나, 사람을 위한다면서 사람을 희생한다. 노동을 위한다면서 사람을 희생할 수도 있다.

이데올로기가 우상이 되면 정치는 어떻게 될까? 자신의 이데올로기가 권력을 잡게 하기 위해 과정 따위가 중요할까? 그저 결과만 중요하지 않을까? 다들 과정에서의 정의와 공의를 말하지만, 그것은 다 자기 진영의 승리를 위해 개발된 논리이고 득표를 위해 감동적으로 포장된 것일 뿐, 실제 결정은 다 그 우상이 할 것이다. 그들에게 그 우상의 승리는 선이고 패배를 가져오는 것은 다 악이 된다. 나머지 논리는 다 그 결론에 맞추어서 개발되는 것일 뿐이다. 그래서 맹목적인 이데올로기의 팬들이 형성되는 것이다. 많은 정치인들이 입으로는 정의와 공의를 말하면서도 실제로는 거꾸로 말하고 행동하는 것도 이 때문이다. 이 점에선 개발과 번영을 말하는 이들도 마찬가지다. 그러니 정치를 하는 사람도 피곤하고 지치고, 그런 정치를 보고 있는 국민도 피곤하고 지친다. 결국, 결코 구원을 가져다줄 수 없는 이데올로기를 위해 사회의 모든 에너지를 다 희생한 결과가 되고 만 것이다. 우리 사회 전체가 이데올로기에 산 채로 잡아먹히고 만 것이다.

이것을 보고 있던 어떤 사람들은 이 모든 게 다 너무나 피곤하기에, 이 세상의 어떤 것도 진정한 만족과 평안을 주지 않는다고 체념하며 '종교'에 귀의한다. 하지만 종교도 그들을 쉬게 하기보다 오히려 지치게 한다. 진정한 평안과 기쁨을 주지 않는 것이다. 왜 그럴까? 종교들의 가르침을 보면 알 수 있다. 그들은 무엇을 가르치나?

"OO을 수행하라! OO을 지키라. 그러면 마음의 평안을 얻을 것이다. 일정 수준에 이르도록 정진하라!"

그래서 무언가를 위해 열심히 정진하고, 막연히 어떤 수준 이상에 이르기 위해 애를 쓴다! 그렇게 하면 신으로부터 추가 점수를 받을 것으로 생각하는 것이다. 하지만 얼마나 하면 충분한가?

정치 공간에 그리스도인으로 서기

어느 수준이 충분한 수준이란 말인가? 아무도 모른다. 그래서 좀 더 자신을 억제하고 좀 더 금욕하려고 애쓴다. 그러나 그런 시도에는 끝이 없다.

예수님 당시의 바리새인도 예외가 아니다. 그들은 율법의 규정들을 완벽하게 지키려고 애를 썼다. 그렇게 하면 하나님께 더 사랑받을 것이라고 생각했을 것이다. 하지만 거기에도 만족은 없다. 그것은 마치 열심히 돌아는 다니지만 결코 목적지에 도달하지는 않는 여행객과 같다. 그냥 지칠 뿐이다.

"수고하고 무거운 짐 진 자들아, 다 내게로 오라. 내가 너희를 쉬게 하리라."

주님의 부르심은 사실 모든 인생을 향한 것이다. 수고하고 무거운 짐을 지지 않은 인생은 없기 때문이다. 하나님을 떠난 삶의 불안과 공허함에 지치고, 그래서 열심히 섬기게 된 우상의 폭정에 지치고, 종교의 짐과 요구에 지치고, 이데올로기에 지치고 만다. 그렇게 지치고 지친 인생들에게 예수님이 말씀하시는 것이다.

"내게로 오라. 내가 답이다!"

바리새파, 사두개파, 헤롯당, 열심당, 에세네파 등 당시의 많은 정치적, 사회적, 종교적 이데올로기들 앞에서 말씀하신 것이다.

"내게로 오라! 내가 답이다! 나를 떠나서는 안식이 없다!"

몸은 교회에, 마음은 이데올로기 신전에

|

주님은 무얼 하라, 하지 말라 하지 않으시고, 그저 자신에게로 오라고 하신다. 그러므로 그분께로 오는(가는) 것이 중요하다. 무언가 과격한 말, 투쟁의 행동을 하기 전에 먼저 주님께 가야 한다. 그리고 주님께 배우라고 하신다. 주님의 온유와 겸손을!

> 나는 마음이 온유하고 겸손하니 나의 멍에를 메고 내게 배우라 …
>
> _마 11:29

무얼 '하는 것'보다 '먼저 그분께로 오는 것'이 더 중요하다. 교회에 와도 예수님께 오지 않은 사람들이 많다는 말이다. 교회에서는 종교적 필요만 채울 뿐, 삶은 이데올로기 노선을 따라 산다. 정치적 사안에 대해 입을 열 때마다 예수님을 닮은 말을 하기보다 자기 이데올로기의 말을 하고, 자기 진영에서 일괄 배양된 적개심과 분노를 쏟아낸다. 몸은 교회에 왔지만, 마음은 아직 이데올로기의 신전에 있는 것이다. 그런 점에서 우리 사회의 기독교인 중에는 아직 개종해야 할 사람들이 많다고 필자는 생각한다. 우리의 존재가 진정으로 주님께 나아가야 한다. 그리고 그분께 배워야 한다. 그것이 왜 중요한가?

"그리하면 너희 마음이 쉼을 얻으리니."

그렇게 할 때 우리 마음에 쉼이 있기 때문이다.

우리 마음에 쉼이 있느냐 없느냐는 중요하다. 왜냐하면 마음에 쉼이 있는 사람은 평화를 만들어낼 수 있지만, 마음에 쉼이 없는 사람, 마음이 분노로 이글거리는 사람은 평화를 만들어낼 수 없기 때문이다. 그런 점에서 주님의 말씀은 핵심을 찌른 것이다.

> 28수고하고 무거운 짐 진 자들아 다 내게로 오라 내가 너희를 쉬게 하리라 29나는 마음이 온유하고 겸손하니 나의 멍에를 메고 내게 배우라 그리하면 너희 마음이 쉼을 얻으리니 _마 11:28-29

주님께 나아온 사람, 그리고 그분에게서 마음의 온유와 겸손을 배운 사람, 그들이 주 안에서 쉼을 맛보게 되고, 그 쉼을 맛본 사람이 이 세상에서 샬롬을 만들어낼 수 있는 것이다.

마침 이사야도 오래전에 주님에 대해 그렇게 말했다.

> 1내가 붙드는 나의 종, 내 마음에 기뻐하는 자 곧 내가 택한 사람을 보라 내가 나의 영을 그에게 주었은즉 그가 이방에 정의를 베풀리라 2그는 외치지 아니하며 목소리를 높이지 아니하며 그 소리를 거리에 들리게 하지 아니하며 3상한 갈대를 꺾지 아니하며 꺼져가는 등불을 끄지 아니하고 진실로 정의를 시행할 것이며 4그는 쇠하지 아니하며 낙담하지 아니하고 세상에 정의를 세우기에 이르리니 섬

들이 그 교훈을 앙망하리라 _사 42:1-4

이사야는 장차 주님이 오시면 이 세상에서 "정의를 베풀고, 시행하고, 세울 것"이라고 말했다. 그런데 우리는 정의를 시행하고 세운다고 하면 머리에 붉은 띠를 띠는 것부터 생각한다. 게다가 많은 사람이 그걸 당연하게 생각한다. 그런데 주님은 "외치지 아니하며 목소리를 높이지 아니하며 그 소리를 거리에 들리게 하지 아니하며 상한 갈대를 꺾지 아니하며 꺼져가는 등불을 끄지 아니"하신다.

그 주님이 오셔서 삶에 지친 사람들에게 말씀하신다.

"수고하고 무거운 짐 진 자들아, 다 내게로 오라. 내가 너희를 쉬게 하리라."

에필로그

미흡하다고 아쉬워할
그 누군가를 환영하며

글들을 모아놓고 보니 2019년의 함성이 다시 들리는 듯하다. 당시 필자는 교회에서 허락한 4개월 동안 홀로 속초에 머물며 기도하면서 고통스러운 생각을 거듭했다.

'교회는 이런 때 무엇을 할 수 있는가?'

'그리고 목사는…?'

짓누르는 고통 끝에 필자가 얻은 결론은 세 가지였다.

첫째는 설교자로서 이런 상황과 정면으로 마주하기를 피하지 말자는 것이다. 할 수 있는 한 힘을 다해 이 상황과 진실하게 씨름해야 할 책임이 내게 있다는 것이다.

둘째는, 하지만 그 씨름이 목사 자신이 구체적인 사안에 대해 설교로써 찬성과 반대를 표하기 위한 것은 아니라는 것이다. 그것은 오히려, 성도들이 이런 정치 상황 속에서 어떻게 판단하고 처신할지를 결정할 때 근거로 삼을만한 기독교적 원리와 가치들을 지속적으로 발굴하여 공급하는 것이며, 그렇게 함으로써 교회 안에 있는 여러 노선과 직종에 있는 사람들이 자기 직종과 노선에서 최선의 판단을 하도록 격려하는 것이란 말이다. 어차피 우리 각 개인의 의견은 온전하기보다 부분적일 수밖에 없기에, 사회적 역할과 주장에 있어서도 그것을 알고 자신의 한계를 늘 겸허히 인식하게 돕는 것이다.

셋째는 이를 위해 '강단에서의 목사'와 '강단 아래에서의 목사', 그리고 '단체를 대표하는 입장에서의 목사'와' 개인으로서의 목사'는 다른 책임 아래 있다는 사실을 인식해야 한다는 것이다. (이 점에 대해서는 아래에서 다시 언급하겠다.)

이런 결론에서 출발해서 설교를 준비했고, 2019년 9월 대한민국 역사상 유례가 없을만치 엄청난 군중들이 몰려나와 매 주말마다 대치하는 가운데서 설교하기 시작했다. 설교는 정치 공간에 서 있는 그리스도인들이 생각해야 할 것들, 그들이 의심해보아야 할 것들에 대한 것이었다. 그 결과 성도들은 자신들을 돌아보기 시작했다.

- 이데올로기는 과연 진리인가?
- 너와 나의 이데올로기가 다른 것은 정상인가, 아니면 어느 한 쪽의 잘못인가?
- 이데올로기는 우리에게 무엇을 약속해주는가?
- 이데올로기에 그토록 몰두하는 태도의 문제는 무엇인가?

- 그리스도인은 그렇게 하지 않아야 할 이유는 무엇인가?
- 우리 사회를 향해 주시는 하나님의 일관된 말씀이 있는가?
- 그 말씀에 비추어 볼 때 지금의 이데올로기들은 어떤 장단점을 가지고 있는가?
- 자본주의와 사회주의, 그들 중에 어느 하나는 악인가?
- 성경은 자본주의의 편인가, 사회주의의 편인가? 등등….

설교시간에 수많은 생각들을 하면서 자신들이 지나치게 감정적으로 그리고 경솔하게 특정 이데올로기에 경도되거나 매몰되었을 가능성을 감지하게 된 것이다. 혹 설교시간 중에 지적(知的)으로 다 따라오지 못한 사람이라 하더라도 자신이 무언가 잘못되어 있다는 느낌을 갖거나, 적어도 각 노선 기관 매체들의 선동 글이나 영상·인터넷 댓글 등을 가지고 부화뇌동(附和雷同)할 일은 아니라는 느낌 정도는 갖게 되었을 것이다. 그러다 보니 그토록 긴장이 팽팽했던 엄중한 시기에 무려 8주 동안 연속 설교를 했는데도 갈등이 일어나기보다 오히려 차분해졌다.

혹자는 이 글을 읽으면서 '정치 관련이라더니 이게 정치와 무슨 상관이람?' 하고 생각할지 모른다. 그러나 정치 관련이라고 해서 꼭 직접적으로 정치적 이슈를 거론하는 것일 필요는 없다. 비록 정치 상황을 직접 다루지 않더라도, 궁극적으로는 정치적 판단을 할 때 영향을 주며, 그때 필요한 가치체계를 형성하는 데 도움이 되는 것이면 좋은 것이다.

✝

이제 이 글을 맺기 전에, 우리가 마주하는 상황들에 대해 필자와 동일한 고민을 하고 있는 목회자가 있다면 (꼭 정답이라고 할 수 없을지 몰라도) 필자가 설교하며 느꼈던 바를 나누고 싶다. (약간의 반복은 양해 바란다)

첫째, 이런 이슈들은 설교 중에 간단히 언급하고 넘어가는 식으로 다루지 않기를 권하고 싶다.

필자가 여러 번의 연속 설교를 했다는 얘기를 듣고 이상하게 생각할 사람들이 있을 수 있다. '정치 설교를 한번쯤은 몰라도 8번, 10번은 너무 한 것 아닌가?'라고 생각하는 것이다. 그들이 그렇게 말할 때, 그것은 어떤 구체적 이슈를 직접 거론하는 설교를 말할 것이다. 그런 설교라면 그 말이 맞다. 그런 설교는 한 번 하는데도 정당성을 확보하기 쉽지 않을 것이니, 여러 번은 상상도 하기 어렵다.

그러나 필자의 생각은 다르다. 이런 주제의 설교는 오히려 너무 짧게 다룰 때 문제가 된다. 어느 하나도 간단한 문제가 아닌데 그걸 너무 쉽게 언급하고 넘어가니까 아무도 만족하지 못할 뿐 아니라, 심한 경우 모두 화가 날 수도 있다. 그런 점에서, 복잡한 문제를 간단하게 다루는 것은 오히려 해롭다고 말하고 싶다. 그토록 첨예한 문제에 대해 한두 마디로 설득될 사람이 누가 있겠는가? 그러기에, 다루기로 결심했다면 차라리 충분히 다루라고 말하고 싶다. 그런 점에서 긴 시리즈 설교가 불가피할 수도 있다.

둘째, 구체적인 이슈에 대한 찬반을 직접 밝혀야 한다는 부담감을 내려놓기를 권한다.

이슈들은 대개 이해관계가 복잡하게 얽혀 있고, 거기에는 그 나름대로의 전문지식과 논리와 복잡한 현실이 관련되어 있는데, 목회자는 그 어느 하나에도 깊은 이해를 갖고 있지 않기 일쑤다. 뿐만 아니라 그런 문제들은 전문가들마저 의견이 일치하지 않는 경우가 허다하다. 그런 상황에서 목사가 어떤 구체적인 정책이나 이슈에 대해 권위 있게 말하기란 사실상 불가능하다. 그러므로 목사는 그런 이슈들에 항상 관심을 가져야 하지만, 그러나 그럴지라도 우리는 여전히 전문가는 아니다.

셋째, (가장 중요하기에 앞에서 언급했지만 또 언급한다.) 설교는 핫(Hot)한 이슈에 대한 직접적인 찬반을 다루기보다 성경적 원리를 다루는 것이기를 추천한다.

강단에서 정치적 이슈에 대해 구체적 찬반을 논하는 것은 대단히 위험하고 종종 무모한 일이 되기 쉽다. 구체적 이슈에 관해서는 목사가 전문가일 수 없기 때문이다. 명백하게 절차를 무시한 경우나 기독교적 가치로 용인할 수 없는 어떤 주제가 아니고는, 목사가 설교 중에 특정 이슈를 말할 수 있는 경우는 그리 많지 않을 것이다. 괜히 섣부른 언급이 설교 시간에 섞여 들어가면 진리의 권위가 도리어 훼손되거나 위태롭게 될 뿐이다.

아멘 하며 '순종해야 할 하나님의 말씀'을 '반박할 수 있는 하나의 의견'이 되게 하는 것은 치명적인 잘못이다. 그렇다고 사회적으로 진행 중인 중대한 갈등을 외면해서도 안 된다. 그러면 어떻게 해야 할까?

필자는 이때 설교자가 해야 할 중요한 일은, 그때에 적실한 성경적 원리를 찾아 가르침으로써 그들로 하여금 상황에 맞는 바른 선택을 하도록 격려하는 것이라고 생각한다. 그것은 목회자가 가장 잘 감당할 수 있는 가장 중요한 영적 전투이기도 하다. 설교자가 그 일을 잘 감당하면 성도들은 그 가르침을 잘 소화하여 경제인은 경제의 영역에, 정치인은 정치의 영역에, 예술인은 예술의 영역에, 그리고 노동자는 노동의 분야에 잘 적용하게 될 것이기 때문이다. 그렇게 해서 '원리를 가르치는 일'과 '그것을 적용하는 일'이 나란히 갈 수 있다. 물론 현장에서야 시행착오는 늘 발생할 것이다. 하지만 그것은 허용될 수밖에 없으며, 그렇다고 해서 목사가 그것을 더 잘 피할 수 있는 것도 아니다.

격려가 될만한 좋은 소식도 있다. 그것은, 우리가 성경적 가치에 천착하면 결국 복음 그 자체와 직결되게 된다는 것이다. 모든 길은 '로마'로 통하는 게 아니라 '그리스도'로 통하는 것을 보게 될 것이다. 정치와 관련된 설교도 깊이 원리로 파고 들어가면 그리스도 중심적 설교, 곧 복음 중심적 설교에 이르게 되는 것이다. "내게로 와서 배우라"(마 11:29)는 말씀처럼 결국 주님이 기준이 되지 않을 수 없기 때문이다.

이 책을 읽고 아쉬움을 느끼는 분들이 많이 있으리라 생각한다. 당연한 일이며, 저자로서는 그 아쉬움을 마음 깊이 환영한다. 그리고 그 아쉬움이 아쉬움에 그치지 않고 또 다른 시도로 이어지게 되기를 고대한다. 그것이 이 책을 내면서 기대하는 것이니까!

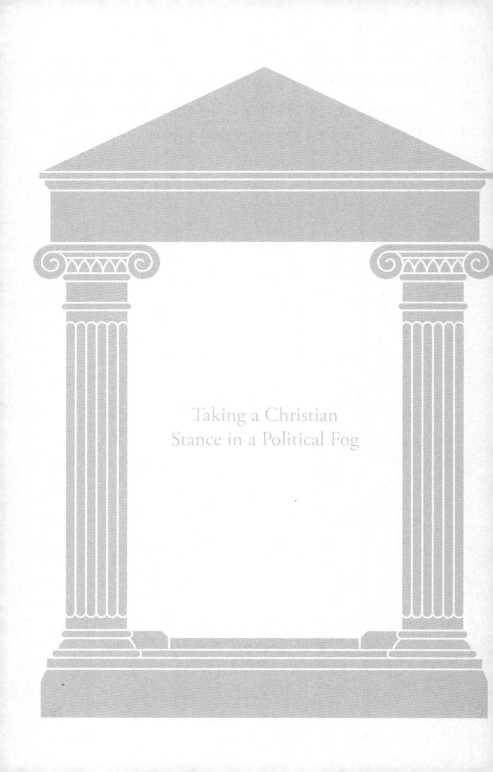

Taking a Christian
Stance in a Political Fog